湛江市哲学社会科学委托项目
广东省宣传文化发展专项资金资助项目
岭南师范学院粤西濒危文化研究协同创新中心系列成果

法国租借地广州湾学术译丛
编委会

顾问：陈　云　李江凌
主任：邵　锋
主编：王钦峰　余伟民
编委（按姓氏笔画排列）：
　　　　王钦峰　龙　鸣　李满青　何　杰　余伟民　陈云龙
　　　　陈华昆　陈国威　邵　锋　林国伟　胡贤光　梁政海
　　　　景东升　谭启滔　黎建忠

法国租借地广州湾学术译丛

王钦峰　余伟民　主编

法国在广州湾

广州湾综合文献选（第一卷）

王钦峰　　选编

解　华　秦秋福　等　译

暨南大学出版社
JINAN UNIVERSITY PRESS

中国·广州

图书在版编目（CIP）数据

法国在广州湾：广州湾综合文献选. 第一卷/ 王钦峰选编；解华，秦秋福等译. —广州：暨南大学出版社，2018.5
（法国租借地广州湾学术译丛／王钦峰，余伟民主编）
ISBN 978-7-5668-2265-9

Ⅰ. ①法… Ⅱ. ①王… ②解… ③秦… Ⅲ. ①中法关系—租借地—地方史—史料—湛江 Ⅳ. ①D829.12②K296.53

中国版本图书馆 CIP 数据核字（2017）第 290098 号

法国在广州湾：广州湾综合文献选（第一卷）
FAGUO ZAI GUANGZHOUWAN：GUANGZHOUWAN ZONGHE WENXIANXUAN（DIYIJUAN）

| 选编者：王钦峰 | 译　者：解　华　秦秋福　等 |

| 出　版　人：徐义雄 |
| 策划编辑：杜小陆 |
| 责任编辑：沈凤玲　柳　煦 |
| 责任校对：何利红 |
| 责任印制：汤慧君　周一丹 |

| 出版发行：暨南大学出版社（510630） |
| 电　　话：总编室（8620）85221601 |
| 　　　　　营销部（8620）85225284　85228291　85228292（邮购） |
| 传　　真：（8620）85221583（办公室）　85223774（营销部） |
| 网　　址：http://www.jnupress.com |
| 排　　版：广州良弓广告有限公司 |
| 印　　刷：深圳市新联美术印刷有限公司 |
| 开　　本：787mm×960mm　1/16 |
| 印　　张：17.5 |
| 字　　数：260 千 |
| 版　　次：2018 年 5 月第 1 版 |
| 印　　次：2018 年 5 月第 1 次 |
| 定　　价：98.00 元 |

（暨大版图书如有印装质量问题，请与出版社总编室联系调换）

总序一

位于雷州半岛的湛江是座美丽的海滨城市，从19世纪末至20世纪中期，她被称作"广州湾"，是法国的租借地，经历了被法国人统治近半个世纪的特殊岁月。湛江人士十分重视家乡的历史演变，通过发掘、研究中文档案、文献，撰写回忆录，以及采访知情老人等途径，先后出版了不少著作，对正确展现这段历史做过大量的工作。然而，直到21世纪初期，湛江相关人士和中国各地的历史研究者仍极少利用有关广州湾租借地的法文史料，不了解法国方面究竟保留了多少相关档案，也不了解当年的法国殖民者直至现今的法国学者对该租借地作了怎样的记叙，因而对该租借地的认知仍是不完整的。

中国学者在很长时期内未能接触广州湾租借地的法文史料，事出有因。在中国内地的很多图书馆中，迄今未收藏任何关于该租借地的法文书籍。1945年，法国人在撤离广州湾时也未留下其档案，因而湛江市档案馆中几乎没有租借地时期的档案，特别是法文档案。以往，能够查阅法文著作、档案的中国学者为数甚少，又缺乏到法国去实地调查的必要经费，而法国的档案馆是在广州湾租借地回归中国很多年后才开放其收藏的相关档案。可以想见，并非以往的中国学者不重视法文史料，而是那时不具备必要的条件。

2009年，受法国人文科学院基金会邀请，并经法国著名的中国史专家安克强教授等人帮助，笔者和一位通晓法文的助手前往法国巴黎、南特、埃克斯等地，在那里的档案馆、图书馆查阅了一批有关广州湾租借地的法文档案，找到了数种相关著作，其中不少史实特别是大量的数据为中国学者所未知，因而笔者认为有将它们介绍给湛江和中国各地研究者的必要。由于收藏在这些档案馆中的相关档案数量众多，内容庞杂，如果要将它们译成中文，不仅首先要进行通读，还涉及归类、取舍、摘编、整合等众多问题，需要精通法文的专家耗费大功夫才能蒇事，其间耗费的时日和经费难以估量，最终成果的质量也不易预料。鉴于此种情况，将相关的法文著作特别是已经利用了大量原始档案的法文著作译成中文，应是将法文史料和法方观点推介给中国学者的捷径，可收到事半功倍之效。

余伟民先生于2009年就任湛江市社会科学界联合会主席后，十分重视对广州湾租借地历史的研究。湛江市社科联先后支持多个研究该租借地的课题，由岭南师范学院王钦峰教授负责的"法国租借地广州湾学术译丛"便系其中的重大课题。这一学术译丛分为7册，全部译自法文，其法文原文大多曾公开出版，出版的时间始自1900年，最晚至2013年，其中有书籍、文章和官方公文等。由于一个多世纪以来法国人研究该租借地的书籍数量不多，这套译丛已经囊括了其中重要的书籍，并包含了部分已经出版的政府公文。

在这些著作中，巴黎第七大学博士安托万·瓦尼亚尔完成于2004年的博士论文《广州湾租借地：法国在东亚的殖民困境》是极其重要的一种。这篇长达数百页的论文指明了该租借地法文档案的收藏地点，其中收藏政府档案的有法国海军部和外交部、南特外交档案中心、埃克斯海外档案中心以及越南国家档案馆第一档案中心等处，收藏私家档案的有法国农业信贷银行历史档案部、巴黎外方传教会（MEP）等处。该论文还详细开列了相关档案的卷宗号码，便于读者按图索骥。同时，该论文充分利用了这些档案，又参考了其他的法文研究成果，较为详细地记载了广州湾租借地的历史，并反映了法国学者对该租借地的认识。

在其他法文书籍中，由法属印度支那总督府主编的《广州湾租借地》值得关注。这本小册子出版于1906年，其用途之一是在当年举办的马赛殖民博览会上介绍这一刚被法国占据的区域。该书从历史、地理、气候、物产、居民、风俗、文化、农业、工业、渔业、商业等方面载录了广州湾的情况，并留下了气温、降水等不少以往中国方志未载录的数据，成了第一种较为全面地介绍这一新行政区域的著作。

这套译丛的第五册至第七册大多出自法属印度支那总督府、法国殖民地部等机构历年来有关广州湾租借地基本状况、预算管理等方面的官方报告。其中，给印度支那联邦高级委员会的有关该租借地基本状况的年度报告，自1910年起，至1929年为止，共有20份。这些报告包括政治、行政、财政、经济和社会状况等部分，记录了当地各年度的概况，尤其是行政管理、司法、警察、土著卫队、监狱、财政预算和支出、土地登记管理、公共工程建设、商业活动、教育、公共卫生及救助等各方面的具体情况。其中不少事件在中文史料中尚无记载，有关收入、开支、贸易、人口、教育、刑事和民事案件等的众多数据也是中国学者以往所未见的。这批政府档案提供了很多富有研究价值的原始资料。

显然，在阅读这套译丛后，我们可获得大量的法文史料，能较为全面地认识广州湾租借地的历史，了解法国人研究该租借地的主要成果以及他们的观点，并获知相关法文档案的收藏地点及其卷宗号码。这一译丛确有较高的学术价值。

由于收入译丛的著作、公文等出自不同时期、不同作者之手，因此，他们的立场、观点各不相同。有些著作的观点尽管我们未必完全赞同，但其确实是在尽力还原广州湾租借地的历史真相。例如《白雅特城》等书的作者依据史料，揭露了法国殖民者残杀当地中国居民的暴行。也有的著作鼓吹殖民主义观点，为法国当年的侵略行径辩解。例如，出版于1931年的《法国在广州湾》一书，其作者系一名法国殖民军队的军官，他宣扬殖民主义是"行泛爱众之高尚义举"。为此书作序的广州湾租借地行政长官又宣称对方给予该租借地"最无私"的"帮助"，而将中国人民提前收回该租借地的要求说成排斥此种"帮助"的"民族主义"，对法国人"慷慨无私之心"作"不公正的指责"。此类观点的荒谬显而易见，读者不难分辨。

同时，值得指出的是，这些法文著作、公文等的另一个短板是较少甚至完全没有参考中文史料。造成此种格局的原因是多方面的，重要原因之一是这些法国的作者不通中文，未能查阅和利用中文史料，故未能在其著述中反映中国方面的观点。因此，在阅读其中部分内容，诸如法国人占据广州湾租借地的经过等章节之时，我们需要同时查阅当时中国官方的记载以及当地人民如何抗击法军侵略等中文史料，这样才能对这些事件有一个更全面、更精确的认识。

翻译这些法文资料，不是一件容易的工作。首先，当时法国人在记载广州湾的中文地名时系用法文字母来注音的。根据这些字母，除了赤坎、麻斜等重要的地点外，要正确地译出一些较小地方的中文地名并非易事。相关的中国人名也是如此。一些重要人物的姓名不难译出，而其他人名的翻译则颇有难度。其次，只有对广州湾的历史背景有所了解，才能使译文有较高质量。如与法国人订立《广州湾租借地条约》的中方代表苏元春系广西提督，法文中并无对应的官衔，因而按照法文直译，便会译成"大元帅"之类。根据已经完成的部分译稿，可知参加译丛工作的各位翻译都投入了很多时间和精力，做出了很多贡献。特别是翻译《广州湾租借地：法国在东亚的殖民困境》的郭丽娜教授不仅精通法文，而且了解法国人在广东活动的历史背景，并在翻译过程中与原稿作者反复探讨，她的译文不仅文字流畅，内容也相当精准。

直到 21 世纪初期，因未能掌握法文史料，较之对威海卫租借地等其他列强在华租借地的研究，中国学者对广州湾租借地的研究相对滞后。近几年来，随着对该租借地法文史料的收集、利用增多，特别是此次颇具规模的"法国租借地广州湾学术译丛"的出版，使得对该租借地的研究大有后来居上之势。这一学术译丛的出版，对于推进广州湾租借地的研究，以及推进外国在华租借地史、中法关系史等多方面的研究，都将有十分积极的意义。

费成康
2015 年 8 月 31 日于上海

总序二

本丛书的策划要追溯至 2012 年夏天。这年 7 月，由全国法国文学研究会联合湛江师范学院（今岭南师范学院）在湛江海滨宾馆举办了"中法文学与文化关系暨卢梭诞辰 300 周年学术研讨会"。这次会议除设置了法国文学传统议题外，还首次将中法文化关系、近代中国法租界和广州湾列为议题，开创了法国文学研究会学术会议议题设置的先例。会上，广西民族大学杨令飞教授、中山大学郭丽娜教授关于广州湾的文章给我们留下了深刻印象。这次会议还吸引了全国一大批著名学者参加，会毕，我们特邀与会者参观了广州湾总公使署、广州湾警察署和维多尔天主教堂等广州湾遗址。

我们清楚地记得，这次会议后，前中国比较文学学会副会长、北京大学教授孟华被广州湾的历史深深吸引，她特地挤出时间造访赤坎的民主路，参观了那里的历史街区和广州湾商会会馆。当时全国法国文学研究会会长、中国社会科学院外国文学研究所吴岳添研究员，著名翻译家罗新璋研究员和史忠义研究员也随同我们赶到现场，此时孟华教授刚刚离开。三位专家的到来让会馆守护人庞春燕女士喜出望外，她细心备下笔墨纸砚，邀请三位专家留下墨宝。三位专家合作署名，轮流写下十个大字——"昔日广州湾，今日湛江城"，赠予广州湾商会会馆。《湛江日报》记者陈凯杰闻讯赶来，就广州湾资源利用和湛江法兰西风情街区建设问题向吴岳添会长做了一个多小时的采访。当他们离开时，庞春燕女士拿出一沓法语书稿送给我们，并呼吁我们对这份文献进行译介。这次经历让我们深深感到，湛江市译自法语的广州湾资料是如此匮乏，以至于在法国人撤离此地半个多世纪之后，人们对于这段历史依然非常陌生，这种情况干扰了湛江市知识分子和普通市民对于湛江市前半部分的历史即广州湾历史的了解与认知，同时也激发了人们对于这段历史的强烈的认知欲望。在湛江文化环境的影响，同时在吴岳添会长的敦促下，我们觉得有必要把这本偶遇的广州湾著作——博南格上尉的《法国在广州湾》的翻译纳入到湛江市的文化建设规划中来。在随后的数月之内，在新获得的 200 万字法文版广州湾历史文献资源的基础上，我们将这项文化建设规划落实到广州湾学术档案文献的译介工程中。

在湛江市乃至全国范围内，关于广州湾租借地的学术研究成果，以及由法语译入的广州湾历史文献（包括已出版的学术论著和官方档案文献）均较为缺乏，这是事实。准确地说，从广州湾光复至 2015 年年底，国内并没有出现任何系统的广州湾研究著作（不含资料汇编），而相关法语资料的译介在国内也几乎是一片空白。在这段时间里，广州湾的历史重构、资源应用和研究工作大约经历了三个阶段，而法语译入资料的有无与多寡，则在实际上决定了广州湾学术研究和资源利用的水平与视野，同时也决定了不同历史阶段广州湾历史重构、资源利用和学术研究的特征。我们不妨追溯一下这个过程。

广州湾资源挖掘利用与研究的第一个阶段为 20 世纪 50 年代至 70 年代，该阶段的实质和特色在于寻求历史记忆的恢复和进行初步的历史叙事。这个阶段的记忆恢复和历史叙事（如遂溪、湛江人民反法斗争史料等）以口述史为基本的呈现方式，以反帝反殖为思想脉络，以中华民族的创伤记忆为基本内容，这跟当时我国刚刚摆脱半殖民地历史的国家政治身份、那个时代的特殊意识形态及冷战的政治环境有较大关系。而在这一阶段，除个别调查文章有一定的学术性外，真正的广州湾学术研究几乎还未起步。同时，法语译入的资料在国内还仅仅局限于从法国外交部档案翻译而来的数十个书信片段。

第二个学术研究阶段为 20 世纪 80 年代至 90 年代。该阶段受益于改革开放和理性求实精神,进一步系统整理了抗法斗争史料,推出了系列科研成果,发表了一些长篇学术论文,从学术视角审视了广州湾在各方面的历史发展,内容涉及广州湾的政治经济和社会文化各领域,包括行政管理、军事、建筑业、纺织业、新闻教育、贩毒、娼妓、走私等(成果主要见于湛江市政协文史资料委员会编的《湛江文史》第九辑,1990 年),涌现了苏宪章、阮应祺、刘佐泉、谭启浩等一批广州湾学者。而其局限性在于,所用研究资料仅限国内部分,缺乏来自法属印度支那总督府和广州湾公使署的官方文献,资料和观点的权威性不够,某些领域的研究难以走向深入;同时,正是由于法国殖民者所带走的权威资料无法成为可用的学术资源,导致一些研究领域无人涉足。在此阶段,法语译入广州湾资料在国内没有获得任何进展。

第三个阶段为 21 世纪初开启的广州湾资源利用和学术研究国际化的新阶段。在过去数十年里,广州湾资源除局部(如抗法斗争)被作为爱国主义教育资源之外,多数都处在沉寂与埋没之中,许多物态化的历史遗迹被遗忘,甚至被人为破坏,以致逐年减少。但最近十余年来,在全国进行文化建设和文化开发的大环境下,更多的社会人士和青年学者走进了这个研究领域。在湛江,老一代的广州湾学者如蔡进光、胡贤光、谭启滔、梁政海等仍奋发有为,笔耕不辍,致力于广州湾文化遗产资源的保护与研究。青年学者陈灵教授于数年前给霞山区提供了有关广州湾资源利用的建议报告,举行了数场广州湾图片展,发表了相关文章,对学术研究及政府利用广州湾历史资源都起到了重要的作用。2010 年后,湛江师范学院龙鸣教授和景东升博士的法国之行及文化调研为湛江带来了一批来自法国的广州湾资料,他们二人对于这部分资料的整理,以及随后何杰等人围绕日军占领广州湾所做的资料发掘,标志着湛江市的广州湾研究获得了国际视野和新的学术语境。与此同时,湛江市外也陆续有刘利民、郭丽娜等学者投入到与广州湾相关的课题研究中来。不过,在目前情况下国内译自法语的广州湾文献仍然非常有限,如果仅仅满足于这种状况,那么我们的广州湾研究和历史书写也将同样陷入难以走向深入乃至同语反复的窘境。因此，对于国内的广州湾研究来说，本译丛的出版应有利于加快其走向国际化的进程，同时可促进广州湾资源在湛江市的完整开发和产业化应用，或为其提供第一手资源。

2012年下半年以来，广州湾研究机构在湛江纷纷成立，这一趋势也有效推动了广州湾研究在湛江的发展，同时为本译丛的策划、编译和出版营造了良好的文化氛围。2012年7月，湛江师范学院成立地方文化研究院，内设广州湾研究所、海上丝绸之路研究所等十余个研究分支机构。2013年年初，湛江市广州湾研究会成立，促使湛江市的广州湾研究与学术活动得以有序和有力地开展。2014年7月，岭南师范学院地方文化研究院与湛江市广州湾研究会在赤坎联合举办了首届"广州湾历史文化论坛"，会议提出应系统发掘、整理和研究广州湾文献，构建"广州湾学"。在这种吁求历史表现和文化重构的大背景下，在一种新的学术热情的感召下，"法国租借地广州湾学术译丛"的组织和译介工作得以顺利进行。至2015年年底，丛书译介与整理的初步工作已大致完成。

"法国租借地广州湾学术译丛"主要包括两大基本内容：一是广州湾学术研究成果，包括学术专著和学术文章；二是对广州湾研究至关重要的权威性原始文献，主要包括印度支那总督府及广州湾公使署官方档案文献。学术著作主要有：安托万·瓦尼亚尔的《广州湾租借地：法国在东亚的殖民困境》（未出版，作者直接授权）、伯特兰·马托的《白雅特城》（巴黎：弗朗索瓦·鲍林出版社2013年版，作者和出版社授权）、阿尔弗雷德·博南格的《法国在广州湾》（巴黎：贝尔热-勒夫劳出版社1931年版）、让-雅克·塔坦-古里耶的《法国在中国的殖民征服》（巴黎：手稿出版社2012年版）、查理·洛尔的《我们是否应该把广州湾还给中国》（河内：远东印刷厂1928年印刷）、印度支那总督府的《广州湾租借地》（河内-海防：L.加洛瓦出版社1906年版）等。学术文章主要有夏维的《华南广州湾火山口湖（湖光岩）两个新鱼类的描述》（《法国动物学会通报》1935年）、A.肖沃的《1923年广州湾经济状况》（《地理年鉴》1925年第34卷）、莫里斯·利弗上校的《广州湾租借地简史（1889—1945）》（《印度支那记忆全国联合会公报》第25期）等。本丛书中，除了安托万·瓦尼亚尔和伯特兰·马托的著作仍以单行本出版外，其余著作篇幅较短，考虑合并出版。而目前我们搜集到的广州湾档案文献则可分为三类：第一类是广州湾各年度总体情况报告，第二类是广州湾各年度行政管理年鉴，第三类是广州湾各年度经济预算情况。其中，第一类一般为印度支那总督或租借地公使在年度会议上就殖民地的基本发展状况向印度支那联邦高级委员会所做的报告，本译丛主要译介了从1910年到1929年的广州湾租借地基本状况报告（其他资料暂缺失）。第二类一般为广州湾各年度的行政管理资料，包括人口统计、官员任命等基本数据或表格化信息，本丛书主要译介了从1900年到1932年的年鉴资料（其他资料暂缺失）。至于第三类，则主要选取了二十世纪二三十年代的预算管理文献进行译介（其他资料暂缺失或暂未译）。对于上述所涉及但暂时还未纳入本译丛内的官方档案文献，我们今后将予以陆续出版补齐，不留缺憾。

本丛书从策划到完成，历经四年多时间。由于涉及面广泛，再加上跨学科、跨语言作业，难度较大，因此这是一个较为艰难且富有挑战性的过程。广州湾学术文献及档案的译介是一项规模较大的工程，而对于湛江市的历史修复和我国租界史研究而言，它又是一项极为重要的文化学术工程，几乎可以说是进行历史研究和历史叙事的命脉。对于这样一项重要工程，如果缺少来自政府、单位、学界和社会民间任何一方的支持，想把它顺利完成都是不可想象和不太可能的，因此它可以说是各方协同作战取得的成果。

在此，我们首先要感谢湛江市政府、湛江市社会科学界联合会和岭南师范学院创新强校工程对于本丛书的大力支持。如果没有来自湛江市政府和岭南师范学院的资金支持，以及湛江市社会科学界联合会富有远见的课题立项，本译丛实际上是不可能存在的。其次要感谢来自全国学术界和法语界的各位学者同仁和朋友，他们分别是著名清史学者费成康研究员，四川大学宁虹教授，中山大学郭丽娜教授，广西民族大学杨令飞教授和杨宁老师、秦秋福老师，苏州大学陆洵副教授，华东师范大学解华副教授，北京城市学院李嘉懿副教授，湘潭大学杨维春博士，岭南师范学院成雯老师等，他们承担了本译丛多数文献的译介任务。费成康研究员关心本项目多年，他不仅为我们提供了本丛书最厚重的学术专著——安托万·瓦尼亚尔的博士论文《广州湾租借地：法国在东亚的殖民困境》的法语原著，并欣然为本丛书作序，而且多次来湛江参加我们举办的学术活动，对湛江学界不吝指教，堪称湛江学界的良师益友。安托万·瓦尼亚尔的博士论文固然让我们惊喜，但对于我们来说，如何译介、谁来翻译这部体大思精的学术著作的确是一个非常大的考验。然而非常难得的是，郭丽娜教授非常勇敢地把这部著作的翻译任务承担下来，以至于为了完成这一任务，她牺牲了身体健康。当然，每一位译者对我们的帮助都是慷慨无私的，值得我们感谢。另外，广东金融学院的陈灵教授，湛江市的广州湾学者何杰、谭启滔、陈华昆、胡贤光和梁政海等，也为本译丛提供了文章、图片资料、知识信息及其他各类帮助，在此一并表示感谢。

湛江市广州湾历史资源的研究、发掘与应用，是一项值得为之倾心注力的事业，需要更多学者的关心与参与，尤其需要湛江市政府、湛江市社会各界形成共识，做好广州湾文化品牌的顶层设计，加大投入、精心打造，把广州湾资源的保护、应用与开发落到实处。如果能把广州湾的文章做好，湛江市将会转型为一座在国内不可多得的具有近现代史迹特色的历史文化名城。

王钦峰　余伟民
2016 年 4 月 21 日于湛江

目 录

总序一 …………………………………………… 费成康（001）
总序二 …………………………………… 王钦峰 余伟民（001）

法国在中国的殖民征服
——弗朗索瓦·莫拉军士在印度支那和广州湾行军日志（1897—1901）
…… 弗朗索瓦·莫拉著 让-雅克·塔坦-古里耶编 解华译（001）

法文版编者前言 ……………………………………………（003）

第一章 从马赛到西贡的旅程
       （1897年11月1日—12月1日）………………（015）

第二章 印度支那：从西贡到海防
       （1897年12月2日—12月12日）………………（030）

第三章 北东京的军事哨所
       （1897年12月13日—1899年6月4日信札）………（044）

第四章 准备武装介入广州湾：在东京招募中国土著步兵
       （1900年4月13日—8月13日）………………（065）

第五章 出征广州湾：艰难平定不屈的中国民众
       （1900年8月14日—1901年2月19日）…………（076）

第六章 离开广州湾和在东京最后的日子
       （1901年2月20日—3月16日）………………（116）

第七章 回到法国：最后一封信 …………………（124）

参考文献 ……………………………………………（126）

法国在印度支那大事年表（1858—1900）……………（131）

附录一　莫拉军士眼中法国在广州湾的"剿匪"行动
　　　　……………………… 让-雅克·塔坦-古里耶著　成雯译（133）
附录二　关于莫拉军士日志的补充说明
　　　　……………………… 让-雅克·塔坦-古里耶著　王雨晶译（140）
附录三　弗朗索瓦·莫拉军士小传
　　　　……………………… 让-雅克·塔坦-古里耶著　王雨晶译（143）

战地回忆录：在广州湾 ……………… 莱昂·苏伯曼著　陈琳译（147）

门头事件及其相关问题 ……………… 无名氏著　秦秋福译（171）

广州湾租借地划界谈判文献选 ……………… 秦秋福译（178）
附录　对广东传教会进行赔偿的谈判（关于伸德辉神父被杀一案）
　　　　………………………………………………………………（219）

"安菲特里特号"在广州湾（1701.11.16—1702.5.10）
　　　　……………………… 让·伊夫·克拉埃著　陈琳译（228）

法国护卫舰"安菲特里特号"兴衰史
　　——兼论"安菲特里特号"与广州湾之关系
　　　　……………… 乔尔·蒙塔古　肖丹　著　肖丹　译（234）

法国在中国的殖民征服
——弗朗索瓦·莫拉军士在印度支那和广州湾行军日志（1897—1901）

弗朗索瓦·莫拉 著

让-雅克·塔坦-古里耶 编

解华 译

本书由法文版编者让-雅克·塔坦-古里耶（Jean-Jacques Tatin-Gourier）先生授权翻译出版，并受国际版权公约保护。

La France coloniale à l'assaut de la Chine © 2017 by Jean-Jacques Tatin-Gourier

本书原题为 La France coloniale à l'assaut de la Chine：Journal de l'Adjudant François Morlat en Indochine et en Chine（Quang-Tchéou-Wan，1897—1901），并于2012年由巴黎手稿出版社（Éditions Le Manuscrit）出版发行。

谨以此书纪念 A. R. 方丹夫人、保罗和雅克琳娜·蒂西耶，是他们让我很早一窥往昔的印度支那。

献给雅尼娜·古里耶——一位不知疲倦地奔走于今天的越南和印度支那的旅行者。

献给胡志明市和顺化的同事和朋友们。

我还要感谢诺贝塔·迪亚斯·达科鲁兹、保罗和雅克琳娜·哥德隆，以及丹尼尔·古蒂诺和热拉尔·戈丹，感谢他们慷慨无私的帮助。

法文版编者前言

进入 21 世纪以来，中国越来越成为欧洲解决其持续不断的危机和衰退的一种参照。在这样一个时代背景下，回首欧洲强国对中国曾经怀有的殖民野心实非易事，尤其是回首 20 世纪初期法国对中华帝国的觊觎之心可能更是不易。诚然，这个"老朽病夫"——这个词最初用于同样被认为奄奄一息的奥斯曼帝国①——的灭亡已经众所周知：从北京外国公使馆被围、西方军事干预（1900）到废黜儿皇帝溥仪，直至 1912 年中华民国宣告成立。1963 年，尼古拉·雷导演的影片《北京的五十五天》将反基督教、具有民族宗教色彩的义和团起义搬上银幕，影片再现了慈禧太后厚颜无耻的两面派做法和西方联军的最后胜利。电影规模宏大，发行范围很广。贝纳多·贝托鲁奇于 1987 年拍摄的影片《末代皇帝》让更广大的观众回忆起末代皇帝溥仪的一生：从他幼年被抱入皇宫做皇帝，在紫禁城幽居长大，到 20 世纪 30 年代成为日本军国主义扶持的伪满洲国傀儡皇帝，再到后来被改造为中华人民共和国首都——北京市的园林工人，直至 1967 年去世。

在中华帝国终结，以及在其最终被推翻之前的衰落过程中，法国一直起着非常积极的作用，但这种作用经常被低估甚至遗忘。当然千真万

---

① 奥斯曼帝国（Ottoman Empire），或译奥图曼帝国，即奥斯曼土耳其帝国。——中文编者注

确的是英国第一个向中华帝国发起了攻击。由于中国反对产自印度的鸦片进入中国，英国擅自发动了所谓的第一次鸦片战争（1839—1842）①，最终签订了不平等的《南京条约》（1842）。条约允许英国人自由进行鸦片贸易，并将香港划为租界。（英国）此后又多次要求中国政府划分租界。一年之后又签订了《虎门条约》，对《南京条约》进行了补充，要求开放五大通商口岸（厦门、广州、福州、宁波和上海），给予英人治外法权和最惠国待遇。这两个条约，加上美、法两国很快提出的与英国人同样的，甚至更加过分的要求，极大地动摇了中国人民对大清帝国的信心（如1851年爆发了太平天国起义）。法国人通过《黄埔条约》（1844），额外获取了传教、修建教堂和墓地的特权。

尽管如此，法英联军还是发动了第二次鸦片战争（1856—1860）。这两个欧洲大国异口同声地指责中国执行《南京条约》不够彻底，并提出新的要求：要求广州的两广总督停止对法英侨民的敌对行为，要求清政府将自由贸易扩大至华北和长江沿岸所有港口，要求鸦片贸易彻底合法化，并和北京政府建立直接的外交联系。第一次外交议和尽管没有让双方的敌对行动终止，但最终还是签订了《天津条约》（1858），清政府在条约中保证对西方列强进一步开放，既包括经济方面（比如新增十个新的通商口岸，获得长江航道行驶权，在中国内地自由游历等），也包括外交方面（向英、法、美、俄公使开放北京乃至紫禁城）。另外，俄国在同一年（1858）通过与清政府签订《瑷珲条约》，不仅获得了与英法等参战国同等的特权，还获得了太平洋沿岸大片领土的控制权（其中包括原中国城市海参崴，1860年被俄国占领后改名为符拉迪沃斯托克）。

但是为确保《天津条约》的履行，采取进一步的军事强制措施是必需的，此即所谓的"炮舰外交"。1859年10月6日，北京被占领，②

---

① 西方人一般把1839年11月3日算作第一次鸦片战争发生的时间。该日英舰在穿鼻洋（虎门口外）挑衅，清水师提督关天培率军英勇抗击。——中文编者注

② 此处有误。第二次鸦片战争期间，英法联军占领北京、闯入圆明园的时间应为1860年10月6日。——中文编者注

圆明园新旧园区被洗劫一空，其中的艺术珍品被运往欧洲拍卖，流散各地。《北京条约》在宣布《天津条约》合法有效的基础上，进一步扩大了西方列强的特权：割让九龙区给英国，① 允许自由传教，允许法国天主教传教士购买土地和修建教堂，允许英国人将中国人运往国外做劳工（即著名的"苦力"），尤其是到马来西亚和澳大利亚的矿山与种植园。

鸦片战争后，大清帝国的覆灭仍然经历了一个相当漫长的时期，直到19世纪的最后几年才真正提上议程。与此同时，日本在经历了明治时代的现代化发展进程之后，迅速崛起，随即也加入了西方觊觎者的行列，并将朝鲜、满洲和台湾②锁定为侵略目标。1898年，英国为了扩大其租界范围，并永久租借香港和九龙半岛，和清政府签订了《第二次北京条约》，③ 获得了长达99年的租期。俄国在将其边境线扩大至满洲之后，又要求清政府割让了辽东，并在那里修建重要的军事基地亚瑟港④和直通中国东部的铁路，此铁路亦是横贯西伯利亚大铁路的一部分（1898）。德国唯恐缺席对中华帝国的控制，尤其是对其财富和市场的瓜分。自1895年起德国获得了天津租界，1896年又成功地插手中日《马关条约》的谈判，1897年将山东省的胶州湾据为己有，并从清政府那里得到了99年的租期。德国趁机在胶州湾修建了军港（青岛港），旨在确保其在该地区乃至整个太平洋的相关利益。纪尧姆二世统治下的德意志帝国很快将其影响力扩大到整个山东省以及黄河下游地区。随后，德国在山东修建铁路（山东铁路公司），该行为导致德国和日本之间产生了利益争夺。第一次世界大战期间，日本将德国在中国抢占的地盘据为己有。

19世纪末，因为急于扩大在中华帝国的势力范围，中国的周边地

---

① 这里所谓"九龙区"，准确说法应为"九龙司地方一区"。——中文编者注
② 此处原文为福尔摩沙。——中文编者注
③ 该条约原名《展拓香港界址专条》（The Convention between Great Britain and China Respecting an Extension of Hong Kong Territory），为1898年6月9日由大清帝国和英国在北京签订的一份租借九龙以北、深圳河以南土地的条约。——中文编者注
④ 亚瑟港为俄国对旅顺港的命名。——译者注

区发生了两次直接的军事冲突。首先是法国对印度支那的征服，确切地说是对东京地区的征服。① 由于中国一直将安南国看作是自己的领地，法国人的入侵导致了中法之间自 1881 年 9 月至 1885 年 6 月的军事冲突。在海军中将孤拔的指挥下，1884 年法国海军封锁了台湾等多个港口，阻止中国军队登陆；同年 8 月的福州战役中，中国海军战败。尽管如此，在上东京地区的战役中，法国遭遇了数次挫败，这些军事失利加速了巴黎茹费里政府的垮台。但法国的挫败只是暂时的，中国最终还是战败了，不得不签订《第二次天津条约》（1885 年 6 月），② 承认法国对安南和东京地区的统治权。对法属殖民地的很多负责人来说，尤其对 1897 年上任的总督保罗·杜美来说，印度支那正是法国在中国华南势力范围的延伸基地。

法国海军中将孤拔

---

① 莫拉日记中的东京（Tonkin），均指法国在越南的殖民地北圻，或今天的越南北部地区，与日本东京无关。——中文编者注
② 原名《中法会订越南条约十款》或《中法会订越南条约》，该条约于 1885 年（光绪十一年）6 月 9 日由清北洋大臣李鸿章与法国公使巴特纳（Jules Patenotre）在天津签订，共十款。——中文编者注

第二次军事冲突是中法战争十年之后爆发的中日之战。自 1870 年以来，朝鲜成为日本与中国之间反复出现紧张局势的关键因素。1894 年 9 月，中国海军在鸭绿江战败，日本入侵满洲、澎湖列岛和台湾。1895 年 4 月签订的《马关条约》中，中国承认朝鲜独立，并将辽东半岛、台湾和澎湖列岛割让给日本。日本因此建立了一个重要的势力范围，甚至大于俄国在中国的影响力，这种优势在 1904 年战胜俄国后得到进一步加强，并一直保持到第一次世界大战。该地区也成为日本军国主义在 20 世纪 30 年代发动侵华战争的策源地。

在各种侵华势力明争暗斗、此消彼长的过程中，法国一直扮演着非常重要的角色——尽管这一点经常被遗忘。但是，从法国全面征服印度支那，尤其是实现了军事、政治统一管辖这个例子可以看出，法国在攫取中国利益方面并不比其他西方国家逊色。1897 年上任的印度支那总督保罗·杜美在设定、修建基础设施时，已经瞄准了中国南部两省——云南、广西，并优先考虑。修建云南铁路的技术难度非常大，却被列为首要计划，摆在修建横跨印度支那铁路之前。这条铁路因其众多的技术困难而著称（如有很多技术难度极高的隧道和桥梁），一直到 1910 年才建成通车，而这个地区在 1898 年就被作为租界租给了法国。直到今天，这条铁路仍然是法国对中国侵略野心的明证。

法国最终在 1898 年 5 月到 7 月，通过武力占领了广州湾地区（"广州的海湾"）。法国力图借助印度支那的军事力量扩大在华南的势力范围，并和以香港为中心的英国势力范围相抗衡。1899 年 11 月 16 日，中国通过一份条约，以 99 年的租期将广州湾租借给法国，并正式交由法属印度支那总督府管辖。此后，广州湾的行政、军事中心——白雅特城也成为外运口岸，专门为法国运送来自中华帝国的各种矿产资源。

我们在此出版的这部从未发表过的日记，是弗朗索瓦·莫拉（François Morlat）军士于 1897 年至 1901 年在印度支那和广州湾服役期间写下的，它正好属于那段历史时期，即从法国的一次突袭开始，直到征服印度支那地区，以及后来的东京——如我们所认为的那样——被完全控制。这部日记手稿再现了被兼并的中国领土——广州湾所经历的一段非常艰难的和平时期，这是一份意义特殊的资料。关于这片被割让给法国的租地，我们目前只有一种被印成铅字的叙事，即1910年普隆出版社出版的、士兵莱昂·苏伯曼的《战地回忆录》。但是，这部回忆录的一部分内容在讲述"法属香港"（Hong-Kong Français）[①]时，仅仅涉及占领最开始的状况，以及在那里展开的艰苦的军事对抗。弗朗索瓦·莫拉日记的独特性在于，它紧扣北东京地区法国殖民军如何利用后方基地来达到其对租借地的占领和实现租借地秩序稳定的目的，以及（与中国义和团运动完全同时，正如弗朗索瓦·莫拉所记录的）中国人的抵抗运动和对占领军的武装袭击如何持续了几个月之久，而不是像法国官方的绥靖演说所承诺的那样。

当然，对殖民军下级军官来说，行军日记这种书写方式本身并没有什么特别之处。第二次鸦片战争（1856—1860）中招募的法国军人已经有这种形式的日记了。此外，至19世纪末，掌握阅读和书写的人已经越来越多，对于那些相信自己正在参与一场无论从哪方面来看都是特殊使命的下层军官来说，写日记更是非常普遍。

在莱昂·苏伯曼（Léon Silberman）的《战地回忆录》中，"士兵"莱昂·苏伯曼曾不无揶揄地描写了下级殖民军官所写的行军日记的平淡无奇：

> 以活生生的士兵为模特来描摹殖民地生活的画卷，我并不是唯一一个；但我相信，至少我是那些有运气完成其画卷的极少数人中的一个。在疲惫不堪、物资匮乏和各种疾病的轮番攻击下，野外作战的士兵有时会变得很敏感，很容易失去控制。每当遇到艰难的时刻，那个记录行军日记的可怜的记事本常常被当作出气筒用来发泄一通。我看见有人生气时践踏它，还有些人用力撕扯它，把它扔进壕沟里。所幸的是，我的日记没有因为"逞一时之快"而成为牺牲品。我一直不停地写，甚至24小时不间断，利用每一次休息，每一次驻军休整，还有夜里，借着一小

[①] 原文如此。"法属香港"指的是广州湾。——中文编者注

节蜡烛的微光,或者一把应急手电筒,在我的记事本上记录下日常发生的每一件事情。①

弗朗索瓦·莫拉军士的行军日记,记录了19世纪末法国殖民军远征中国的那段动荡艰难的岁月,其间这本日记也遭遇多次中断,差一点就半途而废,最终却能够保存下来并公之于众,不能不说是万幸。

1897年10月31日,弗朗索瓦·莫拉在他的军士服役期即将结束之际,奉命离开马赛与"东京占领军"汇合,具体地点在当时中国的"保护国"——安南国的北部。当他重回西贡的军营歇脚整顿时,他评价那里的营房装备现代化且环境优美(他对1892—1893年西贡兵营的评论文字实际上是有关前期殖民军营情况的唯一文献资料),随后便乘船到达海防——安南北部最重要的港口,然后驶向了七塔(Sept-Pagodes)军事基地,② 从那里可以直达下居(Ha-Coi)③——中国边境附近众多边防哨所中的一个。日记记录了每天的生活,主要就是修筑"公路",即连接各边防哨所的军事通道,每天都有新的道路需要开凿、拓宽、维护。对于周围近在咫尺的中国防御工事,日记并没有多提,甚至丝毫没有渲染大无畏的气概。这种有规律的生活在日记中并没有展示更多的细节,但1897年12月31日的日记一度中断,接下来有两年的沉寂,这段时间弗朗索瓦·莫拉经历了怎样的生活,我们不得而知,这位军士对任何涉及隐私的信息都惜字如金。我们能够发现的是,日记从1900年4月13日开始继续写起来,作者提到一则新任务的通知:招募出生于东京地区的中国步兵,用于广州湾法国租借地的军事对抗。作者还颇费笔墨地写下了两篇未注明日期的报告,一篇是关于水稻种植,另一篇是东京地区的畜牧业情况。显然,作者试图对当地的农业、畜牧业

---

① 莱昂·苏伯曼:《战地回忆录》,巴黎:普隆出版社1910年版,第176页。
② 据法文版东京历史地图,原七塔基地位于越南河内与海防之间,梂江(Sông Cầu)与太平江(Sông Thái Bình)的交会处,有运河快速通道通向河内,现已无此地名。——中文编者注
③ 下居,今越南广宁省东北部海河县县城广河镇,位于海河县海岸及下居江(Sông Ha-Coi)出海口,与越南芒街和我国东兴隔海相望。——中文编者注

进行类似百科全书式的调查和了解。另外，在日记中断的这段沉寂期，作者还给家人写了三封信（标注的日期分别是1898年10月2日、1899年2月5日和1899年6月4日），这些信表明他离开法国后身体得到了恢复，同时证实他的兴趣所在，并让人能够更好地了解他所属的阶层对于殖民行为的看法。在信中，他回答了他的农夫舅舅提出的问题，全部都是关于东京地区在农业和畜牧业方面的潜力。从信中可以看出，他们对殖民行为的想象彻头彻尾都是从外省农民，更确切地说是从农业开发的角度出发的。

此外，日记对于安南人，即当地"土著"的描写少之又少。弗朗索瓦·莫拉也未写过他和安南步兵或当地人之间的任何紧张或不快，只是用寥寥数语提到了中国边境线上那些令他感动的中国农民，确切地说是水稻种植者们劳作的身影。此外，关于两者间的情谊，友情也罢，感动也罢，都没有更进一步的描述。莫拉军士也没有提到与他指挥的安南步兵之间有任何冲突。只是后来有一次，他提到不久前刚招募的中国人实在无法与那些安南"低军衔士兵"（gradés）相比，后者在指挥和训练方面具有很强的能力。此外，对于在拉科斯特（Lacoste）队长被广州湾"海盗"刺杀一案中受到严重伤害的"安南女人"，他也同样深表同情。弗朗索瓦·莫拉与安南人之间的关系似乎属于那种保有一定距离的亲密关系。与莱昂·苏伯曼不同的是，后者自认为完全理解和会说安南语，他在日记中也丝毫未提及安南人的敌意和威胁。对他来说，法国对安南"保护国"的控制是一劳永逸、不可逆转的。而在弗朗索瓦·莫拉对安南人的亲近，却始终保持着某种距离感。

对于弗朗索瓦·莫拉来说，真正令人意想不到的地方是他的中国之行和一开始在东京地区招募中国士兵的时候。对他来说，广州湾租借地的治安维护任务开始于1900年8月16日，结束于1901年2月21日；这期间发生了与当地军事抵抗组织之间不断升级的紧张状态和武力冲突。在北东京地区，弗朗索瓦·莫拉注意到，新招募的中国士兵的违规行为各种各样、层出不穷，从法国军队的要求和纪律来看，许多行为简直匪夷所思。

一开始的点名迟到很快就演变成"开小差",临近的中国成了那些开小差者和(与义和团运动同时出现的)暴动者的最方便的庇护所,是诸多暴力事件的策源地。弗朗索瓦·莫拉在日记中写道:

此时也正是发生于中国的社会革命(Révolution Sociale)"义和团运动"如火如荼的时期,虽然东京的边界省份都相对比较平静。这场在中国发生的暴动,确实引起了广泛的反响,甚至在东京地区,尤其是中国的边境地区。可以说,我们的许多年轻士兵多次逃跑,也应该归咎于这次暴动。(1900年7月16日)

黑旗军首领刘永福

弗朗索瓦·莫拉在1900到1901年广州湾服役期间记录的这部日记,无论从见证那些尚不为人所知的历史事件来说,还是从基本的史料来说,都具有特殊的,甚至是独一无二的意义。早在两年前,在艰难地占领"法属香港"后,媒体曾发表诸多文章,如1899年12月3日的《小日报》发表了一篇文章,概述中华帝国瓦解之际——这被认为是大势所趋——欧洲列强（和日本人）之间的相互角力。此外，这篇文章还提到了广州湾"笛卡尔号"巡洋舰上的两名法国军官——库恩和顾伦被杀事件，其中带有那个时代特有风格的案发现场照片还被刊登在了《小日报》增刊的头版上。显然，法国人进驻广州湾的这一英雄般的历史时期——正如官方所颂扬的那样——无疑给当时的报刊舆论留下了深刻的烙印，让人回忆起征服东京时的历史往事，以及19世纪80至90年代与黑旗军（Pavillons Noirs）作战的艰难岁月。① 莱昂·苏伯曼参加过漫长的亚非殖民旅程，② 在广州湾成为法国租借地后，他来到这里服役，在其1910年出版的回忆录中，他收集了很多几乎一模一样的驱逐海盗的照片：暗杀陷阱、大屠杀、被斩首的尸体等。

但弗朗索瓦·莫拉的日记中完全没有类似的东西，与苏伯曼所记截然背离与不协调。1900年7月，当弗朗索瓦·莫拉来到广州湾时，按当时官方的说法，法国与中国当局商定的租借地边界划分以及休战和平已是铁板钉钉的事情，租借地所辖区域的行政管理及河内的殖民机构也已无可争议地确立（此前不久任命的印度支那总督保罗·杜美，已在多德总司令的陪同下到广州湾视察），法国人从此可以高枕无忧了。然而，弗朗索瓦·莫拉却越来越强烈地感受到一种威胁，与"海盗们"的冲突不断升级、不断加剧，这些所谓的"海盗"很显然与当地的秘密组织、中国官员有着密切的联系……所有这一切都让他觉得，现实与法国军事当局，尤其是普通民众的看法大相径庭。在保罗·杜美的干预下，殖民当局对这一起始于印度支那尤其是东京的伟大事业提出了严厉批评，显然巴黎方面并不总是对之给予支持的。也是在那时，对于云南和华南的控制也提上了议事日程。

同时，对于时事的审慎评论越来越多，有关紧张局势不断升级的报道反复出现，人们认为对于一个显然怀有敌意的民族，法国采取的军事

---

① 1906年8月5日，《旅行日报》发表了亨利·涅雷的一篇标题为"驱逐海盗"的长文，文章叙述了法国人占领东京以及对抗黑旗军的艰难岁月。

② 包括达荷美（贝宁旧称——译者注）、马达加斯加、东京、广州湾、中国和交趾支那。

策略是错误的等。诸如此类的舆论,是对广州湾形势已经趋于正常化的官方言论的有力反驳。正是在亲身经历了这一切之后,弗朗索瓦·莫拉才有可能在即将离开广州湾之前,揭穿了官方的说辞不过是一纸空文:

(……) 彻底的平静离我们还远着呢,和平在广州湾不过是一纸空谈罢了。

然而,莫拉在表达上述言论的时候,并没有使用任何激烈的言辞。除了就事论事地针对殖民当局的那些"达官贵人"——这些人也是殖民军下级军官们经常拿来开涮的对象——提出了一些批评之外,在弗朗索瓦·莫拉的日记中,实际上也丝毫没有出现针对印度支那法国人的批评,这方面与莱昂·苏伯曼的回忆录中针对殖民地法国人(尤其是西贡和交趾支那的法国人)的激烈抨击大相径庭。

但这本行军日记的重点可能并不在此,而在另外一些方面:那些有关死亡的描写透露出来的恐慌情绪,尽管他使用的文字非常克制,却掩盖不住这种情绪在整个广州湾弥漫、增长的现实情况。这些描写有的是埋葬同伴的,有的是掘开中国古墓的,还有那些关于在战斗中被杀死的"海盗"尸体被戕戮、踩躏和展示的。关于死亡,他的从马赛到西贡的海上游记已经有所提及,但这些赤裸裸的死亡描写更加令人触目惊心。在经历了重返东京的"悲惨"旅程之后,又发生了另一桩可怕的死亡:中士长普兰(Poullain)在东京的一条河里自杀身亡,尸体被找到的时候,已经完全面目全非了。这幅画面似乎是一种预言,让人不禁将它与法属印度支那的未来联系在一起,这确实是这部行军日记得出的结论。

除了这本日记,弗朗索瓦·莫拉在回到法国退伍,并从此成为涅夫勒省一个村镇的"一级税务办事员"后,他还留下了一封信的草稿,这是他最后的文字。在这封写给友人的信中,他提到,昔日那些"在殖民地度过的日日夜夜"令他极度疲倦,他对和平安宁的社会生活怀着渴望。

千真万确的是,与这封信放在一起的,还有一张"从安特卫普到里斯本的铁路路线"草图和一份"法属非洲领地和主要城市表",从这份手稿中,我们也许可以隐约窥见弗朗索瓦·莫拉最后的旅行梦想。

第一章　从马赛到西贡的旅程

(1897年11月1日—12月1日)

  在日记的开头,弗朗索瓦·莫拉对马赛做了简单的介绍。19世纪最后几年的马赛港正处于发展的顶峰,这座生机勃勃的港口城市似乎给他留下了深刻的印象。正是这座城市,后来很快发展成为通向东方,即非洲和亚洲法属殖民地的大门(弗朗索瓦·莫拉还提到海洋运输的飞速发展,以及1869年苏伊士运河的开通)。但是作者对马赛港的关注很快就转为旅行前的离愁别绪,以及漫长而遥远的海上航行必然会引起的忐忑不安,尽管这些情绪的表达非常含蓄。紧接着,作者又提起1855年在科西嘉岛附近公海上发生的"欢乐号"(la Sémillante)运输船的海难事件,这无疑是一开始那些恐惧情绪的延续。此外,在这本日记中,关于死亡的主题一再出现,仅在"从马赛到西贡的旅程"这一部分就有两次提到:一次是写一只纯种小狗的死,它曾是主人的心肝宝贝,受到很多乘客的喜爱;另一次是写一头被捕获的鲨鱼被绳索捆绑着,在甲板上被悲惨地处死。

  需要注意的是,在日记的第一部分,作者的观察不是按照空间顺序,而是首先从技术层面对军舰进行细致的观察:从军舰的机械运行到内部结构、运输量等。尤其值得注意的是,弗朗索瓦·莫拉有着极其敏锐的社会观察力。对他来说,军舰封闭的空间,尤其是那些密封的船舱，更让人觉得似乎身处等级森严的军队之中，尤其是这些军人与普通民众近在咫尺（尽管后者也是按照不同的社会地位聚集在一起的），让原本如同节日般的海上长途旅行变了味，就连周日晚上的舞会和戏剧表演也改变不了船舱里那种挥之不去的紧张感。①

马赛拉加德圣母院

1897年10月31日。上午我到达马赛。我在加利福尼亚酒店要了一个房间。今天是星期天，城里全天都是活动。晚上将近6点钟，咖啡馆里依旧人头攒动，几天前来自五湖四海、世界各地的客人都汇聚在这里。许多人在马赛待上一两天，然后再动身前往殖民地的某个目的地。马赛港是法国最大的港口，海港便利的位置很快就会让这座城市变成法国第二大城市。而在此前，它在商贸方面已经可以与里昂一争高下。它不仅拥有肥皂业、食用油业、面粉业、制糖业等规模化产业，还是谷物、皮革、羊毛等商品的集散地，是与阿尔及利亚和远东进行往来贸易的中心。苏伊士运河的开通更是让马赛的贸易范围进一步延伸。朱丽叶

---

① 莫拉日记各部分之前的文字说明和日记内部个别地方的穿插语（均以楷体字表示）是本日记的法文版编者让-雅克·塔坦-古里耶（Jean-Jacques Tatin-Gourier）先生的话，下文不另注出。——中文编者注

特新港景色秀美,① 拉加德圣母院香客云集,尤其是不久前刚刚建成的大型自动扶梯②,吸引了大批水手在出海前或海上归来后到此祷告一番。

11月1日。凌晨两点登上"哥伦布号"(Le Colombo)③,三点半起航。所有停泊在港口的轮船都在做最后的告别,乐队在演奏马赛曲和离别曲。无论是岸上还是船上,每个人都在挥舞着手帕和帽子,美丽的离别,庄严又伤感。每个人的心情都不由自主地变得沉重,至亲、好友的样子在这一刻纷纷涌上心头,过去的记忆一一浮现在脑际。人们肩并肩站着,没有说一个字,没有相互交谈,很多人神情悲痛,但没有人哭泣。轮船调转了头,快速向前驶去。渐渐地,只能看到圣母院的塔身,海岸线也很快变得模糊不清,最后连海岸线也消失了,法兰西的土地在我们的视线中再也看不到一丝一毫了。再见,法兰西!三年后我们再见!也许会早一点,但一定是我们所有人都安全归来,这是我们唯一的愿望。但不幸的是,我们的愿望微不足道,它必须遵循命运画下的轨迹;而此时的我们除了听从于命运的安排,别无他法。前途茫茫,但我们会一直怀揣梦想。一开始,我们只能听到机器的声音,那是螺旋桨发出的声音和航行中必需的指挥口令。慢慢地,人们开始交谈,相互介绍、聊天,甚至有八年、十年未见面的老朋友非常偶然地在船上重逢,可以想象彼此该有多少话要倾诉!暌违已久的朋友该有多少消息要相互传达!令人高兴的是,旅行的第一天我们就遇到了非常有利于航行的好天气,第二天也一样。

"哥伦布号"属于法国航运公司④,长125米,宽12米。该船刚刚被改造过,内部机器都是全新的。现在它的最大航速为每小时14节,

---

① 朱丽叶特港于1853年建成使用,四年后又扩建了拉扎雷港(Lazaret)和阿朗克港(Arenc)。
② 该自动扶梯于1892年建成使用。
③ "哥伦布号"客货两用远洋轮船于1882年7月15日下水,一直被用于从马赛到西贡和海防的军队运输,1910年该船在西贡被拆毁。
④ 法国航运公司(Compagnie Nationale de Navigation)于1881年由马克·弗莱西奈(Marc Fraissinet)创立,其航线通孟买、加尔各答、爪哇和印度支那,专门用于部队运输,一度曾垄断通往印度支那的军队和军用物资的运输,1904年解散。

实验速度曾达到每小时17节。船左右两侧，从船头到船尾，过去曾是散步区，现在只剩下单人船舱和甲板之间一个75厘米宽的区域。船尾有些单人舱，在一等舱休息区的两侧，是军官专用舱；船的前方休息区的两侧，也有一些单人舱，里面住的是下级军官。在这些单人舱的上面，是分上下几层的大通铺，里面住着450个士兵，单人舱的下面也可以容纳同样多的人数，不过眼下大约住着220个士兵。在这些大通铺的下面是一些堆放着行李和出口物资的货仓。再往下就是煤仓了，专门给船机提供动力。

船上总共有大约800名乘客，一名海军陆战队队长对军舰上整个部队行使军事指挥权，另外还有两名上尉、八到十名中尉和少尉协助他工作。所有这些军官自然也是乘客的一部分，他们随部队一起在到达目的地（西贡、图兰①、海防）时离船。他们和那些在部队获得过军官军衔的平民构成了一等舱的乘客；二等舱只是在字面上存在，里面的乘客全是没有军衔的平民；三等舱乘客主要由全部士官和那些获得过士官军衔的平民组成。而普通士兵和那些获得过比士官还低的军衔的平民就只能是甲板乘客了。

这就是"哥伦布号"的乘客构成情况，这个公司的所有轮船基本上都是这样，但是在另一家公司管理的轮船上，情况就完全不同了。

11月2日。12点半，我们到达了位于科西嘉岛和撒丁岛之间的博尼法乔海峡。我们在那些巨大的岩石间穿过，这里曾是"欢乐号"运输船遭遇风暴、触礁沉没的地方。②当时克里梅（Crimeé）公司的"欢乐号"运输船同样也搭载着一支军队，事故发生时，船上的人员和物资全部葬身大海。为了让来往的旅行者记住这段悲惨的往事，尤其是为纪念所有在海难中死去的人们，这里还建起了一座教堂，一根巨大的石柱

---

① 图兰（Tourane），即沱㶞（Dà Nẵng），今天的岘港（Thành phô Dà Nẵng），越南语汉字写作沱㶞，香港旧译为大南。在1858年后的法国殖民时期，沱㶞被法国人拼写为图兰即Tourane。因其与法国土伦（Toulon）在写法上有异，故有译者将Tourane译为土伦并不正确。——中文编者注

② 1855年2月1日，"欢乐号"在驶入博尼法乔海峡入口时，与拉维奇岛的岩石相撞而沉没，船上人员无一生还。

立于其上。教堂被一道钢铁铸就的围墙保护着，四周种满了鲜花。

11月3日。大海变得波涛汹涌，我们一整天都在剧烈的颠簸中行进，这预示着我们已经接近墨西拿海峡，因为那里的海浪总是摇摆不定。晚上9点，我们进入海峡，靠近了墨西拿海峡右侧的西西里岛，左舷离意大利的雷焦港（Reggio）较远。

11月4日。随着我们逐渐远离墨西拿海峡，大海重新变得风平浪静，晚上尤其宁静，我们能看到左右两侧的很多小岛。

11月5日。夜间4点到5点，我们感到船身陡然间开始剧烈地左右摇晃。有人开始打嗝，有些人承受不住开始不停地呕吐。从船头到船尾，随处可以听到咳嗽、干呕和呕吐的声音。每个人都躺在铺位上，死死地抓住床板。早上6点的时候，船身又开始前后颠簸，而左右摇晃仍在继续。每一次前后颠簸都会引起一阵翻江倒海般的呕吐，这让人想起在海上常听到的一句话："大海翻腾起来能掀掉人的脑袋。"10点是吃早餐的时间，但只有几个最勇敢的人入席就餐，我也挣扎着去了。尽管我努力不把晕船当回事儿，可最终还是让它占了上风。没来得及等甜点上来，我就不得不离开餐桌。我发现，和我同桌的其他几个人也离开了，忙不迭把胃里还残留的前一天吃的一点点东西吐出来喂小鱼小虾。他们其实也没吃几口，光是餐厅的饭菜味就已经让他们感到肚子饱饱的了。装葡萄酒的瓶子几乎都是满的，许多人无法吃东西，更别说喝酒了。对那些准备早餐的餐厅服务人员来说，早上这顿饭算是白忙活了。将近中午的时候，天气终于放晴了，身体也随之轻松了许多，晕船的感觉也没有了，那些在床位上辛苦挣扎了一个多小时的人们，此刻也在甲板上迈着轻快的步子散步；只有女士们和一些状况非常糟糕的士兵留在船舱里。晚上，一些勇敢的女人壮着胆子出来散步，显然她们是晕船症状最轻的人了，但也是一个个脸色惨白，令人害怕。五六个三到六岁的男孩和女孩，甚至还有几个更小一点的孩子，一直在甲板上玩耍、嬉戏，也常常被身边走过的病态的大人吓得一跳。晕船对孩子们倒没什么影响，轮船摇摇晃晃反倒让他们觉得好玩，即使是颠簸得很厉害的时候。孩子哭闹的原因往往是他们的妈妈或者佣人晕船，而非他们自己。

11月6日。夜晚温和宁静，大海风平浪静，一片静谧。整个白天阳光灿烂，令人愉悦。

11月7日。中午12点15分到达塞得港，下午4点离开。其间，趁着轮船装煤的工夫，我们上了岸。次要原因是想看看这座城市，主要原因还是为了少吞一点煤灰。塞得港是地球上最国际化的城市之一，在那里可以看到来自各个国家、分属各个种族的人们。有些建筑规模宏大，很值得一看，但是大部分建筑的内外都是脏兮兮的。街道很宽阔，人行道也宽敞，碎石柏油路随处可见，但依旧是脏，破败得很，几乎不能行车，只有步行或者骑着驴的人在上面行走；路上偶尔有几辆私家车，看不到一辆公交巴士。有一种轨道车，很窄的轨道，① 由几匹瘦弱的毛驴和骡子拉着艰难地往前走。整个城市建立在干旱的沙地上，看不见一棵绿草；偶尔有几棵耐旱的树，虽然备受呵护，但是都长得蔫蔫的，毫无生气。斐迪南·德·雷赛布②广场倒是挺漂亮，广场的中间是一个石筑的凉亭，四周有溪水在岩石和贝壳上流过，形成了一条条美丽的小瀑布。广场的南端竖立着斐迪南·德·雷赛布的半身像，塑像下方的石柱上刻着苏伊士运河的示意图，并用金色字体标出了主要的景点，如苏伊士港、伊斯梅利亚湖、塞得港，以及众所周知的塞得港的埃尔多拉多赌场等。此外，还有很多来自意大利、俄国、德国和英国的——但很少看见法国的——流浪艺人在演奏世界各国的乐曲。我们一到，那里的乐队就开始演奏《马赛曲》和其他一些法国乐曲。我们离开的时候，许多德国人刚刚在塞得港靠岸，在埃尔多拉多那一侧上了岸，于是那些流浪艺人们又专门为他们演奏了一番德国乐曲。每个国家的人来此，他们都会演奏上一段这个国家的国歌以示欢迎，每天如此。在埃尔多拉多的入口，设了个轮盘赌局，人们在上岸歇脚期间，会心甘情愿地花上几块钱碰碰运气。再小的零钱，赌场都会接受，大钱也很容易兑换成零钱。有些外乡人几天之内就把辛辛苦苦积攒的钱在塞得港挥霍一空，最后被遣

---

① 这种狭窄的轨道很容易组装或拆卸，也没有昂贵的道床。

② 斐迪南·德·雷赛布（Ferdinand Marie Vicomte de Lesseps, 1805—1894）是法国外交官、实业家，著名的苏伊士运河即由他主持开凿。——译者注

送回法国。

凌晨4点，我们动身出发，很快就到了苏伊士运河的中段。我们的船开得很慢，为了避开运河中湍急的水流，我们有好几次在途中停靠点停了下来，给从红海开来的船只让行。苏伊士运河是在斐迪南·德·雷赛布先生的主持下开凿的，并于1869年通航，整整用了十年时间，花费了5亿法郎，[①] 连接了红海和地中海，长160 000米，宽80米，深8米。现在我们去西贡大约要走3 300古里[②]，而在运河开通前，我们不得不从好望角绕道，距离差不多是现在的两倍，大约6 500古里。

今天是礼拜天。我们从动身那天起就为组织一场音乐会做足了准备。我们准备了一台钢琴、两根长笛、一把大提琴和一些勉强可用的铜管乐器。我们还幸运地找到了几个非常善于朗诵的士兵，他们给我们表演的许多独白堪称完美。最棒的是，还有一位极具喜剧天分的腹语表演者。最后我们还有非常宽容的观众，一切都棒极了。9点，我们的演出开始。表演者悉数来到船尾，两侧的观众成群结队，各自按照等级尽可能离得更近一些。女士们在第一排的长椅上懒洋洋地一字排开坐定；后面是普通长椅，坐着军官和同级别的编外服役人员；然后是下级军官，找到啥坐啥，椅子、脚凳什么的；这些人的后面才是挤成一团的士兵，当然只能站着。音乐开始了，几段钢琴曲之后，一个士兵开始朗诵《祈福》[③]，刚朗诵到一半，一艘轮船从苏伊士运河那头开过来，我们的船赶紧避让，船上的卷扬机、绞盘、绳索顿时声音大作。台上的演员即使喊破喉咙也没人能听见了，只好停下来。此时，我们的船也停了下来。那艘在我们旁边经过的轮船是一艘重回马达加斯加的法国游船，上面满载着军官和士兵，大家挥动着军帽和手帕，相互致意；等到大船开过去之后，《祈福》的朗诵又接着往下进行。这一切花了不到一分钟的时间，我们的船又上路了，音乐会也继续进行。在下一个锚地，我们又被

---

① 此处或有误。据官方数据，苏伊士运河的开掘，共耗资3.69亿法郎。——中文编者注
② 一古里约合4公里。——译者注
③ 大概是弗朗索瓦·库佩（François Coppée，1842—1908）的独白诗。

迫停下来，这次正好是腹语表演者在台上表演，正讲到热闹处，又被轮船停靠时各种机器的噪音打断了，大家忍不住开怀大笑。演出11点半结束，接着是舞会，那些最狂热的人一直玩到凌晨1点，有些人提前离开了。跳舞的人并不太多，在船右侧跳舞的是军官和七八个女士，左侧是士官和三个年轻女士。女士们跳得非常尽兴，几乎没有时间停下来喘口气。老天爷也厚待我们，天气极好，船静静地在海上航行，真是完美的一天。

1897年的埃及塞得港

11月8日。我们12点半抵达苏伊士港①。有些乘客在这里下了船。有一家子一起离开的，包括爸爸、妈妈、四个孩子和他们的家庭教师——一个20来岁的年轻姑娘；那几个跳舞跳得最好的姑娘中的一个也下了船，这对于那些军官来说是多么大的损失啊！苏伊士是一个用沙土人工填海建立起来的城市，仅仅比海平面稍高一点点，由于高度不允

---

① 苏伊士港，埃及港市，苏伊士省首府，在苏伊士运河南端。——中文编者注

许，我们没有在码头靠岸，所有东西都是通过登陆艇转运。苏伊士凭借运河入口这一地理位置，其重要性与日俱增。四年前我从交趾支那返回的时候，它还没有如此举足轻重。下午两点半，我们离开苏伊士，启程前往红海。由于浓雾的天气，我们无法看到西奈山。透过大雾，我们只能隐约辨认出西奈山的方位。

  11月9日至12日。海面风平浪静。尽管快到冬季了，天气仍然炎热。高温令人不舒服，心情也不好，人们很难在餐桌旁久坐，连纸牌也玩不下去了，如同在火炉上炙烤似的，实在是太热了；船舱里也待不下去，一点儿风也没有，让人透不过气来。甲板上还稍微舒服一些，能感到些许凉爽的风。两块叠放在一起的厚厚的帆，足有50厘米，将我们头顶炙人的骄阳遮挡住了。有些船会预先在帆上洒水，使之始终保持润湿，可以增添不少的凉意。在"哥伦布号"上，不知道为什么，没有人去关心这些细节问题。淋浴器开始工作，但是士兵们没有淋浴器用，他们只能用水泵来冲澡。他们脱掉衣服，十来个人一组，轮流到船头接水泵里喷出的水。尽管能冲上澡，大海风平浪静，也没有暴风雨捣乱，但大家的神经还是异常敏感。炎热的天气让大家变得暴躁、易怒，士兵间的争吵似乎从未停止过，也争不出个所以然，最后常常演变为拳脚相加。

  11月13日。早上10点，我们到达吉布提，又有些乘客和货物到站离船，接着又上来了五六个前往西贡的乘客。下午3点，我们又上路了。尽管是午睡期间，因为天气炎热，也只有几个乘客下船，到岸上走走。尽管都戴着帽子、拿着遮阳伞，太阳依旧像火炉一般炙人。从"哥伦布号"到码头，乘小艇需要20分钟。

  吉布提是一个新城，拉加德（Lagarde）先生刚刚在这里建立殖民政府，以前建在奥博克（Obock）。① 奥博克又乱又脏，吉布提也好不到

---

  ① 1862年，法国在奥博克建立殖民地。1884年，莱昂斯·拉加德（Léonce Lagarde，1860—1936）被任命为总指挥官，1887年被任命为总督，1888年他修建了吉布提港。当阿比西尼亚在阿杜瓦战役中打败意大利人后，他成为阿比西尼亚国王孟尼利克二世（Menelik II，1844—1913）身边的法国大使。大使馆从1897年到1907年，存在了10年时间。

哪里去，但是其所在的地理位置——红海出口——赋予其重要性，另外还有一个重要原因，即它还是阿比西尼亚帝国①的商贸中心。在阿比西尼亚打败意大利、签署和平协议之后，拉加德先生离开吉布提，来到孟尼利克二世身边。

我们离开吉布提，前往几乎与它相对的另一个港口——英国人管辖下的丕林岛②，给轮船进行补给，晚上9点钟到达那里。厨子去买了很多鱼和大量冷冻食品，接下来一直到西贡，我们都没有港口可以停靠。丕林岛是一个比较重要的岛屿，岛屿面积不大，岛上的一切活动都和港口贸易有关，岛上居民也都靠做买卖为生。因为正好轮到我执勤，我无法上岸。煤炭从船的两侧运上来，风从船头吹过来，等到煤全部运到船上，船尾的甲板和椅子上已经全是煤灰，足足有一尺厚。由于我得执勤，所以我必须待在舷梯口，警觉地守卫着。那里正好也是煤灰落得最多的地方，很快我就比船上的司炉还黑了，丕林岛上的居民全是黑种人，后来我已经变得完全和他们一个肤色了。

11月14日。凌晨一点半装煤结束，两点半启程，虽说时间已经不早了，但终于可以把全身上下这层"煤衣"脱掉了。

天亮之前，我们离开曼德海峡，向亚丁湾进发，大海波澜不惊。早上8点半，演出开始。其间轮船有几次轻微的摇晃，这不仅没有影响演出，反倒给那些舞蹈演员的腰部动作、胯部动作增添了意想不到的效果；一段喜剧表演也获得了满堂喝彩；腹语表演同上个礼拜天一样非常成功。

11月15日。大海又开始咆哮起来，海浪前后颠簸，我们如同搭了顺风车，晚上就到达了非洲最东边的加尔达芬角。

---

① 阿比西尼亚帝国是1270年到1974年间，位于非洲东部的一个国家，是今东非国家埃塞俄比亚的前身。阿比西尼亚帝国是在帝国主义瓜分非洲浪潮中，与利比里亚并列的仅有的两个保持了独立地位的国家，直至1936年被意大利武力占领。1941年复国后，结束帝制，改称埃塞俄比亚。——译者注

② 也门的丕林岛（Perim），位于曼德海峡入海口处，与吉布提相对，属于亚丁英国殖民地的一部分。丕林岛对于通往印度的航线具有一定的战略意义，取道苏伊士运河的军舰需在此补给，尤其是煤炭的补给。

11月16日。天快亮时，我们到达索科特拉岛附近。大海始终汹涌澎湃，硕大的雨点不时地迅速扫过甲板。

11月17日。我们进入印度洋，一直到11月22日，我们将看不到任何陆地。早晨5点，发动机突然熄火，我们停止向前，直到下午1点，我们才继续开始前进。大海重新安静下来，我们如同躺在轻轻摇摆的摇篮中一样。成群的鲨鱼围涌上来，等待人们在宰杀牛羊时丢下内脏，能正好落进它们的嘴里。这是捕鱼的好时候。一只鲨鱼，大概以为是没有任何危险，向挂着老大一块肉饵的鱼叉扑了过来，立刻就被钩住了。鲨鱼狠劲地挣扎着，尾巴拼命地一甩，船也跟着摇动起来，但挣扎是徒劳的，30个男人一起拽住绳子，把它拉出了水面。绑鱼叉的绳子是用铁丝拧成的，同平常的井绳差不多粗，鱼叉上的钩子非常结实。一拉出水面，人们就扔过来一根打了活套的绳子将它套住，然后把尾巴固定住，再把活套拉到鲨鱼头附近，牢牢捆住。接着，人们将它抬到甲板上，它现在没什么威胁了，但仍旧要避免离它太近。它仍在挣扎，在甲板上扑腾，痛苦而且狂暴。屠夫们拿着大刀走上前去，结束了它的痛苦，也结束了它的狂暴。晚上，乘客餐桌上的菜肴并没有因此改善，实际上，鲨鱼肉并不比平时菜的味道更好。鲨鱼在所有鱼类中最强大、最凶猛，被捕杀的那条虽不算年长，但已经长得又大又结实，足有两米多长。

11月18日。从昨晚开始，风变得越来越大，船在大海中颠簸摇晃不休，但我们已逐渐习惯在海上航行，面对风暴，我们越来越能够处之泰然，晕船的人几乎没有了。

11月19日和20日。天气晴好。

11月21日。天气晴朗。一只海燕飞到帆上栖息，它已经累得筋疲力尽，一下子就被人捉住了。人们给它系上一根蓝色缎带，在它的脖子上绑了根小标签，上面写着"哥伦布号，1897年11月21日"，然后放了它。

今天是星期天。演出像上周一样进行，但是舞会出了问题。军官与那些有官职的非军事人员发生了争执。那些非军事人员与正式军官一样是有官职的，他们要求也能像正式军官一样，给演员们提供啤酒、柠檬汽水和开胃酒，但是军官们不同意；非军事人员于是就想捐点钱给演员，军官们还是不同意，说这是军队的演出，只能由他们付钱酬谢演员。他们先是争论，接着就吵起来，最后非军事人员拂袖而去，带着他们的夫人离开了。没有女人，就没有了舞伴，舞会自然搞不下去了。这个星期天晚上，大家比以往睡得要早。

11月22日。我们从英国人管辖的富足的锡兰岛的南端——加勒角附近经过。天气不错，偶尔会遇到些许颠簸的海浪。

11月23日。天气不错，只是偶尔下一阵暴雨。

11月24日。天气依旧不错。一位女士要去西贡，与在那里做事的丈夫团聚，她上船时还带了一条非常漂亮的猎狗。从启程开始，她对这条狗呵护备至，很多乘客也帮着她悉心照顾，但是海上的高温让狗儿疲惫不堪，并且它始终处在晕船状态，最终在女主人的绝望中死去。

11月25日和26日。天气晴朗。

11月27日。我们进入马六甲海峡，大海变得暴躁起来。我们的右面就是幅员辽阔的苏门答腊岛。

11月28日。我们到达马六甲半岛的南端，与新加坡隔海相望，这里也是我们所经过的距离赤道最近的位置。我们现在开始将向北航行。大海波涛汹涌，海浪一浪高过一浪，尽管今天已经是上船第28天了，但仍然有好几个人感到晕船。今天是星期天，但是大家都没有什么心思去张罗演出和舞会，大海已经让我们个个都手舞足蹈，甚至连乐队伴奏也是可有可无的了。

11月29日。整整一天一夜，大海咆哮着，我们一直跳着没有乐队伴奏的舞蹈。

11月30日。我们到达昆仑岛（Poulo-Condore）附近。这是一个法属小岛，一直是印度支那土著犯人的流放之地。此处气候非常有益健康，海边盛产各种珊瑚和贝壳类动物，还可找到与法国非常相似的牡蛎。1893年我从交趾支那回法国时，就从昆仑岛带回了很多贝类。

大海又安静下来，人们趁机把上个星期天因为坏天气而耽搁的演出补回来，但也只是几首钢琴曲和一些独唱而已，演出最终变成了一场为殖民地死难军人家属募捐的活动。一位来自一等舱的小姐在一个穿着军服的军官的协助下组织了这次募捐；募捐在一种非常肃穆的气氛中完成，就像音乐演出之后观众凝神静思的片刻。

12月1日。凌晨两点，我们到达圣雅克角（Saint-Jacques）① 最南端，此时正是涨潮时分，这使我们没有任何停顿，立刻驶进西贡河。圣雅克角位于大河的入口处，是交趾支那最安全的港口。三年前，这里建起了一座疗养院，那些在交趾支那患病的军官、下级军官、士兵以及平民被送到这里接受康复治疗。西贡有名的奥利弗餐馆在这里有一家连锁店，负责病人的伙食。事实上，最近几年，圣雅克角的地理位置越来越重要，新近抵达交趾支那的炮兵司令阿雷利马尔德（Arelimard）将军将在此建筑大型防御工事。离圣雅克角不远的地方有巴里亚森林，人们可以打猎，那里有老虎、豹子等②。

凌晨4点，出征的军号把我们从睡眠中唤醒，而我们的船仍然在西贡河中航行。

6点，我们的船停靠在一个由安南人守卫的堡垒旁，在那里卸载了400箱炸药。

中午时分，我们在西贡码头停下来。靠岸的航行非常顺利，船上的发动机也没有出现问题，这是法国航运公司第一次在30天内完成了从马赛到西贡的航程，等于走了原本应该走3 300小时的航程。其间从11月14日离开丕林岛开始，我们就再也没有停靠任何港口。

我们一靠岸，中国人就上来推销各种服务，有缝衣服的、修鞋的、烫洗衣服的。这里的商品琳琅满目，价格却比欧洲便宜很多。比如一套白棉衣只需5皮阿斯特，换成法郎则是12法郎25生丁（汇率是每个皮阿斯特兑换2.45法郎），而在法国这要值40法郎。那些出发前在法国为自己买了一堆日常用品的人，实在是大错特错了。

---

① 圣雅克角，今越南头顿市，法占时期属交趾支那。——中文编者注
② 1898年，人们在圣雅克角为保罗·杜美总督建造了"白色别墅"。1906—1917年，被废黜王位的安南国王成泰（Thanh Thaï，1879—1954）被软禁在此。

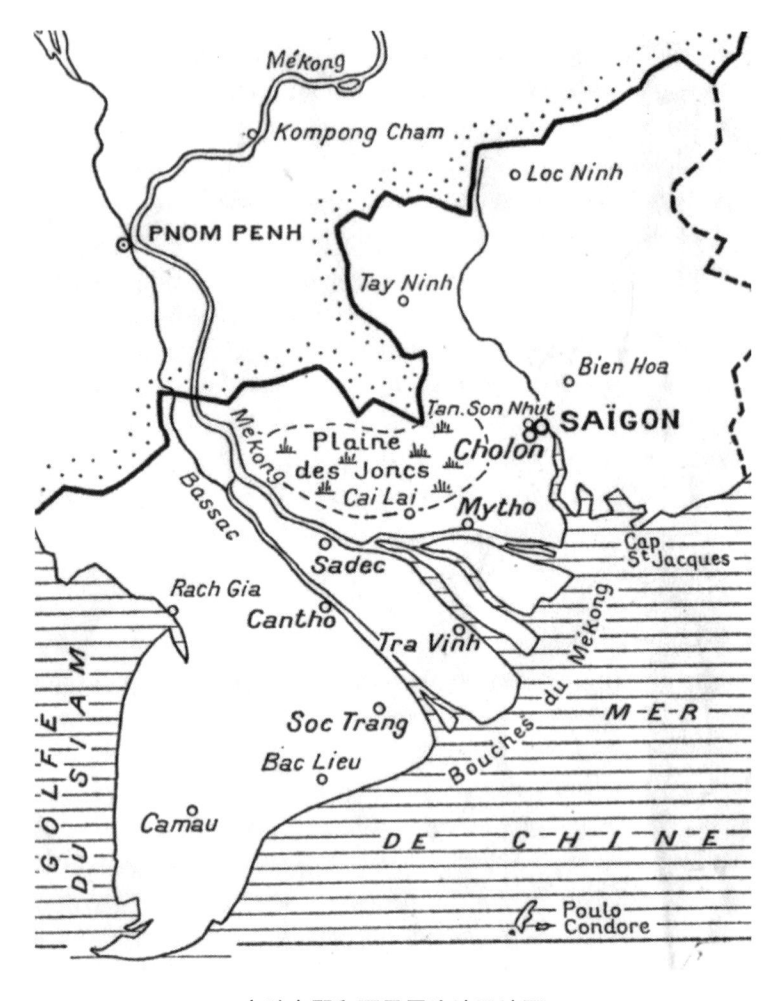

交趾支那和西贡周边地区地图

马拉巴人（Le Malabars）也背着成袋的皮阿斯特来到船上，[①] 跟我们兑换法郎。有些乘客迫不及待地去兑换他们的法郎，按照这些马拉巴人所给的汇率，除了2%的固定利润外，他们每个皮阿斯特还额外再赚10到15生丁，尽管他们满嘴说着童叟无欺的誓言。每个马拉巴人都是小偷、奸商——每当你不得不和这帮人做任何生意的时候，永远不要忘

[①] 马拉巴位于印度半岛西南部沿海地区。马拉巴人很早就四海为家，四处贸易，素有经商传统。弗朗索瓦·莫拉提到的马拉巴人，属于已在西贡定居经商的印度族裔。

记这条规则。马拉巴人在交趾支那的所作所为就如同犹太人在法国所做的一样，他们善于在任何投机活动中牟取暴利。我在船上仅换了点应急用的皮阿斯特，等下了船，我会找到一些即将动身返回法国的同胞，他们也很高兴按照正常的汇率跟我兑换法郎，因为在兑换商那里，也是这样的汇率。

圣雅克角：杜美总督的白色别墅

下午 5 点，我们陆续下船，尽管现在是 12 月份，而且将近傍晚，天气依旧非常炎热。我们在海军舰队营房歇息，其他随船到达的士兵则在拉瓦朗什仓库歇脚。海军舰队营房是我们在殖民地待过的最好的地方。它依旧崭新、洁净、整齐有序，还和从前一样。我怀着愉快的心情，再一次回到 1892—1893 年我曾住过的地方，还见到了一些老战友。他们分别是安南土著步兵团和海军第十一编队的士官。第一天轮到我值班，我必须在营地一直待到第二天下午 5 点。

第二章　印度支那：从西贡到海防

(1897 年 12 月 2 日—12 月 12 日)

  对弗朗索瓦·莫拉来说，在前往越南北部东京地区的旅程中，在西贡中转的日子占去了途中较长的一段时间，也相对比较自由。他怀着欣喜与这座城市重逢，并对它的发展和所发生的深刻变化表示赞赏。这也是这部日记中唯一的一次有关西贡的叙述。在这段叙述中，莫拉军士还提到了他先前在交趾支那执行任务的情况。这座城市正在被殖民化，有点像在马赛。对他来说，殖民化与现代化大概是可以相提并论的。在经历了漫长的海上航行之后，弗朗索瓦·莫拉对整洁、舒适的营房非常满意。他还注意到西贡在城市建筑和规划方面发生的翻天覆地的变化。此外，他还讲述了 1897 年 12 月最重大的事件：印度支那最高委员会第一次会议的召开。印度支那总督保罗·杜美趁会议召开之际，接纳安南国王成泰和柬埔寨原国王诺罗敦为"受保护国"国君，同时对印度支那的基础设施展开大规模的建设，尤其在道路和铁路方面（这些表面文章后面都隐藏着一个不可告人的目的——进一步扩大法国在中国华南的影响力）。

  但弗朗索瓦·莫拉似乎并没有被这些假象蒙蔽：西贡富丽堂皇的建筑与他的谨慎、节俭观念相抵触，他暗示大规模开发中出现的奢侈和投机状况仅限于这座南部大都市。在他看来，西贡就是"一个用钱币堆起来的城市",也是那些"犹太人"——马拉巴人大肆赚钱的地方,那些天真的法国士兵前脚踏上这片土地,马拉巴人就会接踵而至,围上来牟取暴利。

后来他离开西贡前往东京北部,也正是从那时开始,他从西贡那些浮华的表象中脱离出来。沿着印度支那海岸走过的旅程是痛苦而艰难的,他们只在图兰港(今岘港)做了短暂停留。随后他们在海防登陆,被安排的住处是临时搭建的棚屋,这引起了弗朗索瓦·莫拉行军以来的第一次愤怒,他指责行政管理方面的玩忽职守。在经历了西贡的奢华之后,令他无法理解的是,在这个北方大港,居然没有一座为大批在此过境的军人和士兵修建的真正的营房。除此以外,海防在各个方面都和西贡有着天壤之别。在这座荒芜的城市里,不论是宗教活动(比如弗朗索瓦·莫拉定期参加的弥撒),还是世俗活动(在城市广场上的演出),都透着可悲的寒酸劲儿。另外,军士还第一次强调了法国人和当地"土著人"之间的天壤之别,尽管这些"土著人"都已经改信了天主教。

1897年12月2日。值班日结束后,我自由了,我打算四处走走,现在是饭前喝开胃酒的时间,① 散步的大有人在。

晚饭后,我和一大群战友去看戏,剧院正在上演《弄臣》②。尽管剧院比我们在"哥伦布号"上临时搭建的要好得多,但是戏演得一塌糊涂。西贡这家剧院受到当地的大力扶持,拥有几位非常优秀的男演员和女演员。这些演员尽管都非常热爱戏剧演出,但是他们无法抵抗恶劣的气候。正如所有来到西贡的人一样,他们很快变得身体虚弱。对于一位生病的演员来说,即使他的歌喉再婉转动人,也很难在舞台上有良好的表现。由于很多优秀演员身体不适,不能登台,人们只好找一些水平一般的演员来临时替补,演出的质量当然也就变差了。

---

① 在法式西餐正式开始之前,一般会喝开胃酒。此处的言下之意是开饭时间还没有到。——译者注

② 《弄臣》是朱塞佩·威尔第创作于1851年的歌剧,系根据维克多·雨果早年剧本《逍遥王》(1832)改编而来。《弄臣》和《游吟诗人》(1853)、《茶花女》(1853)构成了威尔第的"通俗三部曲"。

1897 年 12 月 3 日。整整一天我都是自由的。我利用这个空闲四处闲逛。早上，我先去植物园看看，① 在那里尽情呼吸早晨的新鲜空气。植物园离营房很近，在城南，面积很大，里面种着各种植物，灌木和各个门类的树木，看得出都备受呵护，上面还挂着牌子，游览者可以从中了解植物的年龄、种属等信息。这里还有各类飞鸟珍禽，颜色形状各异、大小不等的鱼类，以及各种蛇、猴子、豹子、老虎——其中有一只公老虎体型巨大——熊、一头狮子和其他各种足以让巴黎植物园也羡慕不已的珍禽异兽。

Port de Saigon

1900 年的西贡港

当我们来到大象园前，一头身形庞大的大象直立起来向我们致意。我们扔过去一些零钱，它用鼻子捡起来，向我们表示谢意，然后走到管理员那里，用这些零钱交换香蕉，等它一口吞掉香蕉之后，又走回来向我们致意。我们又扔给它一些零钱，它就重复刚才的动作，一直到我们

---

① 1863 年，印度支那海军上将兼总督皮埃尔-保罗·德·拉·格朗迪埃（Pierre-Paul de La Grandière）决定建设西贡植物园和动物园；由远征军兽医热尔曼（L. A. Germain）负责指挥这项面积约 12 公顷的工程。该工程距离拉瓦朗什运河（l'Avalanche），即现在的氏艺河（Thi Nghe Canal）很近。

离开。只要我们付钱，它就不知疲倦地向我们致谢。

从植物园出来，我们经过西贡的集市返回。西贡每天都有盛大的集市，人来人往，做生意的很多。

从集市返回的路上，我们遇到了与老挝驻扎官一道前往总督府拜见总督的老挝代表团。代表团人数很多，随从护送人员更是前呼后拥一大帮，手里拿着类似长矛、钉耙和其他一些非常古怪的古董似的武器。[①]他们穿的衣服也不是整齐划一的制服，而是披挂着五颜六色的各类布匹织物。代表们身后还紧跟着一群和尚，他们身穿黄色僧袍，样式也非常古怪。尽管如此，这些人看上去却个个神情庄严、气度不凡。

10点了，天气越发炎热，一个小时前我们就应该回去了，我们爬上了一辆马车，动身回营房。

在西贡，从来不缺少交通工具。黄包车、马车、有篷或无篷的双头马车，以及蒸汽带动的交通工具，任你选。

[①] 在《巴黎人类学学会简报和回忆录》(1903) 中，奥贝先生的文章《对于一群来自下老挝库哈斯人的些许观察》对1897年12月的西贡节日庆典和弗朗索瓦·莫拉提到的老挝代表团的组成情况有详尽的记录：

"去年（1897）12月上旬，印度支那最高委员会第一次会议召开，所有高级官员齐聚西贡；为纪念这次会议，同时也为了向安南国王陛下和柬埔寨国王陛下的到来表达敬意，印度支那举行了盛大的节日庆典。下老挝最高指挥官图尔尼埃上校还特地带去了很多来自上丁（Steng-Treng）和阿速坡（Attopeu）地区的库哈斯人。多亏了他的一番苦心，我得以有机会一睹这些野蛮人的风采，并记录下面一些文字，可惜过于简略了（……）。"

"这些库哈斯人，他们在来西贡之后的最后一天下午来到我家。夜幕降临时，我不得不打发他们离开，令人非常遗憾的是，我没有找人给他们拍一些背面、正面和侧面的照片。

"这些野蛮人来自不同的部落，有布劳族（Braos）、颇纳族（Pouône）、切雷族（Cherey）、颇翁族（Proôn）、拉伏克族（Lavek）和田族（Tien）等。

"所有人都拿着长矛、朴刀、弩弓，有些人只是拿着一个圆形的大盾牌，用麦秸编成，上面涂裹了一层树脂。"

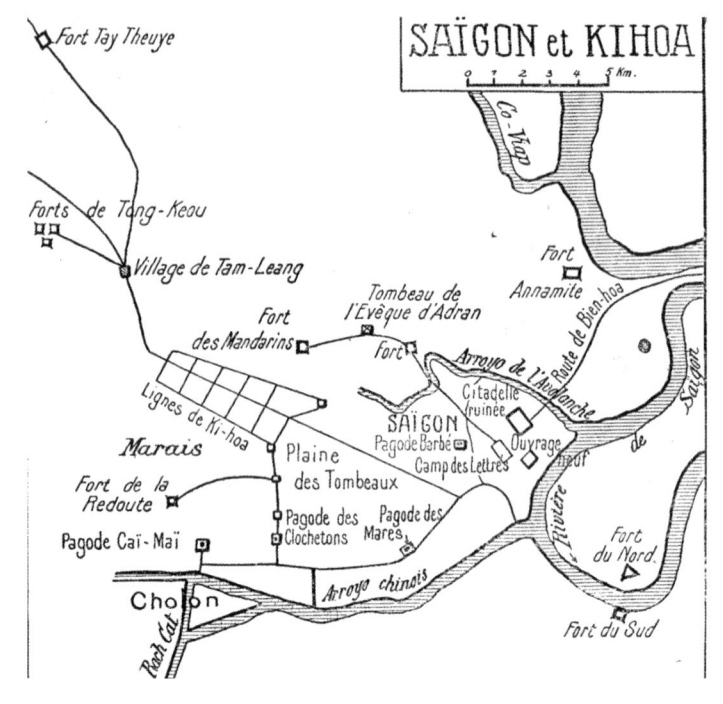

西贡防御图

(来源：Thomazi, *La conquête de l'Indochine*, Paris, 1934)

午觉之后，我和两个战友去了堤岸（Cholon）①。堤岸距离西贡四五公里，有一条从西贡直达美荻（Mytho）②的铁路，将这两座城市连接起来。这条铁路前半段是宽轨，后半段是窄轨，每20分钟就有一辆宽轨蒸汽火车从西贡开出，路经市馆（Cho Quan）的一家本地医院，然后转为窄轨蒸汽火车，沿着华人扎堆的河流下行。③ 我们乘坐宽轨火车，只需20分钟就可到达堤岸。④ 我们去了昔日驻扎过的军营，在那里

---

① 堤岸与西贡交界，是越南规模最大的华人聚集地，自18世纪以来一直被看作是一座中国城市。
② 美荻，湄公河三角洲上的重要城市。
③ 原文arroyo是西班牙文，溪流的意思。
④ 堤岸现属于胡志明市（旧名西贡）的一部分，相当于胡志明市的唐人街，位于胡志明市西南部第十一郡，距离第一郡（弗朗索瓦·莫拉时代的西贡）约5公里，仅乘宽轨蒸汽火车就可到达。要去美荻则需继续向胡志明市西南方向行进，距离稍远，故需转乘窄轨蒸汽火车（或小型有轨电车）方可到达。——中文编者注

见到了一些老战友，又见到了我过去住的宿舍、军营的食堂……欧洲人士官的营房已修葺一新，全换成了砖瓦结构。几个从本地招募来的下级士兵过来向我问好，连队的司务长下士给我们充当翻译。当年我在的时候，他就充当本地人与法国人之间的翻译，他现在是政府翻译，身上还佩戴着中士长的饰带，挣的钱比以前要多得多了。

20 世纪初西贡河上的法国邮船

城市的面貌也有巨大的改变，街道干净而平整，柏油人行道也非常宽阔。1893 年在龙卷风中毁损的集市不仅得到了重建，而且规模比原来更大了。堤岸一直是华人的贸易中心，众多的河流流经这座城市，河道上满载着货物的中国船只来往不息。

我还去了一位朋友家，不巧的是，他不在家。此人在我回法国的时候，曾代替我在连队中做司务长，后来他离开了部队，现在是堤岸警察分局局长。

我们回到西贡吃晚饭。晚饭后，我们去听音乐，一直到晚上九十点钟。这一切结束之后，我们又坐上人力黄包车，在周遭巡视了一番，一直到卡特兰牧场。将近午夜时分，可能还要晚一些，才是我们在西贡上床睡觉的时间。

1897 年 12 月 4 日。我们早早就起床了，然后继续前一天的漫步。

我们先从西贡大教堂开始,那里刚刚新增了两座铁制的塔楼,① 然后去了还在建设中的邮政大楼(这座大楼一直到我返回法国时都没有建完),② 当时很少有城市能像西贡一样拥有如此宏伟、壮观的邮政大楼。接着我们又去了总督府,我们在它的外围和花园里转了一圈。看到眼前这座富丽堂皇的宫殿,我们才意识到自己身处一个用钱币堆起来的城市。老实说,修建如此宏大的宫殿真的必须花费大笔的金钱,而这座宫殿一年也不过只有两个月派上用场,总督大人在河内还有一座类似的常用官邸,而西贡这边他一年只来一两次。如果按谚语里所说的,"惟其用度奢靡,方知国之富足",那么,西贡应该是富得流油了。就眼前这个例子来说,这句谚语说的千真万确,因为交趾支那不仅能够自给自足,而且还要承担东京地区的巨额财政支出。

西贡圣母大教堂

---

① 西贡圣母大教堂修建于1877—1880年,所有建筑材料和红色图卢兹砖石都是从法国运来的。1895年,也就是弗朗索瓦·莫拉到达西贡的前两年,人们给这座教堂新建了两座57米高的钟楼。
② 西贡的邮政大楼1886年开始修建,大楼的金属结构由居斯塔夫·埃菲尔(Alexandre Gustave Eiffel,1832—1923)设计。

接着我们去了法院大楼——又是一栋奢华的建筑杰作。① 我们路经甘必大纪念碑和副总督官邸，然后返回驻地吃中饭。整个上午过得非常充实。

下午将近 4 点的时候，柬埔寨国王诺罗敦抵达西贡，总督杜美先生、印度支那驻军总司令比肖（Bichot）将军、交趾支那驻军指挥官阿希纳尔（Archinard）将军等所有政界、军界要人和全副武装的驻军部队，全部到场恭候这位亚洲的君主的到来。全副武装的驻军排成人墙，从码头沿着卡提纳大街，一直到总督府。诺罗敦下船时，所有停靠在港口的战船和军舰礼炮齐鸣，向这位柬埔寨国君表达敬意。殖民地的最高军政长官——总督先生和总司令先生，亲自迎接他上了一辆四轮双篷马车，其他小汽车紧随其后。骑兵组成的仪仗队走在队伍前面开道，军号高奏，鼓乐齐鸣。

诺罗敦就这样到了总督府，他年岁已高，看上去相当疲倦。②

晚上，西贡剧院上演《鼓手长的女儿》。③ 这出歌剧演得很好，剧院座无虚席，晚来的人根本找不到座位。安南土著步兵团恰巧也在庆典期间全部来到西贡，他们中的大部分军官和下层士官，包括那些非军队编制的职员，从来没有看过戏，所以都不愿错过这个大好机会。天气炎热，许多人没有座位只能站着看。

1897 年 12 月 5 日。早上 8 点，安南成泰皇帝大驾光临。与前一天接待柬埔寨国王一样，同样的人员安排，同样的接待程序，同样的礼仪，一切都是昨天下午的重复而已。安南皇帝很年轻，看上去刚刚成

---

① 法院大楼修建于 1881—1885 年，由建筑师阿尔弗雷德·福卢克斯（Alfred Foulhoux）设计。

② 诺罗敦国王于 1860—1897 年在位，1904 年被褫夺全部权力，并于同年死去。在 1863 年与拿破仑三世政府签订保护国条约后，以及在法国大使和暹罗国大使的主持下，诺罗敦于 1864 年加冕国王。1897 年初，柬埔寨高级驻扎官德·维尔纳威尔（de Verneville）上报说，诺罗敦已患老年痴呆症，但新任印度支那总督保罗·杜美不仅没有废黜诺罗敦，反而派迪科（Ducos）取代了德·维尔纳威尔，并于 1897 年 12 月在西贡隆重接见了诺罗敦。诺罗敦对西贡的到访恰恰发生在柬埔寨严重危机期间（1889—1897），虽然弗朗索瓦·莫拉注意到年迈的君王疲乏不堪，但他似乎对这次危机毫不知情。

③ 《鼓手长的女儿》（La Fille du Tambour-Major），法国著名歌剧作曲家奥芬巴赫（Jacques Offenbach，1819—1880）创作于 1879 年的作品。——中文编者注

年，却接管了法兰西保护国——安南政府的管理大权。年轻的成泰皇帝面容可亲，看起来非常机敏、聪明，并且受到过良好的教育。①

S. M. Thanh-Thai, empereur d'Annam

安南皇帝成泰

成泰皇帝一行先去了政府官邸，然后路经海军营房、诺罗敦大道和城堡大道，随后去了诺罗敦国王前一天下榻的官邸。

晚上，我穿越一条华人聚居的河流，到堤岸那边散步，打算顺便再看望我的朋友安塞尔。不巧的是，我到了堤岸，他偏偏去了西贡。眼下外交活动频繁，他这个警察分局局长也是公事繁忙。直到离开西贡，我也没有见到他，也许只能等到三年后我从东京返回时再与他相见了。

当晚还举行了大型的烟火晚会，西贡的凯旋门上拉起了一条横幅标语：法兰西共和国西贡万岁！我们周围全是神情激动的当地土著人，耳

---

① 成泰皇帝于1889年登上安南宝座，1907年被法国人废黜。他因被指疯癫，被迫让位于太子阮福永珊（Nguyễn Phúc Vĩnh San，或阮福晃，1900—1945），年号维新（Duy Tan），后来阮福永珊也于1916年被殖民当局废黜。随后父子二人被放逐到留尼汪岛。

边听到的全是他们的叫喊声。人群里三层、外三层，层层叠叠，所有通向烟火广场的道路都挤满了华人和越南人，到处水泄不通。举行庆典这几天，人们都来西贡观看，看热闹的数不胜数，就好像所有交趾支那的居民都来这里参加盛会了似的。

烟火晚会之后，总督府还举行舞会和各种游戏活动。

这次为迎接几位亚洲的君主而举行的节日庆典将持续一个星期，其间会举行各种比赛、晚会和阅兵仪式等活动……蓝白红三色的巨幅节目单张贴在街头巷尾、店铺和咖啡馆的门前。街道上到处彩旗招展，门上、窗户上、树上，甚至电线杆和煤气灯上，也都悬挂着五颜六色的灯笼和彩带。

我们途经西贡，恰逢这一庆典，见证了这座美丽、富有的城市的最为辉煌的时刻。人们期待着在这次庆典仪式上还能够开通照明用电系统。

位于西贡的印度支那总督府

1897年12月6日。西贡的庆典对我们来说已经结束。早上6点，我们离开营房，前往"哥伦布号"。此时政府组织的舞会刚刚结束，游园还在继续，有轨电车整夜都在运转。

早上8点，我们离开西贡。几个和我们一起游玩的游客前来为我们送行，其中有几个还穿着舞会的服装，他们会留下来继续在西贡游玩、观光。

10 点钟,我们在一个寄放炸药的安南防御要塞停靠,我们将这些事关东京东部地区命运的炸药重新装上船。

夜里 3 点钟,我们绕过圣雅克角的最南端,然后继续在海上航行。

1897 年 12 月 7 日。大海还算平静,但因为是逆风航行,"哥伦布号"的前进速度缓慢。

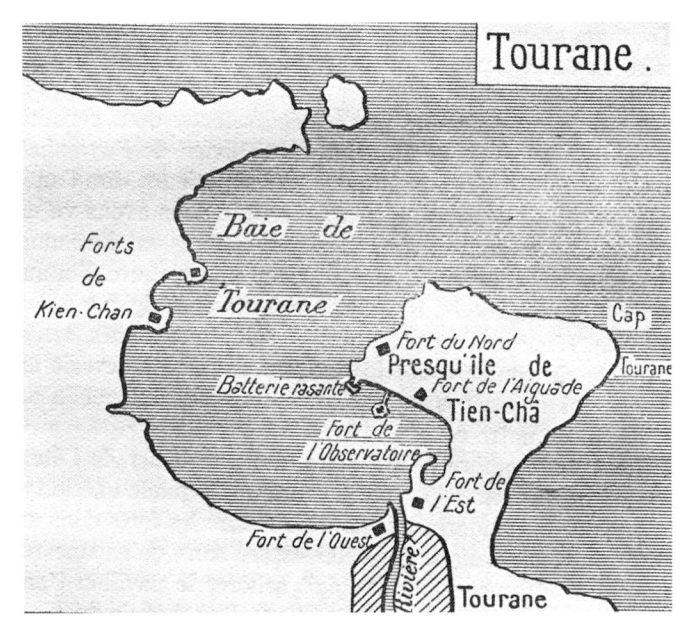

图兰港(今岘港)地图

1897 年 12 月 8 日。我们仍然沿着海岸线航行,海岸线一直在我们的视野之内。天气转寒,我们很高兴地领取了呢绒服,甚至还配备了披风和大衣。一支百余人的分队已经在做准备了,他们必须在图兰上岸驻扎。甲板上的风大极了,让人几乎无法直立。

1897 年 12 月 9 日。早上 8 点,我们到达图兰,但"哥伦布号"怎么也无法靠岸,四周海浪滔天。尽管海岸近在咫尺,却不知从哪里可以上岸。

最终,一位海军陆战队上尉指挥其驻扎在图兰的连队和下层官兵,设法登上"哥伦布号",协助这支百人分队登上了前来接应的华人帆船。

直到中午时分,我们才离开图兰。

1897年12月10日。大海依旧波涛汹涌,狂风肆虐,东京湾的洋面上海浪滔天。

下午1点半,我们到达涂山①,却不得不等待涨潮。涂山有非常美丽的海滩,身心倦怠的军官会被送到这里休息一段时间,尽管这里并没有像圣雅克角那样修建疗养院。

1897年12月11日。凌晨3点,我们离开了涂山,6点抵达海防。

早上8点开始下船。一艘汽船接走了海军第九分队的士兵,在一名上尉的指挥下,他们没有在海防港停留,而是直奔河内而去。

我们几个也被派遣到各处。曾经一起上船的七名军士,有一个留在交趾支那,加入了安南步兵团,另一个加入了安南的海军第十分队,……三个哨所,② 第六个前往东京第九分队,第七个是我,加入了东京第二分队。

"哥伦布号"上剩下来的人都被派遣到海防,并归入海军第十分队统一指挥。凡是属于这个分队的军人,立即动身奔赴连队和各自的岗位。就在他们奔赴岗位的那一天,一艘护卫舰也正出发前往同一个方向。有些士兵当晚就出发了,另一些是第二天和接下来的日子陆续离开的。还有些人待了八天,才等来接应的护卫舰。在海防只有一支海军陆战队,在海军第十分队的编制之外,成为其他兵团离队士兵的寄身之所。

---

① 涂山(Do-Son),位于越南海防市东南20公里处的涂山半岛,属海防市,法国殖民时期被辟为避暑胜地,建有别墅、酒吧、舞厅和赌场。现仍为度假胜地,以赌场闻名。——中文编者注

② 此处对于另外三人交代不明,疑原文有错漏。——中文编者注

法国殖民时代海防市内的三北河

　　派往东京地区兵团的士官们暂住在一只大船上，等待出发。我们住得非常糟糕，因为海防没有军营。人们可能会问为什么，因为几乎所有征募来到此地上下船的部队，都是为了到东京效力。所以，即使那些调遣来的部队必须在此停留几天，也没有人会为他们临时路过而提供一个住处。

　　据一些可靠消息说，十几年以前就已经开始讨论修建营房的事宜了，但直到现在还在寻找合适的营址！！！有些反驳者认为，营房设在这里就很好。但是贷款金额到现在也没有投票通过！如此迟缓的行政审批手续导致这么多年过去了，舒适的临时营房仍需继续等待。在此期间，就请来往的士兵先生们露营在美丽的星光下吧。对于那些刚刚从法国来到这里的士兵，那些人教导说，这是为了让你们习惯艰苦的生活。而对于那些刚刚在这些哨所度过三年时间的军人，如果身体没有受到很大的损害，都可以回法国享受应得的休养。对于他们，那些人又会说："你们已经经受住了考验，再也没有什么可害怕的了，现在能够回法国，你们已经很幸运啦。"

　　说来说去都是一些好听的话，所以修建营房并不是什么迫在眉睫的事情。

尽管我们感觉很不好，但还是要在这里待下去。

1897年12月12日。今天是礼拜天，我们三两结伴去集市转了一下，然后去教堂做弥撒。教堂里大约有50个欧洲人（大部分都是女士），剩下的都是当地土著。教堂相当简陋，土著既没有凳子也没有椅子，只有几张竹席铺在地上，供他们跪拜时使用。欧洲人礼拜的地方则配有凳子或椅子。

教堂的出口显得比别处热闹，邻近的街道上有许多黄包车，还有几辆老爷车。只要有身着华服的妇人走出来，黄包车便立刻争先恐后地跑来，然后拉着那些贵妇人快速离开。海防和其他任何地方一样，女性打扮得光鲜俏丽，在这里是件很有面子的事，更何况一些妇人穿着自己最漂亮的裙子来参加弥撒。她们这样做并非为了更好地祷告，而是希望得到更多的关注，成为年轻男子甚至是成熟男人的追求目标。

海军第十分队的乐队每天晚上都会在城市花园的凉亭里演奏。这支乐队得以组建，多亏了当地的海防市承担了所有购买乐器及其他相关费用。至于乐队的人员构成，海军第十分队的中士长军号手担负起乐队队长一职的所有职责；而乐队的演奏者，却没有一个合格的、可以毫不脸红地配得上这一称号的人。这些演奏的士兵大都是号手或者童年时期或多或少受过一些小提琴训练或某种管乐器训练的年轻人；另外还有几个本地的年轻人也无偿地参与进来；但所有这些都没有太大意义，因为乐队的水平差强人意，和街头卖艺者、集市上的草台班子相差无几。尽管如此，还是得承认，这支努力、执着的乐队给大家带来了轻松和快乐，所以应该给他们更多的宽容。每当乐队演奏时，人们都待在这里，要么是享受音乐，要么是出于其他什么原因，反正在乐队演奏的时候，所有的人都在那里。而音乐让习俗差异变小了，许多半开化的海防人也需要灵魂的抚慰剂。

在殖民地中，海防还远远算不上一个美丽的城市，她仍处在百废待兴的过程中。这里所有的道路都相交成直角，有些新建的建筑很漂亮，虽然医院很小。

第三章　北东京的军事哨所
(1897年12月13日—1899年6月4日信札)

1897年12月底，弗朗索瓦·莫拉在中国边境的下居（Ha-Coi）安顿下来（他在日记里写到，从他所在的哨所可以远远地看见边境上的中国碉堡），此后他度过了一段有规律的、总体上还算平静的军旅生活，直到1900年4月13日，上级命令他执行一项新任务，即前往法国在中国的租借地广州湾（1898年刚租予法国），并招募和训练一批新的中国步兵。

1900年4月，弗朗索瓦·莫拉重新开始了他一度中断了的日记写作（中断时间是1897年圣诞节期间，即他在下居安顿下来以后）。也正是在那个时候，他接到了上级下达的"中国任务"。对于这种间断，另有一些不同的文本可以在某种程度上作为弥补：首先是关于东京地区农业方面的笔记，尤其是涉及水稻种植的笔记；另外还有一些寄给法国亲友的书信（显然是莫拉回国后经整理附在日记后面的）。

在这些通信中，弗朗索瓦·莫拉讲述了他在相对偏僻的哨所中的日常生活。开辟或修建"公路"（正如日记的作者自己所澄清的那样，它们实际上只是一些供军队通行的狭窄的小道）似乎曾是弗朗索瓦·莫拉每天都要完成的基本任务。这份差事在当时的殖民语境下经常受到极度美化，被吹捧为消除东方蛮荒落后的教化之举。而莫拉总是三言两语，简略带过，从不做过度渲染，或者摆出某种英雄主义姿态。在与亲人的通信中，他的幽默感也并不比英雄主义更多一些。

但这些书信表达了另外一种兴趣，这种兴趣正是弗朗索瓦·莫拉最初对殖民地所抱有的幻想。这份幻想显然也属于他所来自的那个农民家庭——他们也非常重视殖民开发给法国农业带来的好处。他和"教父"冗长的讨论，以及他针对欧洲作物在东京地区发展的可能性所做的各种细致的调查都源于这种幻想。另外，还应该指出的是，作为法国海外殖民地的亲历者，弗朗索瓦·莫拉似乎怀着一丝快意，向他的通信者们戳穿这些天真的幻想。

1897年12月13日。下午5点，我登上了内河运输的快艇"羚羊号"（Le Gazelle），船上有三名军士。根据服役年限长短，我成了带队的指挥。有一支海军陆战纵队去了东朝（Don-Trieu）①，到晚上10点，我们也到达那里。我所在的第二分队前往七塔（Sept-Pagodes），凌晨1点，我们在那里下船。作为东京地区第三兵团，第三分队还要继续前进，直达北宁（Bac Ninh）。②

东京七塔军事基地

---

① 东朝，因其丰富的煤炭矿藏而闻名。东朝煤业公司成立于1906年。
② 七塔和北宁是法军占领东京后建立的两个重要军事营地。

凌晨 1 点，四周黑漆漆的，什么也看不见。但现在不是了解驻地面貌的时候，还是等第二天再说吧，现在得睡觉去了。

1897 年 12 月 14 日。上午我分别拜见了布罗迪埃（Brodiez）少尉、营地总指挥布多奈（Boudonnet）先生和克拉默尔冈（Clamorgan）上校。每一位似乎都非常高兴地通知我，我被安排到下居第十六连。上校先生甚至还询问了我的健康状况，并告诉我，我看上去很疲倦，而下居非常适合稍作休整、恢复体力，能去那里服役，我应该感到很高兴。①

下午，我领了武器、装备和军服，并穿戴整齐。我还遇到了 1891 年横跨科摩林角（Comorin）② 时结识的一个战友布瓦索（Boisseau）先生。此人为前预备役军官，1890 年应征入伍，好像任海军第二分队下士。他现在混得不错，已是中尉军衔，在马达加斯加战役中负伤，获得了荣誉军团十字勋章。能够在此重逢，我们俩都非常高兴。

七塔基地沿河而建，居民很少。这里建有一个庞大的军营，有两个欧洲商人和几个当地的土著商贩。不知道为什么叫"七塔"这个名字，实际上这里一座塔也没有。这里是东京第二军团的中心位置，因为这一点，它才对我有了一些重要性。

晚上 9 点，我登上从北宁回来的快艇"羚羊号"，先返回海防，然后从那里奔赴我所在的哨所。

---

① "有人问那些从红河回来的人：'东京是不是一个干净的地方？'对于这个问题，根本不可能很干脆地回答'是'或'不是'。唯一正确的回答应该是：是也不是。这要看是什么地区了。阿窟（Akoy）这个哨所建在海边的一个山丘之上，位置较高，位于海防和芒街之间，比法国任何一个地方都不差，甚至更干净些。壕由（Hoan-Yo）位于山区里面，离第一分队大约 40 公里远，这个哨所就很糟糕，每个星期都会有一个欧洲士兵死去。"引自梅耶·德·马蒂齐厄：《在热带丛林中：东京回忆录》，图尔：母与子出版社 1907 年版，第 40 页。

② 科摩林角，印度人称之为肯亚库玛利（Kanyakumari），是印度泰米尔纳德邦的岩石海角，为南亚次大陆和豆蔻丘陵的最南端。——中文编者注

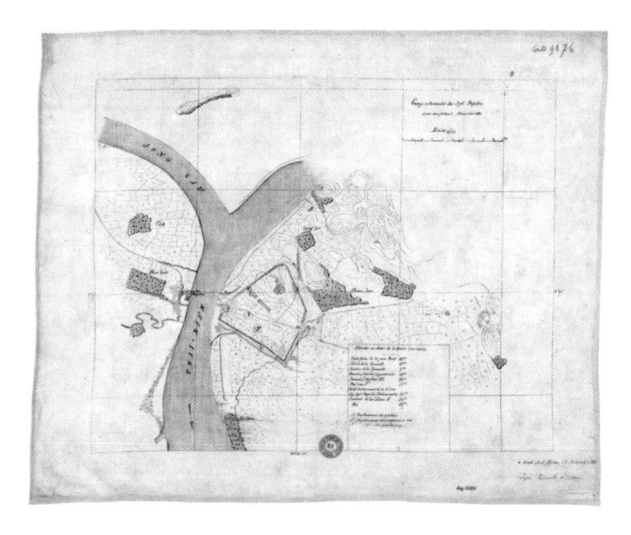

七塔军事基地方位图：梇江和太平江交汇处

1897年12月15日。凌晨4点，我在海防下船，又回到了临时中转的营地。上午11点，我登上"西朗堡号"（Fort-Si-Lang），于下午1点到达广安（Quan-Yen）①，3点钟动身离开，中间的两个小时卸载了一些医用材料。广安有东京地区最大的医院，可能也是最干净的医院。我们3点从广安出发，将近4点时进入下龙湾。此地风景优美，当地人很是引以为傲。举目四望，周围是迷宫一般鬼斧神工的岩礁。有些岩礁形成了巨大湍急的瀑布，还有一些形成了天然的地下河。一个和我一样路经此地的文职人员告诉我，他已经坐着一种极窄的小船进入了地下河，有些地方足足走了150米远。一个同样路经此地的上尉告诉我，一定要挑6月份阳光灿烂的时候去游览下龙湾，海边的岩石在阳光下反射出千变万化的颜色，好似盛大节日一般，到处五彩缤纷。

5点半，我们稍停片刻，给停泊在下龙湾的三艘军舰建立通信联系。自从德国王子下令出兵占领中国重镇胶州湾后，② 这三艘军舰就进

---

① 广安的越南语写法一般为Quang Yen。广安位于吉婆岛对岸，距离海防约25公里，距离下龙约40公里。——中文编者注

② 这位德国王子是阿尔贝特·威廉·海因里希亲王（Albert Wilhelm Heinrich，1862—1929），也称亨利王子，曾任德国海军元帅。——中文编者注

入了附近海域实施机动。我们很可能为了遏制德国人在中国的势力范围，而去占领中国的大岛屿——海南岛，它与已经被我们占领的东京面对面；海南岛与中国政府的联系并不是很紧密，岛上的居民也一直保留着独立性，看起来我们安插进去并没有太大的风险，也不需要动用太多的武力。①

1897年12月16日。凌晨1点，我们到达塔角（Pointe-Pagode），海军第十分队的一个支队所在的哨所。2点30分再次出发。9点钟，一艘从芒街开来的蒸汽动力护卫舰到达，载上我们前往芒街，将近11点到达芒街。天气很冷，浓雾将我们全身都打湿了。让我高兴的是，在到达东京第十五连队后，我在战友马瑟（Macé）军士家里找到了烧得正旺的火炉。虽然以前从未见过他，也不认识，但他仍然表现得殷勤备至。他让人给我准备了一个房间，整个晚上，壁炉的火都在熊熊燃烧。换了军服后，他让人端上午餐，我们两人就胃口极好地吃起来，谈论着法国和航海过程中的新闻。他还告诉我东京地区的一些情况，他来此地已经两年多了。午饭后，我感觉好极了，昨天晚上和早晨的寒冷一去不复返了。

下午，我去拜见营地的指挥官、芒街驻军的首领梅瓦（Méhouas）。梅瓦先生告诉我，明天早上正好有一艘帆船从下居开来，我可以坐这艘船返回哨所。

然后我就和战友们一道去市里逛逛。这里驻扎了两个海军陆战队连、一个东京炮兵连和一个纪律排②。从芒街，我们能非常清楚地看到边境线上排列的中国防御工事，离我们这边差不多只有800米之遥。在这里，当地人的商铺仍然举足轻重，欧洲的商铺只有一家。

---

① 弗朗索瓦·莫拉在这里提到了在中华帝国分崩瓦解的过程中几个欧洲主要强国（还要加上日本）之间的紧张关系。这个时期还爆发了义和团起义，它发生在戊戌"百日维新"失败后不久，年轻的光绪帝想通过这次维新，力图让国家走现代化之路（失败的原因是，以慈禧皇太后为首的保守派重新掌握了政权）。弗朗索瓦·莫拉这里提到的"德国王储"是纪尧姆二世的兄弟，普鲁士海因里希王子，他于1897年被任命为德国远洋舰队第二分舰队总指挥出兵中国，不久，德国得到了胶州半岛及其港口青岛作为租借地。

② 纪律排（section de disciplinaires），应指负责军事惩戒和管理军营禁闭室的一支部队，类似于宪兵队。——中文编者注

晚饭是和海军陆战队的战友们一起吃的。

1897年12月17日。早上8点，我乘坐帆船离开芒街。下午1点到达下居。终于到了！我忍不住长舒一口气，虽然一路费尽周折，但终于有一个自己的窝了。晚上，连队和防区指挥官丰塞格里夫（Fonssagrives）上尉邀请我和大家一起共进晚餐，以便让我认识更多的人。

在军营食堂，一些士官热情地招呼我，壁炉的火烧得很旺，饭菜非常丰盛。我背朝炉火，在桌边坐下，感觉舒服极了。

1897年12月18日。我终于安顿下来，不必再舟车劳顿了。上尉让我负责管理连队。他对我说，连队已经很久没有军官，没有军士了，防区的事情多如牛毛，他实在分身乏术。他说，现在就指望我了。他交给我一些特殊的差事，比如管理砖窑厂。应该说，每个军士都承担了一项特殊的任务。一个中士负责营房的修建工程，此人眼下正在负责修建一座巨大的、足以让附近所有的过路者都赞叹不已的指挥塔；另一个是防区的秘书；还有一个中士负责后勤，除了负责购置军队所需的日用品、服装、葡萄酒等，还负责水上和陆路交通中转。

芒街茶古岛天主教堂

还有一个中士目前被派去翻修潭美（Than-Mai）的道路。关于这件事我稍后详细谈，现在我只是简单介绍一下我每天的时间表。

中士长和司务长要负责部队的会计工作，除此以外，司务长还是那些渴望学习法语的、年轻的中国或安南士兵的法语教师。法语学校的生源还不少，校舍都是当地居民修建的，这些人也是首先报名学习法语的，有些人学得非常认真。

1897 年 12 月 19 日。上尉派我去河义（Hai-Nga）查看一次火灾造成的损失，中士长和一位中士陪我一同前往。那是我第一次骑马。我骑的马是司务长的，非常健跑，且脾气温顺，我们骑着马一连走了 30 多公里，没有发生一头栽进壕沟之类的事情。我对自己很满意，显然我会成为一个不错的骑手。可是第二天，我竟然一步也走不了了，大概我还没有习惯骑马吧。

离开河义之后，我们去潭美吃午饭，这个哨所由帕西（Pak-Si）连队的卡迪亚（Cadillat）军士指挥，是一个美丽的哨所。①

1897 年 12 月 20 日到 23 日。我待在下居，时不时去照看一下砖窑厂的生产情况。

1897 年 12 月 24 日到 31 日。上尉派我率一队人马和 80 个苦力，到距离下居 10 公里的地方维修通往芒街的道路。那些苦力就睡在道路上，我则返回下居睡觉。这样一来，每天早晚都要骑马走上 10 公里。上尉对我说，这可以训练我的骑术，实际上我的骑术进步得蛮快。

我们习惯上称作道路的，实际上是一米半宽的羊肠小道，修出来只是方便哨所之间的联络，却不能通行任何型号的汽车。为了避免出现过于陡峭的坡道，这些道路不得不绕开那些圆形的山丘，遇到峡谷还得搭桥跨越水流。在山丘的斜坡上到处可见这些道路。一旦开始修建道路，大家就没有休息时间可言，我甚至都没有意识到 12 月 25 日是圣诞节。

---

① 潭美（此处法语原文写作 Tchan-Mai，疑有误，应写作 Than-Mai，现在一般写作 Tan-Mai），位于下居哨所以北约 10 公里的山区。帕西（现写法为 Bac Son）位于中越边境线附近。——中文编者注

安南土著兵

正是从这一天开始,弗朗索瓦·莫拉暂时停止了日记的写作。直到两年后,即1900年4月,他才开始重新写日记。彼时他又被分配了新的任务:招募和训练一些中国步兵,使之日后可以代替安南兵来维持广州湾租借地的治安。当时的广州湾已于1898年被中国租借给法国,为期99年。

尽管如此,他仍然留下了那个时期的书面印记:一些关于东京地区北部的农业、畜牧业和当地动物分布等情况的笔记和一本写给其教父及其家人的书信集。在这本书信集里,最初写下的一封长信,如同目录般介绍了他自马赛上船以来的整个旅程。这封信于1898年1月25日发自科洞(Cot Dong),[①] 信中还简要地、不带丝毫幽默地提到了开挖、修缮其防区内各个哨所间通信道路的事宜:

---

① 科洞,位于下居和芒街之间的一个哨所,距离芒街约8公里,临近科洞湖区。——中文编者注

我待在下居，一直待到1898年1月6日。从1月7日开始，我负责指挥离中国边境约几公里远的科洞哨所。这是一个极其干净的哨所，当然我也是那里唯一的欧洲人，我的邻居只有安南人和中国人。这是个山区，到处是丛林覆盖的山包，老虎时不时跑进村里来觅食，一般抓猪狗吃，偶尔也会吃人，但可能是误撞，它们可能误以为虎爪下的只是其他某种动物而已。

在东京地区最北部的下居和科洞这片防区，弗朗索瓦·莫拉似乎还是对印度支那农业和畜牧业方面的潜力尤其感兴趣，关于这方面，他在日记中从不吝惜笔墨，有很多详尽的描述也证实了这点。

水稻田由各种大小、形状不一的极其平整的小块土地组成，有正方形、长方形、三角形等。这些小块土地被一些高0.1米到0.2米的堤坝分割开来，其厚度足以留住积水，并防止水流到相邻的稻田里，尤其是，稻田的灌溉有先后的顺序。这里的平原并不是非常平坦的，这就是为什么会形成我们所看到的梯田，10米到15米那么宽，像台阶一样逐渐上升。

东京的稻民

只要天气允许，人们一般从 3 月份就开始稻田的耕作。大约 3 月底或 4 月初，人们开始用水灌溉，然后在预先耕犁过的、非常平整的一小块田地里育苗。稻苗寄插在 3 米到 4 米宽的小木板上，每块板之间留有 0.8 米到 1 米像小路一样的空间，以便照顾管理秧苗。

耕作的时候，人们用水淹灌田地，大概高出地面 1 厘米，土地如浆状，不留一根杂草或者根茎。如果天气特别干燥，秧苗早晚都要用放在小路上的汲好的备用水浇灌。浇水时仅仅用一根毛竹就可以完成，甚至只用手也行，而且不会踩踏到秧苗。在种子发芽和生长期间，耕种者继续淹灌、翻耕和耙犁其他的田地，以便这些田地都能为插秧做好准备。

在育苗 25 天到 30 天后，秧苗大约长到一法尺高的时候，就可以插秧了。人们用铲子插到根下面，将稻秧拔出来，然后将秧苗放在篮子里，再分插在周围的水田里。在插秧之前，秧田已经做好了准备，此时整块秧田已经被 15～20 厘米深的水淹没，整块地已经变成了稀泥浆。秧苗株距 5～10 厘米。秧苗插上后就一刻不停地继续生长。插秧时节，所有的人都会放下其他的事情来参加劳动，男人、女人甚至孩子，都没有例外。

大部分稻田一年两熟。第二次收获大约在 10 月底，此后一直到来年 3 月，人们还会收获两三次的蔬菜、番薯、玉米和木薯等。

番薯和我们的土豆颇为相似，只是烹饪后的口感完全不同。番薯肉质软，气味淡，很甜，形状比土豆长，只有当地人喜欢吃。二者的种植方法也不一样。它不像土豆那样直接种植块茎，而是种植幼苗。这些幼苗生根后，经过一个半月或两个月的发育，就可以长出块茎供人食用了。但是番薯的产量没有土豆那么多，它的梗比土豆更细、更硬一些。

玉米和法国的种植方式差不多，不同的是，它们种在间隔 15 厘米左右的垄沟里。①

---

① 按照莫拉军士所记录的方式，东京地区的玉米是"种在间隔 15 厘米左右的垄沟里"的，这意思是说，这里的玉米只有 15 厘米左右的行距，这样小的行距对于玉米来说是没有办法生长的。同理，根据上文所记，该地区水稻的秧苗仅有 5～10 厘米这么窄的株距，这也是非常令人难以理解的。——中文编者注

我们自己也种点东西，但更像是园艺，比如不同品种的萝卜、笋瓜、黄瓜、小黄瓜、西红柿、生菜和四季豆等。但长出来的果实在品质上无法与我们法国的蔬果相比，只有当地人才会吃。

每年临近5月或6月份，每个哨所都会从法国订购一些种子。在下居，专门由维尔莫兰（Vilmorin）先生提供菜种，我们对国内邮来的东西非常满意。

将近9月、10月份时，菜园里大部分蔬菜开始种植。12月份我到下居的时候，发现菜园里获得了大丰收。这里有法国运来的所有菜种，而且它们还在继续生长。天气太热了，尽管从6月到10月末，我们做了所有的预防措施，但还是不能完全指望菜园里的这些菜。那时我们还有一片非常茂盛的水芹地，请注意，是用泉水灌溉的水芹地。我们每天都吃它，但还是有很多吃不完，只有丢掉了事。有一道小溪从旁边流过，我们用溪水给水芹灌溉，不用费心照看，却长得好极了。由于天气太热，我们每天早晨用草棚遮挡水芹，避免骄阳的炙烤。但是，尽管如此，战友们告诉我，每年都要将草棚翻新，否则酷热来临时，最终还是会晒干水芹。这真是巨大的损失，毕竟，没有其他蔬菜和色拉的时候，水芹对我们来说实在太重要了。

东京的木匠

这里的水果非常稀少，只能见到诸如香蕉这类东西。我们从中国，也从东京地区收到一些橙子、橘子、番石榴，还有些个头很小的苹果、梨。在下居哨所，我们有一棵桃树，我不知道从哪里搞来的，也没有人知道是谁种的或者移栽的。今年它结了很多果实，但都太小了。我想如果它们果真能成熟的话，差不多也就鸽子蛋那么点大。去年我们还栽了几棵菠萝，但今年就只收获了一个菠萝，唯一的一个。两个月前，我还种了一些草莓，现在它们都开花了，我真希望几个月后能吃到新鲜的草莓。

总之，很多能在法国种植的果树，在这里也可以种植。因此我相信，如果我们引进一些过来，对它们进行必要的照看、修剪、嫁接等，我们在这里也可以收获像在法国吃到的一样的美味可口的水果。

葡萄应该无法适应这里的气候，我想。当地的气候变化过于剧烈，而且总体上湿度更大一些。

家畜方面，用处最大的无疑是水牛，而且很容易驾驭，喜欢在水塘或泥塘里。水牛的体型和我们最大的黄牛差不多，但没有那么漂亮，步态更滞重，牛角更长，也更弯曲，一直延伸到肩膀。水牛力量很大，只要一头就可以拉起犁耙。它被固定在肩膀前面的牛轭套住，在身体两侧，两根藤条将牛轭和犁耙的横杠绑好。当地人扶着犁耙，牵着穿过牛鼻的绳子，指挥它前行。

水牛的肉是没法吃的，太硬，咬不动。由于黄牛肉太少，所以人们也用水牛肉煮汤吃。但煮的时间非常长，而且煮出来的还是清汤寡水，很难喝。一头水牛的价格大概是12皮阿斯特（30法郎）。

东京地区的马都非常小，差不多和小种马一样大。但力气很大，体能非常棒，它们可以像山羊一样敏捷地爬上山包和岩石。它们从不钉铁掌，而且丝毫不影响行走。它们只用于坐骑，从不耕作，泥土的特性绝对不适合它们。在大城市，像河内、海防和西贡，马被套上笼头拉汽车。在这里，没有汽车，也没有为汽车而建的马路。一匹马的价格是15到40皮阿斯特（40到100法郎）。我的那一匹对我来说已经非常棒了，但它驮不动100公斤重的人，我花了21皮阿斯特买下它，约合52法郎50生丁。

猪是白色的，夹杂着黑色的花纹，腰身很低，肚子几乎要挨到地了。它们是住家的一部分（我马上会说到关于"家庭"的趣事了），就睡在床下，可以到处躺卧，在整个村庄，它们都是自由的。我们在哨所也养过一头小猪，我们将它安置在犬舍里，和几只公狗和一只母狗待在一起。这只母狗刚生产不久，小狗全部被淹死了，母狗就任由小猪吮吸它的奶。大约持续了一个月，这只母狗（是一条非常棒的猎犬）就再也不愿意进入犬舍，否则那只小猪又要上去吃奶，它已经无法应付了。为了逃脱喂奶，它只好爬到一堵墙上，要么就爬到一只木桶上待着。一头80到100公斤的猪，可以卖到12皮阿斯特（25法郎）。

黄牛比法国的要小得多。它们的黄色很深，肩膀上的隆起很高，但还是没有交趾支那黄牛的包块那么高耸。它们的肉质也没有法国的牛肉好，但还是值得称赞的。在我们还可以弄到它们的时候，它们为各个哨所的欧洲人的餐桌做了很大贡献。当时，由于动物流行病在中国已经肆虐很久了，因此黄牛群不能在东京地区流通，而我们吃的几乎所有的牛肉都来自中国。一头黄牛可以卖到10到12皮阿斯特，即24到28法郎。一头两个月大的小奶牛大约值3皮阿斯特（7.5法郎）。

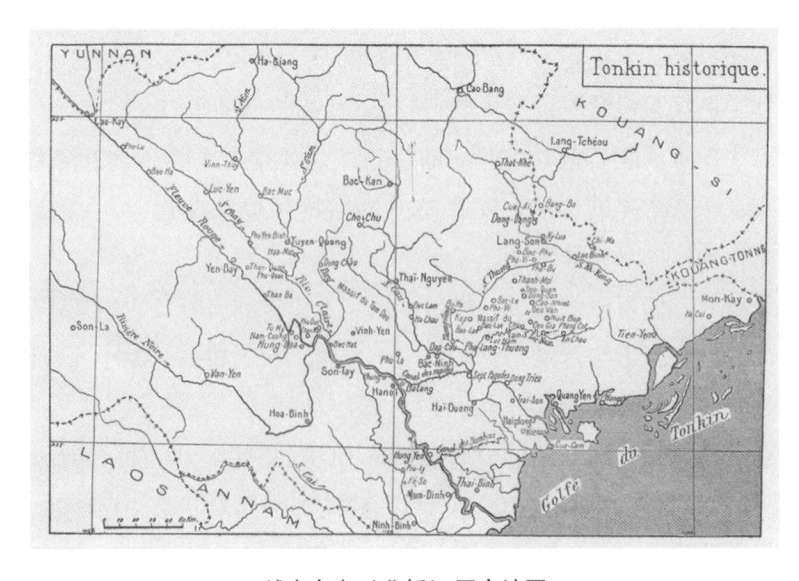

越南东京（北圻）历史地图

家禽有鹅、鸭和鸡。所有的家禽都长得很好，而且质量上乘。一只鹅卖 2 皮阿斯特，一只鸭卖 1 皮阿斯特，一只仔鸡值 1.3 到 1.5 皮阿斯特。仔鸡都是精心饲养的，肉质肥美，是高档菜肴。一只普通的母鸡最多卖 0.5 皮阿斯特。（所有这些价格均指使用本地货币而言，售价大约相当于法国的一半。）

　　另外还有一些鸽子，但它们的价格总在变动中。

　　我们找到的哺乳动物有老虎、牝鹿、狍子（矮鹿）、母鹿、野猪，有些地方还有猴子以及一种野狗，这种动物近乎狼和狐狸之间，只是身形稍小一些。在我到达哨所几天后，就有一只这样的野狗被我们带回来，用铁链拴在狗棚里，当时还野性十足，只要有人靠近狗棚，它就猛扑过来试图撕咬一口。现在稍稍驯服了一些，不再成天跳起来试图咬人了，我们还给它取了个响当当的名字，叫德雷福斯①。我们像养狗一样养着它，只是单独给它喂食，因为它和哨所里的任何动物都不能友好相处。

　　我们还有地松鼠这样的野味，比我们的大老鼠还要大，但肉质鲜美。法国几乎没有这种鼠类，究其原因，可能是那里没有棕榈树供其栖息。

　　鸟类有白鹭、水鸡、野鸭和山鹬。白鹭羽毛纯白，有很高的价值，常被制帽商人用作帽子的装饰。另外还有海番鸭，也许是鸬鹚，这种水鸟非常爱吃鱼类，常被用来捕鱼。它们被渔夫用铁丝系在河边或小舢板上。一旦它们发现有鱼，就会跳进水里，将鱼儿叼出水面。这时当地渔夫就会抓住鸬鹚，从它嘴里将猎物倒出来，当然也会时不时地给它吃一些作为鼓励。就这样，它们在一两个小时之内可以捕获两三千克的小鱼。

　　此外，这里还有鹌鹑、山鹑、斑鸠、鸽子和一些身形较小的鸟类，如云雀、燕雀、金翅鸟、燕子、麻雀等，另外还有一些被认为有害的鸟类，如喜鹊、乌鸦和乌鸫等。

---

　　① 德雷福斯（Alfred Dreyfus，1859—1935），法国军官，犹太人，19 世纪末法国著名反犹太案件"德雷福斯冤案"的主角。——中文编者注

以下是给家人的信（1898年10月至1899年6月，写于东京下居）：

下居，1898年10月2日信函：①

　　莫拉现在振作了起来，抖掉了身上的麻木迟钝，双手重新焕发出生机，打算继续写上几行字，不再像过去那么懒散。否则会招来姐姐、姐夫乃至教女的责怪，就连教父也会把我当懒鬼，况且在最近的一封信里还为我附上了邮资。

　　请大家原谅我，我现在就回答你们在信中提出的所有问题。

　　关于种植，你们认为这里的黏土地和人工牧场应该是合适的，我也这样认为。三叶草、岩黄芪，甚至苜蓿，都可以生长得很好。但是，不辞辛苦地播种这些种子有什么用呢？这里从不缺少草料。青草全年都在生长，长势极好，放牧从不间断，每个季节都可以饲养10到15倍的牲畜。还希求什么呢？也完全不需要在谷仓里储备干草，因为即使是冬季，牛羊也可以在牧场上找到吃的东西。哨所的马每天被放到外面去吃两次草，几乎全年都这样。在马厩里，我们还给每匹马预备了一筐草料和一些细小的竹子。它们没有燕麦吃，代之以质量次一些的和未去皮的稻米谷物。水牛和黄牛在自己的牧场里都有可吃的东西，而且非常充足。

　　关于谷物，我觉得小麦、燕麦、大麦和黑麦的生长要逊色一些。它们当然也可以长出来，而且麦秆非常茂盛，但是果实很容易被晒焦，这里的阳光有时候是相当灼热的。种植稻米首先需要准备合适的稻田。田地需非常平整，稻子的根部一直到收获都必须没在水中。播种或插秧的时候，稻田必须是一大块广阔平整的淤泥水田。此外，6、7、8、9月份还是涨水的月份，涨水期间会有一两天，甚至三天，稻田里全是水，完全看不到水稻，也看不出是稻田。等水位退下去之后，水稻才会重新竖立起来，继续不停地生长。法国的谷物应该适应不了这样的气候，我觉得成功引种的可能性不大。而且，还需计算小麦的产量是否要比水稻

---

　　① 这封信件的法语原文抬头缺失。从内容推断，应是写给舅舅一家的信件。——中文编者注

高，我对此更是怀疑。另外，还要找到卖小麦的渠道，但东京地区或周边的殖民地，连一家面粉厂也没有。在这里，磨米的磨子只能用来将稻米和糠皮分离，却不能用于研磨面粉。其他的，我想我已经对您和欧赛博表兄都说过了。

另外，我还要补充问一下，您怕不怕热，因为您略有些发福，所以我想您大概是怕热的，那么您最好还是留在井街（Rue du Puits）①，因为这里的夏天日照很长，还是非常炎热的。

在介绍所有家禽的时候，我没有对您谈到火鸡，因为这里没有，同样的原因，我没有提到野兔，因为我在此地也没有见过。只有一次，我吃到了红酒洋葱炖野兔，但那是来自法国的罐装食品。

阿尔芒应该已经回来了，并且开始忙着收获了。他很快就要上路去做弥撒了，一直到冬天都很忙碌。加油吧！阿尔芒。

我希望你们大家的身体都非常健康，至于我的身体，那非常棒。你们说得对，如果我太大意了也会生病，事实上，在保重身体方面，我是非常小心的。

我想念你们，再见了，向大家问好！

你们忠诚的外甥、表弟。

弗朗索瓦·莫拉
写于东京芒街下居，东京第二分队

附言：

10月2日晚至3日。凌晨1点，我冷得发抖，不得不从壁橱里把四月份就收起来的被子拿出来盖在身上。早晨，一阵刺骨的寒风将我吹醒，1898年的温暖气候应该结束了。我刚刚让两个木匠给我的窗户安装了玻璃，百叶窗吹进来的风还是太大了，毕竟天气要变冷了，但这并非不幸的事。一直以来，我们的冬天都很暖和。我的房间里有个壁炉，在东京地区，并非所有的房子都有这家伙，虽然它用处极大。多亏了

---

① 井街（Rue du Puits），该地名所处位置不详。——中文编者注

它，我的冬天过得非常舒服。我想，像这样在冬天里还可以让我烤火的殖民地，不会再有第二个了。

下居，1899年2月5日信函：

亲爱的教父：

首先要谢谢您打算送给我的新年礼物和新年祝福，虽然不幸的是我现在无法拿到，但我是不会放弃的。我请求您将那一大升的胡桃油收在一边，等我回到法国后再去拿回。我会记着您收藏好的胡桃油的，相信两年后就可以吃到美味的胡桃油沙拉了！！

千真万确，您可以在这里使用您的犁耕作。因为在这里，所有的高原都比河流要高10米到15米，而且无法灌溉的土地是没有人耕种的，所以这里并不缺少未开垦的土地。由于我所在的地区没有任何财产登记，所以谁耕种谁就拥有土地。同时，任何土地，一旦彻底放弃耕种时间达两年，将会被从原所有者手中收回（除非在通知发布之前又重新开始了耕种），然后再转给其他耕种者。在这里，公证人与之没有任何关系，只是卸去了一个大包袱而已。不像在法国，公证人雁过拔毛，在每个客户的财产上捞上一大笔。

在哨所试种的小麦长势很好，在我看来，简直长得飞快。它们现在足有四五十厘米高了，肯定会有很多麦秆的，但我担心麦穗结得少。在这里，麦秆长得多没有任何用处，人们根本不当一回事。

其他试种的作物看起来也都不错，烟草长得非常好，咖啡也是。此外，我们还试种了鸦片，因为当地土著人对鸦片的需求很大，价格一直非常高，估计收获后会有丰厚的利润回报。

我有一杆鸦片枪，是一个海关代理从走私犯手里缴获的。我打算配齐所有的器具，再弄上几两鸦片膏，回到法国后让您也尝尝。我知道您一直有烟草的嗜好，但我相信您会从中得到更大的乐趣。

而我自己却忍受不了鸦片的味道，尽管它让许多中国人、安南人，甚至很不幸还有一些欧洲人为之神魂颠倒。

Femmes Thos (haut Tonkin)

上东京地区的土族妇女

我的工作始终是一样的：修建道路。三个多月来，我都在做这件事。很快就是安南本地人的新年——春节了，安南人在新年里是不干活的，我也正好有几天的时间休息。春节是安南新年的开始，如同我们的元旦。安南一年有 12 个月，每个月 30 天，另外还有五六天是佛教节日，在这些节日里要举行庆祝活动，并向菩萨敬献祭品。

安南人和中国人有一些不错的规矩，对他们来说，昙花一现的节日不是好节日。因此，春节前和春节后的一个星期都不用工作，这样一来，足足有 15 到 20 天可以什么活也不用做，这样才似乎是一个完美的节日。

上东京地区的车队

在这里，我们享受着怡人的好天气，不像在法国那样冷。尽管如此，在给您写信的时候，我身旁的角落里仍然生着温暖的炭火。每天晚上回到住处，都有这样温暖的炭火相伴，真让我感到心满意足。每当晚上写信或者读书解闷时，我总要花上一些时间去照看那塞满了柴禾的炉火。我们有一个小书架，里面塞满了书，对我来说，每天如果不读一点书，日子是打发不掉的。

除此以外，您还能指望我把时间花在什么上面呢？我不能去邻居家吹牛，然后去街边的咖啡馆喝咖啡，这是不可能的，原因很简单，这里没有咖啡馆，打算来下居定居开咖啡馆的小老板大概还没有出生吧。

每当我一个人坐在这里，拨弄着壁炉里的木头，我就会想到家乡，仿佛看到大家围坐在火炉旁，一边讲故事，一边争着帮您敲胡桃。实际上，井街的生活比这要开心多了。

但愿1901年您还有胡桃要敲，我保证能帮您敲好几个晚上。另外，我还会剔桃仁，这方面我已经向您证明过了。等所有的胡桃都敲开了，我们就一边剔桃仁一边闲聊天，我们会有很多故事要告诉对方。我的故事虽然说来话长，而我要了解的事情会更多，毕竟，我离开家乡已经有整整三年时间了。

表姐、表哥们，不管两年后有什么情形，我总是比你们更老相一些，所以你们也不必急着成家，先等等我。还有你，我亲爱的表妹，你还不满25岁，你在井街待着一直自由自在、开开心心的，就继续这样下去吧。

我很希望表哥阿尔芒可以帮我修路。我知道，凭他的本事，我们一起能把道路修得漂漂亮亮的。

我的身体非常好，我几乎想不起来跟你们谈这个，我希望你们大家也一样。

亲爱的教父、舅舅、舅妈、表哥、表姊妹们，我谨向你们致以诚挚的问候！

爱你们的弗朗索瓦·莫拉

帕西，1899 年 6 月 4 日信函：

亲爱的教父：

很显然您不愿意来东京地区，正如我从 4 月 7 日的来信中读到的那样。您是对的，现在是 6 月，天气已经很热了，如果 7 月、8 月继续高温的话，我们大概要被烤得外焦里嫩了。

关于我们在当地试种的情况，我就自己所见到的向您汇报一下。我们 11 月份在下居播种的小麦长得非常快，上个星期已经收割了，麦秆差不多和我一样高，麦穗很长，相当硕大，但是麦粒瘦而长，里面没有多少面粉，它们一开始就被炎热的天气灼伤了。

在离这里 6 到 8 公里远的连队哨所——清蓬（Than-Poun），① 也试种了小麦，结果如出一辙。究其缘由，无非是此处土地营养不充足，土质也差些。

在帕西种下的燕麦长得正欢，这种作物不怕炎热，已经开始抽穗了。

因为眼下菜园的收成不咋样，所有来自法国的蔬菜都开始变得干瘪。不足一个月，我们连甘蓝菜、生菜也都不会有了。在每天最热的时候，我们徒劳地用茅草屋给这些蔬菜遮阳，但终究长不起来，气候不行，毫无办法。一直到 10 月份或 9 月底在饭桌上再次看到法国蔬菜之前，我们只有这些蔬菜将就着糊口。这是最糟糕的时候，首先是天气太热了，其次我们没有任何新鲜的东西可吃，甚至连新鲜的蔬菜也没有。

我不记得是否跟您说过我们在帕西试种葡萄的事。两年前我们种过一些，当时长得好极了，好像有很多葡萄挂枝。周边地区到处都长着野葡萄。

在种了葡萄的第二年，我们还种了一些芦笋，大约两个月就开始收获，虽然长得有些细小，但是下一年会好的，我想。

有两个月的时间，我们种的草莓每个月都会有一些果实收获。您知

---

① 清蓬哨所，位于中越边境北仑河畔，靠近帕西，距我国广西防城港市那良镇约 3 公里，距芒街约 16 公里。——中文编者注

道，能在帕西这样偏远的地方吃到法国的草莓，真是太了不起了。不幸的是，骄阳让它们每天都变得更加干瘪，无论我们怎么做都无济于事。

关于在此地种植各种作物的事，有趣的差不多就这些了。今年井街的收成怎样？当这封信送到您手上的时候，正当你们收获的季节。也许我真不该絮絮叨叨说了这么多来惹您烦……

您最好让我的表兄弟维奥莱特把卡鲁尔的沟渠疏通一下，然后在里面放些鱼苗。我现在已经成了一个相当老练的捕鱼人，几乎每天都在北仑河（Song-Ka-Low-Ho）① 岸边钓鱼，河里有很多美味的小鱼仔，可用来做炸鱼吃。

除此以外，你还能做什么呢？总得找点事情来做。天气热得根本无法修路或者修建工事，我只好以钓鱼为乐了。

我非常高兴地听说，小表弟们和大表姐一起总是玩得很开心。他们永远不会和年纪大的一起玩，正如他们在复活节庙会上，和同龄的伙伴一起时，一切都非常好！

如果阿尔芒仍旧决定下一季来帮我一起修路，他可以等到10月份时再坐船来这里。

我的身体非常棒，祝愿你们在井街也一样。

再见，拥抱并握你们大家的手，向全家问好！

弗朗索瓦·莫拉

再过七天，我到达东京的日子就将满18个月，这正好是我服役期的一半。时间过得还是相当快的，我流亡的终点总有一天会到来的。在进入我的殖民地服役期的后半段之前，我要问您和我的表姊妹们，你们希望我带回什么作为我后半段的殖民旅程的纪念？我很快就要开始搜罗东西了，我想给你们带回一套中国用品。

---

① 原文对"北仑河"一词的拼写 Song-Ka-Low-Ho 疑为越南语 Sông Bắc Luân 拼写之误，这可能源于莫拉军士原稿字迹模糊难辨。按拼写规则和莫拉的拼写习惯，该词应写作 Song-Ba-Low-Ho。——中文编者注

第四章　准备武装介入广州湾：在东京招募中国土著步兵

（1900年4月13日—8月13日）

　　1900年4月13日，为了出兵中国，或者更准确地说，为了出兵两年前已经成为法国租借地的广州湾，上级下令招募中国土著步兵。此命令一经下达，顿时打乱了北东京地区军事哨所的日常生活——一种被莫拉军士称作规律的、积极的生活（尤其从他家书提到的修路事件中可见一斑）。除此以外，他的大部分时间都是用来观察农业和自然。这个意料之外的任务首先意味着地区军事指挥权力链条的重大变化。但对于弗朗索瓦·莫拉来说，最重要的应该还不在于此，而是在于像该命令涉及的所有军官和士官一样，他必须和他的安南军队，和那些土著步兵与士官分开，而之前他从未提到和他们有任何冲突。尽管弗朗索瓦·莫拉对此没有做任何猜想，但用中国人组成的部队出兵广州湾租借地这一决定似乎与安南帝国和大清帝国的一贯敌意不无关系。

　　然而，招募、培训来自东京地区北部也就是中国边境附近的中国兵，引发了一系列的问题：这些士兵绝对不了解法国军队的要求和纪律。在这种不了解的背后，弗朗索瓦·莫拉越来越感到一种隐约存在的敌意：逃兵越来越多，是中国方面给他们提供了援助和安身之所，以及如火如荼的义和团运动（他称之为一场"社会革命"）所带来的影响。

1900年4月13日，星期五。总司令下达命令：东京步兵第十四连将去芒街招募中国兵，其中的安南士兵将被派遣到兵团的其他连队，而土著士兵也将被分配到东京的其他兵团。①

4月15日，第一小分队离开帕西前往芒街，禄福（Loc-Phu）和清蓬（Than-Poun）的哨兵在同一天被移交到当地政府。

4月17日，第十六连（下居）的一个小分队到达帕西。中尉在移交了哨所和防区的指挥权后，于18日到达芒街，和十四连的其余人员会合。

潭美（Than-Mai）和北风生（Bac-Phong-Sinh）哨所，② 此前一直由拉汝（Lajou）中士和潘克拉兹（Pancrazzi）中士指挥的中国士兵防守。

17日早上8点，潭美哨所也被换防了，该哨所隶属十四连的小分队于当晚抵达芒街。

18日晚上，整个十四连的兵力在芒街会合，有连队中尉指挥官普朗什（Planche）先生、少尉科兰（Collin）先生、军士莫拉、③ 中士长拉斯马尔特（Lasmartres）、中士司务长迪拉约（Dearaiyo），包括布莱（Boulet）、休森（Husson）、卢吉尔（Rougier）、诺瓦雷（Noiret）、福格（Fouqueau）、梅卢（Menu）、乌尔斯（Ourse）和罗耶（Royer）在内的8名欧洲中士，另外有8名土著中士，16名下士，2名军号手，以及192名步兵。此外，第一中国连将从海防登船出发去广州湾，该连留下的48名东京军人被第十四连收编，而负责管理和培训中国新兵的2名中国中士和4名中国下士则被我们收编。

---

① 自1890年起，印度支那步兵团被改编为第九、第十和第十一海军陆战团。前两个团有三个营，第三个团有四个连组成的两个营。第九团建在河内，第十团（即莫拉所属的团）在海防，第十一、十二团在西贡。东京的土著殖民步兵团由四个来自东京本地的步兵团组成（第一团在河内，第二团在七塔，第三团在南定，第四团在北宁）。中国步兵营建在七塔。

② 北风生，中越边境北仑河支流旁的一个哨所，位于潭美哨所和清蓬哨所之间，与广西325省道旁的里火村接壤。——中文编者注

③ 由此处的军衔排序可知，当时莫拉的军士（Adjudant）军衔要高于中士长（Sergent-Major），但低于少尉，大约相当于今天低级别的准尉军衔（有时Adjudant这个词也被译为三级准尉、副职军官等）。另外，通过这部分日记可知，莫拉军士现在已经不在第十六连了，估计在1899年6月份以前就从驻防下居的第十六连调到了驻防帕西等哨所的第十四连。——中文编者注

4月26日，科兰少尉奉命为驻扎在平辽（Binh-Lieu）的第十连效力，① 保罗（Paul）中尉被委派到第十四连。

4月28日，保罗中尉到达第十四连，如同前任连长一样获得了连队的指挥权。

5月1日，中国兵的招募工作拉开了序幕，有来自芒街防区的6名中国人入伍，训练也随之开始。布莱和诺瓦雷中士被指派为中国士兵的教官。每天都会有几名新兵加入。尤其6日这天，来了45个来自下居防区的中国人。

5月3日，波纳范图尔（Bonnaventure）上尉执掌了第十四连的指挥权，他来自广州湾，曾担任过部队高级指挥官。

同一天，马拉特（Marat）上校重新负责指挥整个团，② 他从广州湾回来，一直担任军队高级指挥官。

5月7日，乌尔斯中士和福格中士被委派为中国兵教官。

东京土著部队

---

① 平辽（Binh-Lieu）位于海河县（下居哨所位于该县）西边的内陆，与我国广西接壤。——中文编者注

② 此处的马拉特（Marat）上校疑为马罗（Marot）上校拼写或誊写之误，本日记后文中也把 Marat 写成了 Marot。马罗上校（其他文献将其军衔写作中校）曾带领法国海军陆战队参加了1899年的广州湾之战。——中文编者注

5月12日，20名东京士兵被派到第六连，一起前往凌立（Linh-Lap）。①

5月15日，招募的中国士兵人数已达到64人，一支队伍的规模已经形成（四个排和八个班），② 每名中士教官负责监督两个排，每名下士指挥两个班。休森中士被任命为中国士兵教官。

20名东京土著步兵前往驻扎在平辽的第十连。4名土著中士和8名下士被分配到七塔，然后再从那里派往其他团。

5月16日，20名东京土著步兵前往驻扎在下居的第十六连，另有20人前往驻扎在帕西的同一支连队。

剩下来的东京步兵被分在一个单独的排里，由负责修理营地大茅屋的卢吉尔中士指挥，这个大茅屋可以为一个分队的步兵提供栖身之所。莫拉军士和梅卢中士（司职射击的中士）负责训练中国步兵。

5月26日，3929号士兵点名缺席。

小憩中的东京外籍宪兵队

5月28日，3938号和3908号士兵在芒街的印刷厂丧生。医生对一

---

① 此处的凌立（Linh-Lap）疑为谅山省亭立县（Dinh-Lap）拼写或誊写之误。亭立县东邻广宁省平辽县，其中平辽驻扎第十连，亭立驻扎第六连。——中文编者注
② 士兵数量的安排取决于部队建制的规模或大小。

具尸体进行解剖，站岗的步兵看到医生剖开了他们同伴的胃，非常惊恐。他们说中国人从来不这么做，在他们的信仰中，应该保持死者的完整，而非支离破碎的尸体。我们向他们解释说，医生这么做只是为了搞清楚他们的同伴究竟死于何种疾病，以便让将来可能染上此病的人及时得到治愈。但他们对此无法理解！

1900 年 5 月 31 日。连队编制已达到 92 人，这一天，有 3 名士兵点名缺席。

1900 年 6 月 15 日。连队人数为 120 人，点名缺席的那 3 名士兵一直没有回来。5 月 26 日点名缺席的那名 3929 号士兵回来了，他告诉我们说生病了，不能继续当兵了，如果我们允许的话，他将把他的弟弟送过来代替他。我们不能接受这个调换，但是不管怎么样，很明显，我们在和一个吸食鸦片的人打交道，他已经不能很好地替我们服役了，我们对他说不要担心，第二天就会带他去看医生，并且建议他提前退役。但我们错了，错在没有把他关进大牢，因为他只配这样的处置。他并没有按照我们的建议待在病房里，而是很快就消失了，并且再也没有回来。

几天之后，这名来自科洞村的 3929 号士兵又出事了。该村负责人（Bang-Thuong）① 送了另外一个年轻人来到连队，② 这个年轻人收了 3929 号士兵的钱，于是答应代其应征。后来的确招了这名中国年轻人，但他只被允许代表自己志愿参军，而不是代替别人。等宽恕期限一到，那名 3929 号士兵就会被宣布为逃兵。

1900 年 6 月 18 日。4053 号士兵被允许请假 24 小时回科洞的家，他应该在周一一大早返回连队。周一早上集合检阅之后，士兵们做常规训练。在操练持枪动作的时候，休森中士发现一个士兵不知如何操作。上前询问这个新面孔的身份时，才发现原来他是那名获准回家的士兵的弟弟。回家的士兵把假条和衣物一并交给了弟弟，让弟弟来连队代替他做训练。弟弟被带到上尉那里，然后被关进监狱，一直到他哥哥出现。

---

① Bang-Thuong，殖民当局承认的村庄负责人称谓。

② Bang-Thuong 一词应为保长。当时越南的村庄组织制度沿用了我国封建王朝长期使用的保甲制度，尤其是在北东京地区或芒街附近的中国人居住区。——中文编者注

哥哥在下午出现时解释道，他绝对没有要逃跑的意图，只是想在家多待一天，陪伴他生病的母亲，他以为把他弟弟送过来代替他做训练就万事大吉了。这个士兵没有受到处罚，他的弟弟也重获自由。几天后，这个士兵得到了4天的许可，回家照顾确实生病的老母亲。

随后在谅山对一个中国连队的新兵情况进行检查。发现又发生了好几起逃跑事件，招募一事几乎要搁置了。总司令不得不下令将在谅山招募的中国土著士兵送到驻扎在芒街的第二中国连去。

1900年6月30日。70个中国士兵从谅山出发，经陆路到达芒街，他们走了13天。后来连队士兵达到了232个中国人。

前往芒街的军官把谅山剩余下来的东京土著步兵都带来了，大概有70人。其他非战斗人员也在芒街继续领取军饷，并提供差役、厨师、勤务兵、泥瓦工和木匠等服务。

1900年7月1日。军队编制重新调整，连队被分成16个班。几天之内，来自谅山的士兵单独训练，他们比之前在芒街招募的士兵要老练一些，但训练得越多，动作就越是敷衍。他们学得很快，但是毫无章法，也不注重动作要领。

1900年7月14日。整个连队于7月14日举行阅兵式，① 最年轻的土著士兵和中国连（la Compagnie de Linh-Cos②）中最年轻的士兵一起，③ 组成了一支仪仗队。

他们走得非常整齐，昂首挺胸，看上去为能够成为法国军队的一员而感到非常自豪。队伍的游行很精彩。所有人都很高兴，当然我也跟大家一样高兴。

晚上，所有的行政或军事机构都点上了灯笼，一片灯火通明。这是一种威尼斯风格的纸灯笼，风吹得它不停摇摆，有几个着了火。但没什么大不了的。

---

① 7月14日为法国国庆节。——中文编者注
② Linh-Cos，是法军对招募自越南东京地区的中国士兵的称呼。
③ 根据发音规律判断，Linh-Cos疑为法军对中国"两广"一词的法语注音，故该词和上文中已经出现的Linh-Co Chinois可理解为"来自两广地区的中国兵"。——中文编者注

火炬游行从中国士兵的营房开始。70个士兵每人提着一个灯笼行进，另外至少有200名志愿者在场服务。

有好些灯笼是精心制作的。有一个灯笼，宽不少于1米，长1.5米，就像是骑兵、炮兵在进行实战演习，队伍一直在行进中，4个土著士兵自愿带着这个大灯笼在整个城市来回巡游。

还有一些海军陆战队员在毫无节制地饮酒，这几乎成了一种权利，至少在7月14日这天，他们并没有做出什么令人恼火的事情来。如果他们仅仅是在7月14日这天才喝醉，这便不重要了——可惜不是哎！

1900年7月16日。早上9点半，发放7月上旬的军饷。随后在10点一刻集合，例行点到，有一个土著士兵缺席。他领了军饷就离开了，四处搜寻是徒劳的，他可能已经去了中国。

下午两点，午休醒来，我发现另外两个土著士兵也点名缺席。他们把贴身的衣服留在了准备伙食的厨师那里。

自这一天起，类似的事情天天发生，每天都有一到两个土著士兵点名缺席，然后再也不回来了。

此时也正是发生于中国的社会革命（Révolution Sociale）"义和团运动"如火如荼的时期，虽然东京的边界省份都相对比较平静。这场在中国发生的暴动，确实引起了广泛的反响，甚至在东京地区，尤其是中国的边境地区。可以说，我们的许多年轻士兵多次逃跑，也应该归咎于这次暴动。①

7月22日，总司令下发了一道命令：整个连队将在7月26日离开芒街，前往七塔集结，然后动身去广州湾。大家对这个消息有不同的看法。能够去七塔待几天，对于一些中国人来说值得高兴，但他们只是一小部分；大部分人还是更愿意待在芒街，因为这里离他们的家、他们的亲人和故土很近。

---

① 这场复杂的运动，由"义和拳"教派发起（该教派打的是中国式拳击——功夫，由此产生了"拳"这个词），它反对外国列强对中国的侵占，反对基督教在中国的传播。另外，它还反对清王朝，至少在一开始是这样。这场运动后来被慈禧太后及其周围的保守派支配，矛头直指北京各外国公使馆。这场运动后来被日本、德国、奥匈帝国、美国、法国、意大利、英国和俄罗斯八国联军镇压。应该注意的是，莫拉首先认为这场运动是一次"社会革命"。

许多士兵都要求在出发前允许他们回家探望一下亲人。他们给出各种理由，比如说他们要去的地方很远，可能永远回不来了；即使以后允许他们回家，也得花费很多钱买船票。显然，所有这些理由都是合理的，然而我们不能给所有人批准。最终在 22 日那天，有 45 个人得到一到三天的假期回家探亲；23 日，有 15 个人得到了一到两天的许可；24 日，上尉批准了所有家住芒街附近村庄的士兵回家探亲。

7 月 25 日下午 4 点，指挥官卢热（Rouget）指挥辖区和整个营举行阅兵式，准备出发。集合的时候，我们发现少了 30 多个人。这些人不是休假的军人，因为休假的军人只有三个没到，且晚上都回来了，这些缺席的人大都是没有获准回家的士兵。警察巡逻队搜查了整个村庄，然而一个也没有找到。缺席的人都躲到东兴（Tong-Hin）去了，这个地方已经越过了边境，我们是无权过去搜查的。

晚上点名少了 40 多个，不过有一部分夜里又回来了。

在连队出发前，所有土著步兵都想拜祭一下菩萨，点几支香，放几根炮仗，然后在祭坛前做一些祷告。他们还询问佛是否该出发，这次离开会不会给他们带来不幸等问题。根据佛的回答，他们要么和整个连队一起做动身前的准备工作，要么跨过边境，再也回不来了。那天夜里，兵营里的所有士兵，有的在哨所小庙里祷告，有的吃着他们先前祭拜菩萨的烤肉和水果。

1900 年 7 月 26 日。早上 5 点，连队集合，5 点半动身，营长也随军一起出发。点名的时候，又少了 22 个士兵，还不算之前缺席的 23 个，也就是说，一共出现了 45 个逃兵或缺席者。他们在宽恕期限结束后没有回来。

早上 9 点，我们到达美玉（Mui-Ngoc）①，天正在下雨。我们架好了枪支，哨兵也各就各位，我们在茶古人（Nhà-Qués）的茅屋里避雨，同时换衣服、吃午饭。

中午，"广安号"（Quan-Yen）抵达，第十二连立即卸下所有的辎

---

① 美玉，位于越南芒街茶古岛。——中文编者注

重下了船。他们将代替我们驻扎在芒街。到了 2 点半，这一切才算结束。4 点半，第二中国连带上所有的家当上船了，"广安号"起锚出发。在一个月零 9 天前，我曾来过美玉，当时是为了重返我的下居哨所。

芒街茶古岛天主教堂

离开芒街的前一天晚上，我以 25 皮阿斯特的价格，把我的马卖了，我管它叫"耗子尾巴"。当时我是用 30 皮阿斯特买回来的，外加一副马鞍。米歇莱第（Micheletti）中士把它买了，但我在美玉登船时，他又把"耗子尾巴"借给我用。大约中午时分，我把它还了回去，并给他一些稻谷作为回报。这匹老马帮了我很大的忙。自从有了它，我的身体免去了许多疲乏。它很了解我，从未对我干过坏事，尤其是从未把我从背上摔下来。它胆子很小。它有时只是和借它的人玩一些恶作剧。

4 点半，我们从美玉出发。10 点左右，我们驶过下居，然后分别在塔角和瓦莱港（Port-Vallet）停留了几分钟。将近午夜时分，船舵坏了，掉进海里，我们无法继续前进。一艘前往芒街的中国小艇经过时，掉转头牵着我们的船往前走，到达鸿基港时，已经是第二天早上 10 点了。

我们收到了一封由海防市内河运输处发来的电报，被告知安南将有船只接应我们。但是安南士兵收到了这样的命令——船只不要在晚上行进，于是他们在晚上将船停在了下龙湾的入口处，而这个地方无论什么时候都非常危险，即使对于最有经验的驾驶员来说也是如此。当安南来船与我们会合时，已经到了早上9点半了。我们立即转船，将近11点时，两艘船并排驶离了鸿基。

夜里2点，我们登上了"广安号"，停留了大约半个小时，以便装卸哨所的一些辎重。

4点半，我们到达海防，停了半小时用于补充煤炭，然后出发了。我们只有一点时间下船到码头上站一站，没有时间到城市里去。

晚上7点是晚饭时间，我们经过东朝的山地，但没有停留。9点半，我们到达七塔，士兵立即开始卸载辎重到码头上，这些辎重由一个班的土著士兵看守，我们被分配到北面的山脊处扎营。

第二天是星期天，运输完辎重后，我们也驻扎完毕。做完汇报后，土著士兵就去散步。午休后轮到欧洲士兵去散步。

安南国特派员巴迪（Bardy）先生将我们从鸿基[①]带到七塔。巴迪原是东京地区第二团的军士，10个月前刚刚退役，是一个非常有魅力、聪明且很有教养的小伙子，可惜染上了致命的鸦片瘾。当他还是军士的时候，这件事就已经给他招来了很多偏见，现在他在隶属马尔蒂和阿巴迪航运公司（Marty et d'Abbadie）的内河运输分公司任职，这种烟瘾迟早也会对他不利的。

1900年7月30日。在七塔主营地那个巨大的练兵场上，我们开始了军事训练。主要是练习各种射击，以及连队的一些差役。我们的土著步兵在安南的土地上并没有表现出过多的不满，但我们发现，他们在这儿却不像在自己的家乡那样开心。另外，安南人卖给他们的食品在价格上总是比卖给安南本地士兵的要略高一些，而他们又不得不去市场购买食品。这种情形下，在8月12日收到离开此地、前往广州湾的消息时，这些土著步兵都欢呼雀跃。

1900年8月7日。在芒街点名时缺席的3994号步兵，在非法缺席了20多天之后，在下居市场上被抓获，然后在护卫队的护送下被带回

[①] 鸿基，今越南广宁省首府下龙市，法占时期被法国人命名为孤拔港。——中文编者注

连队。他受到拘禁 30 天的纪律处罚。其实我们没有理由将他移交给军事委员会，因为他并没有被宣布为逃兵。对于他而言，30 天的拘禁实在是太长了，尤其是，我们还扣除了他 1/3 的军饷。

1900 年 8 月 13 日。营长维吉特（Virgitte）先生穿着出发的军服，在主营地的训练场上举行了阅兵式。阅兵式过后，指挥官表示他对整个连队非常满意，表扬他们服装整齐，同时他也希望可以有更多的中国土著步兵加入他的麾下。快 5 点的时候，我们再次回到营地，步兵们把所有的辎重都运到了海滩上。我们在那里等着船来。晚上，一个中国步兵的妻子喝醉了，在她的驻地大吵大闹。3392 号土著中士想让她闭嘴，却被那女人用一个碎瓶子砸中了右膝下的小腿部位，留下了一个老大的血口子。

第五章　出征广州湾：艰难平定不屈的中国民众
（1900年8月14日—1901年2月19日）

　　弗朗索瓦·莫拉的任务（总共6个月，从1900年8月到1901年2月），其意图是在法当局与土著中国人之间建立一种稳定而细致的关系。从一开始，他就注意到并且批评那种施加在广州湾租借地中国人身上的暴力，如把他们全部抓来做搬运工——做苦力，逼迫他们去给法国军舰装卸等。莫拉的谴责是毫不客气的，因为在他看来，这种方法不仅毫无效果，而且构成了某种"对人权的侵犯"。同时他还揭露在训练过程中对中国土著步兵过分严苛，以及法国军人对那些来自赤贫家庭的土著兵（由他们的妻子陪伴着）常常持有的不公正态度。

　　但是，日记很快转向叙述一连串不断增多的逃兵事件。与出征广州湾的东京准备阶段不同的是，现在这些逃兵事件牵涉到后来的武器偷盗，而且明显与中国抵抗运动规模的不断扩大有关。这些越来越明显的迹象是弗朗索瓦·莫拉非常关注的，而且也是他力图在日记中系统呈现的东西。从1900年10月开始，军方与"海盗"的冲突日益白热化。这些冲突一开始就升级为军事打击，不久便演变为大规模屠杀。而这些行动又反过来激起了中国民众不断增长的猜疑情绪和同样激烈的暴力反抗。一方面，法国士兵在远离租借地中心的哨所被杀，甚至中国的天主教徒也会在白雅特要塞（租借地首府①）的中心受到袭击；另一方面，法国指挥官命令对"海盗"进行枪杀或当众砍头。莫拉的日记，如同一部系统的编年史，旨在揭露法国官方所谓的成功平定广州湾纯属妄谈。

1900年8月14日。马尔蒂公司内河运输分公司的"独角兽号"（Licorne）运输船，于早上6点到达七塔，准备带我们出发。随后整个连队从码头走下来上船。我们于8点半离开七塔，12点半到达海防。我们没有上岸，直接就换上了"顺化号"（Hué）船。将近下午2点的时候，指挥第二旅的马罗（Marot）上校登上"顺化号"，士兵和辎重也全部就位，中转结束。4点钟，"顺化号"拔锚起航，我们出发了。

戈迪诺（Godinau）先生是"顺化号"的船长，也是船上唯一的法国人，机械师、特派员等都是英国人、丹麦人、德国人，或者是说英语的土著人。"顺化号"是马尔蒂公司从一家驻香港的英国公司那里买来的。不管是军官还是士官的船舱，都非常舒服，而且装修奢华。土著步兵在船上吃得都很好。船上还有许多巨大的、销往广州湾的装冰块的大箱子。天气很热，船上的人不给我们冰块，我们感觉恶心，很不舒服。第二天，他们给我们送了一些凉水，感觉好多了。

1900年8月15日。我们到达北海。我们在这儿抛锚停靠，装卸商品，由于船停在离码头很远的地方，我们不能下船。中国的城市看上去很拥挤，房子离得很近，一栋挨着一栋。人口应该是很多的。许多房子建成了吊脚楼，海水一直漫到地下层。在那停留4个小时后，我们重新出发了。

---

① 此处有误。1900年，租借地的首府在麻斜，不在白雅特要塞。——中文编者注

北海特有的吊脚楼——疍家楼

1900年8月16日。早上7点，我们到达海口的正对面，城市尚在远方的陆地之上，根本看不见。卸下一些食物后，我们在早上10点重新出发。下午，我们从东海岛、硇洲岛旁边穿过。随后我们看到了博蒙港①，那儿停泊着两艘战舰。之后我们看到了白雅特要塞②，以及两侧的海头和尼维角③。5点，我们抛锚泊船。部队高级指挥官高尔德肖恩（Goldschwen）中校上了船，很快又下去了。我们又要在船上度过一夜。

1900年8月17日。我们被尼维角和白雅特要塞的军号声吵醒了，两地的军号声几乎同时响起。远处的海面上，有许多舢板和平底帆船。大约7点钟的时候，一艘海监帆船到达这里，随后又来了一些小帆船。我们把所有能搬上船的东西，人也好，物也好，都搬上去了。这些帆船来回运了好几趟，装卸的过程进行得很慢，也很艰难。等我们把所有辎重运到营地时，已经是中午了。天气酷热难耐。第五连的梅多瑞（Medori）军士想到了一个好主意，邀请我和我的中士长到鲍戴（Baudet）

---

① 博蒙港，法军在占领和租借广州湾初期在南三岛北涯头建立的一个暂用军港，以当时法国海军远东分舰队总司令博蒙将军的名字命名。——中文编者注

② 即现在的湛江。1898年，法国人占领这里时，湛江只是一个小渔港。法国人后来将此港命名为白雅特要塞。他们打算通过此地连接中国南方，以垄断这里的铁路和矿石开采。

③ 即现在的麻斜嘴。——中文编者注

先生的餐厅去吃午饭。等我们开始吃饭时，差不多已经到了下午 1 点，我们饥肠辘辘，又渴得不得了，没有想到的是，桌上竟然有冰激凌，真是太棒了！鲍戴先生在这里属于比较有钱的法国家庭。1897 年，当我到达东京时就曾和他一起旅行，那时他还带着他的妻子和十几岁的儿子。久别重逢，我们大家一起畅聊叙旧，分外亲热。

整个下午，我们都忙于安营扎寨。下船的时候，正值中午酷热，加上海水、淤泥和沙子的热量一起涌来，当天晚上就有两个中士发起了高烧。

当我们到达东营（Quang-Tchéou）的时候，[1]"塔纳伊斯号"（Tanaïs）运输船也停靠在白雅特要塞。船上有两个海军陆战队连准备前往大沽（Ta kou）[2]，他们在船上等待广州湾当局给他们提供搬运辎重的苦力。他们已经不可能再招到苦力了，何况使用的方法也很不合适，说这些又有什么用呢！！

于是巡逻队和侦察队动用武力包围了村庄，围捕当地的男性。这些人都还没有来得及逃到安全的地方（主要是逃往中国境内）。所有能够搬运物资的人，不管经济地位、社会地位如何，只要他们被抓住，就会被强行带到"塔纳伊斯号"的甲板上。

尽管使用的措施极其严厉，这次抓捕行动也只是得到了数量极少的搬运工，大概有 80 人，而他们实际需要的却是 1 500 到 2 000 人。

如果抓人没有取得成效，那么精神和物质上的影响都会是灾难性的。在广州湾租借地，已经不再有男性劳力了，这儿剩下来的全都是老人、残疾人、女人和小孩。所有的男人都越过边境，跑到了邻近的中国内陆。那里的不满者已经比肩接踵，他们向当地官员控告法国政府的行径，谴责法国人严重侵犯了他们的权利。

由于当地男人都跑光了，这里的产业、文化、商业活动全部停止，

---

[1] 广州湾的首府最初设于麻斜，因有法国的兵营驻扎，俗称东营，法国人称之为"Quang-Tchéou"。麻斜河对岸的兵营则俗称西营，法国人称之为白雅特要塞或白雅特城。——中文编者注

[2] 大沽，即天津大沽口，当时正值八国联军侵华时期。——中文编者注

如果再这样下去，日常生活恐怕都难以为继了。

等了三天之后，"塔纳伊斯号"起锚出发，把那些在东营得到的苦力也随船带往大沽去了，这些人大多是从赤坎抓来的囚犯。

当不再有我们的船只停靠东营时，有几个胆子大的，也是掌握了可靠消息的外逃者，又偷偷摸摸地回到了自己的村庄。我们乘机向他们许下动听的诺言，请他们给亲朋好友写信，劝他们回家；又向他们保证，不需要担心，我们不会再雇人做任何事情了，也不会有苦力被送往大沽，诸如此类的话。

渐渐地，这些男人回到了各自的工作岗位。15 天后，大概有 1/3 的人回来了。

就在这个时候，"西奈号"（Sinaï）运输舰抵达白雅特要塞，船上有一个步兵营将前往大沽，另有一个海军陆战连前往东营。

这艘军用运输舰是在晚上 6 点钟与"顺化号"同时抵达的。然而到了第二天，工地上再也找不到一个苦力，所有的男人都逃了或者躲起来了。没办法，只好动用土著步兵连了，他们花了两天时间，到"顺化号"上卸载第十五海军陆战连和第六炮兵营的辎重。

广州湾租借初期的市政工程建设

在白雅特要塞和尼维角的工地上，也尽是一些重要工程，但是没有工人。炮兵部队军官、监工和所有的工兵，这些人都是高工资，却干不了活，因为没有苦力。之后在工程部的炮兵上尉长官的恳求下，高级指挥官上校下令每天动用一些土著步兵，让他们像苦力一样工作，而且拿着和苦力一样的钱。首先得提供15个人，用来建立军需处大楼，几天之后，再提供另外25个土著步兵和25个海军陆战队员搭建上校的营帐。所有这一切都是分外的、临时的！有句俗语道"在海军中只有永远的暂时"，就是这种情况。尽管上尉一再要求，但我们已经没有可以动用的土著步兵了。这对他们的训练很有害，因为他们的训练才刚刚开始，一部分人还不能射击，他们的技术也还没有熟悉到可以被任意分派到某个部门、应付各种作业的程度。大约一半的人还不曾站过岗。当他们第一次站岗放哨时，他们已经像苦力一样干了一整天的活，完全不知道这样的巡逻得停下来，我们对此都感到很震惊！然而，这并没什么可惊讶的。我甚至在想，在同等条件下，欧洲的军队在干了同样长时间的活之后，他们还能给我们带来什么。苛求不可能的事情，只能一无所获！要不就是一番辛苦之后，结果却差强人意。

至于那些刚成立不久的连队，比如中国连队，他们的土著士兵都是同时招募的。这些士兵对自己的职务权限没有概念，既不知道自己的权利，也不知道自己的义务。这就需要欧洲籍的军官带着极强的耐心去帮助他们。另外，也要能看到每个人的努力，原谅、宽恕他们在岗位上、军容举止方面的一些小的违纪行为。

对于欧洲籍的军官来说，训练这些连队比训练安南土著步兵的所有高层人员还要辛苦，因为在安南士兵中，有了解自己职能、知道如何训练新兵的士官。而在中国连队的训练中，从他们入伍的那天起，全都是欧洲籍士官训练新兵。个人训练、班级训练、半个排的训练等，所有这一切都需要欧洲的士官来指导，因为中国士官完全没有指导能力。

还应该提到的是，这些训练都集中在5、6、7、8月份，也就是最热的时候，可见我们在此度过的是多么难熬的一段时间。尽管如此，这支有法国军人参加的连队，无论是军官还是士官，都希望好好干，并取得一个令人满意的成绩。好在到目前为止，还没有出现什么大的过失。

尽管整个服役过程非常辛苦，但并没有人因此病倒。

1900年8月21日。今天是星期天，土著步兵终于自由了，现在他们全部回到了自己的岗位。他们在做完早上固定的清洁工作和参加完10点钟的每日集合后吃饭，然后可以散散步，看看风景，还可以去买一些工具或者一些必需的食材。如果某位已婚的士兵没有床，甚至连一件家具都没有，我们会分配给他一个房间，另外配上四五件常用的家具。

下午一点钟左右，不知道是谁向上校报告说，有土著步兵在废弃的村庄里到处偷东西，然后向那儿的女人献殷勤。上校忙叫来连队的上尉指挥官，向他说明了这种情况。于是上尉便下令派欧洲籍的巡逻队前往白雅特要塞和海头，搜查所有的村庄，把找到的土著步兵统统带回营地，不管他们在做什么。在营地的两个大门前，即原有的土著兵岗哨旁边，又增设了欧洲籍士兵的岗哨。不许放任何人出去，回来的人全部要接受检查，并且没收所有带回来的东西。

经过如此大张旗鼓的兵力部署，最终查出的结果是，那些土著步兵只是去买了一些生活必需品。一个人买了一个盥洗盆，另一人买了两三个饭碗。一名已婚男人买了一些棉布，为了给他的妻子做一件衬衫（当我去没收的时候，他还在裁剪那块布）。① 一位下士给他所在的班买了一个长柄大汤勺。还有一个步兵买了一些木板条，准备为他的妻子和两个孩子做一张床，因为至今为止他们都睡在地上。我进去的时候，他正在组装这些木条。

所有这些物品都是新的，并不是从村庄偷来的，土著步兵向我们出示了购物发票作为证明。大多数商品都是从法国商人鲍戴（Baudet）、柴克斯（Chaix）以及中国商人查理（Charles）那里买来的。查理是极少数没有关闭店铺的中国人之一，因为他非常有钱有势，所以不用害怕被强掳到大沽去当苦力。

另外还有一个结果，派往海头的一个巡逻队中，有一个士兵因中暑

---

① 女式衬衫或者紧身短上衣。

于第二天去世，这个士兵名叫尼沃（Neveu）。

最后，还有一个很重要的结果，那些被欧洲巡逻队逮捕的中国土著步兵没有放过这次机会，他们乘机表达了自己的不满，他们没有任何图谋不轨，也没有丝毫需要责罚的过失，却受到如此不公正的对待，对此他们感到非常愤怒。

如此，针对中国土著步兵所部署的欧洲巡逻兵不仅全无用处，而且很糟糕。这样的巡逻不仅丝毫不能取得他们的信任，更不可能赢得他们对我们事业的支持。我猜想，在我们的巡逻兵到达广州湾之前，那里的无赖、强盗和土匪就已恶名在外，在他们心中定格了。

自那天起，我们所有人都对广州湾产生了一种非常坏的印象，而这种印象只会不断加强，就像我们很不幸地刚刚了解到的那样。

1900年9月1日。"森吉号"（Singi）运输船给我们送来了刚刚出院的3921号步兵和被抓的4002号逃兵。这个逃兵曾是一名非常优秀的射击手，让他远离家乡参加行军是不可能的。他原来有很开朗的性格，总是微笑面对一切，看上去很喜欢军队的生活，没想到在连队要从芒街出发点名时，他突然不见了。三个星期后，他被抓回来了，为此他被判处30天监禁。

1900年9月3日。晚上9点半，翻译中士向我报告说，一些土著步兵将携枪离开。军官们收到通知后，要求士兵们持枪械到院子里进行点名。4064号和3999号步兵缺席点名。4064号的步枪、子弹，以及4084号和4073号的步枪都不见了，而3999号步兵的步枪却还在原地。巡逻队被派往四面八方去搜查，其中一支巡逻队的队长布莱中士带回一个当地居民，他被发现时正在田间睡觉。据他说，他曾看见三四个带着步枪的男人经过。他在哨所被关押了一天，但他提供的消息是不准确的，和逃走的步兵也没有关系。别的巡逻队则什么也没有发现。

为了杜绝逃跑事件再度发生，本周执勤的军官睡在兵营的长椅上，并指派一些欧洲籍士官晚上进行频繁的巡逻，另外还增派了一些哨兵站岗。

凌晨1点半的时候，3999号步兵回来了。他是被安排在东北高地的哨兵抓回来的，这个哨兵先让他一直走到壕沟处，等他一到那儿，便用枪指着他，让他爬上来走到跟前来，并威胁说，如果他敢逃跑就开枪打死他。巡逻的士官来了，中尉也来了。3999号步兵被逮捕并送进监狱。他说不知道4064号步兵不见了，他自己只是去哨所对面的一个中国人家里抽大麻去了，现在他抽够了就回来睡觉了。

1900年9月4日。调查出了一些新的消息：4064号步兵人品非常不好，爱嘲笑人，爱与人吵架，总是和其他步兵争吵，总是带着嘲笑的笑容。他年纪很轻，看起来也就刚满20岁，但为人很精明。之前在七塔的时候，他曾因弄丢了压脚被和弯刀被罚处四天监禁。他是从下居防区的谭河县（Dam-Ha）选拔上来的，但是他和其他同村的步兵说他从来没在谭河县住过，只是入伍前在那儿工作了一段时间而已。

3999号步兵拼了命地否认自己是与4064号步兵一同逃走的。我把他带到了当晚他抽鸦片的中国人家里，我让他躺在他当时抽鸦片睡的那张床上，并询问房东和其他当晚在那里抽鸦片的中国人，有没有人看到有步兵来过。回到军营，他被关进了囚室，上尉罚他8天监禁。永远无法证明3999号步兵是不是与4064号步兵一起逃走的，也无法证明中国人房子里的那些人是不是联合起来欺骗了我们，以掩盖他们在点名后紧闭大门收留那些步兵这一事实。

从那天起，我们又增派哨兵去看守城墙。哨所由一个中士和一个下士组成，并且这两个军官中的一个必须一直待在墙外。墙内、墙外都必须不停地巡逻。此外还有由四名欧洲籍士官组成的小组，每个晚上都得派出两个士官进行巡逻，一个从晚上8点半归营点名开始，一直到午夜12点半，另一个从12点半巡逻到黎明。余下执勤的士兵则守在营房里，他们的任务就是数步枪的数量，并确保这些步枪的数量不会少。四人组和哨所的士官要保证常规的巡逻，并告知执勤哨兵关于禁止他们出营和必须按时起床等规定……这将是每天晚上常态化的警戒措施。

那天晚上，我是四人小组中第一轮当班的。值班期间，我带上了装有六发子弹的左轮手枪，一直不停地来回巡逻。大约9点的时候，许多土著步兵都到第一小分队营房的佛像祭坛前集合。我听到一个微微颤抖的奇怪的声音，我就叫一个中国中士过来，问他是怎么回事。于是他走向祭坛，一边屈膝行礼，一边提问题。一个颤抖的声音回答了他的问题，同我在外面听到的声音一模一样。在得到了所有问题的答案后，这个中士再一次屈膝行礼，然后走过来告诉我到底是怎么回事。这个发出奇怪声音的人是一个睡着了的下士，就像法国沉睡的梦游者一样，他也有同样的能力，讲述着同样的故事。

以下就是这名中士提出的问题，以及那个被菩萨附体显灵的下士的回答。

问题一：4064 号步兵去哪儿了？

答：4064 号步兵和一些有钱的中国人去了黄坡，那些中国人向他买了三把步枪和枪弹，都是他偷来的。

问题二：4064 号步兵在哪儿认识的那些中国人？

答：三天前，4064 号步兵和两个有钱人打扮、打着雨伞的中国人一起散步。他们一起绕着兵营壕沟的外围走，并观察里面的情况。然后他们向广场走去，那些中国人给了 4064 号一些钱（五六十生丁），他们闲聊了一会儿就分开了。

问题三：那些有钱的中国人是什么时候回来的？

答：他们没有再回来，他们在偷盗的那天晚上派了两个苦力来，帮助 4064 号步兵搬运他偷的所有步枪和子弹。

问题四：4064 号步兵是怎么去黄坡的呢？

答：那两个苦力把他们的船停在蓝塔（Pagode Bleue）附近，然后他们就一块儿乘船离开了。

问题五：4064 号步兵在黄坡做什么？

答：4064 号步兵到达黄坡后，将会和一个由 400 人组成的携带武器的海盗团伙会合。等这些海盗拿到了他们日夜等待的枪弹支援，他们就会在 4064 号步兵的带领下，攻打白雅特要塞和海头。当晚，还将有 2 000 名来自麻章的强盗攻打赤坎，完事之后他们将会和之前的那些人会合。那时所有的法国人将会被驱逐出去，而中国人将会得到步枪和大炮。

这个土著中士自认为掌握了机密，我也几乎这样认为。不过当他走过来告诉我菩萨刚刚对他说的话时，我对他说，这都是开玩笑而已！

我很遗憾没能看到那个下士是如何被人催眠的，我到得太晚了，当时已经有人开始问他问题了。他被放置在祭坛前，嘴巴里插着一根很长的扁平的铁条，铁条的一端直直地插入他左边的脸颊里面，他咬紧牙关，紧闭双眼，右手拿着铁条的另一端，使它穿越嘴巴正中间的位置。① 他一直在颤抖，看起来似乎在很努力地回忆那些问题的答案，最终他回答了所有的问题。他保持这种状态有一个半到两个小时，当人们把他叫醒时，他已筋疲力尽，整个人昏昏沉沉的，几乎不能站立，行走起来更加颤颤巍巍，举步维艰。

1900年9月5日。早上7点左右，范兰（Père Ferrand）神父在给军营旁大约100米处的一条公路定位画线时，发现了藏在沟壑边荆棘丛中的三把勒贝尔步枪和枪弹。② 他把这些武器都上缴给了军队中军衔最高的中校指挥官。这正是4064号步兵所偷走的步枪和弹药，一个也不少。

这让我们猜想4064号步兵没有实现的计划。或许是因为某种不可知的原因，他错失了机会。

我借此机会告诉这位土著中士，这次借菩萨显灵是彻头彻尾的谎话，不应该相信这些无稽之谈，但我不能说服他们。

当晚，我让四个亲信埋伏在发现步枪地点的周围，并命令他们抓住所有夜间在此游荡的人。我自己也在不远处守候，时刻准备着加入进来。然而这几乎是没用的：整晚都没有一个人来过。

此后的一些晚上，这个地方依然处于监视之下，但都是白费功夫。

在建有防御工事的霞山村方向，每天晚上都有一盏灯发出信号光，可以照到军营附近中国人的房子上，而找到步枪的地点也在那附近。同时这座房子里也有一盏灯发出信号光。

---

① 这应是在湛江本地流传已久的民俗活动——穿令箭，或穿腮，为年例中游神活动的一部分，寓意神灵附体或神灵庇佑。——中文编者注

② 勒贝尔步枪（Fusil Lebel）或勒贝尔M1886步枪（Fusil Modèle 1886），是法国于1886年推出的手动枪机式步枪，由尼古拉斯·勒贝尔上校研制。——中文编者注

在注意到这种情况之后，我们发现这类灯光确有阴谋。我很快就接到命令，带领一支巡逻队到村里去，一旦发现信号灯，立刻进去没收灯具和所有相关物品。此前，军营旁边的那间作为联络站的房子也被上上下下搜了个遍。

自下达命令那天起，那些信号灯就都不见了。我们一直观察信号灯出现的方向，却一无所获。我猜想应该是有人将这个命令泄露给相关的人了，发生这样的事情绝不可能是个简单的巧合。

至于4064号步兵偷步枪一事，那是一个不幸患有严重营养不良的4040号步兵报警时揭发的。由于病情无法治愈，这个步兵原本应该在几个月后就退伍的。但就在他回到枪支存放库的时候，他看到有人拿走了几支枪。他几乎没法行走，也几乎说不出什么话。他艰难地拖着身体回到房间，用脚示意在场的下士，嘴里夹杂着含糊不清的话语，一边比画着凌乱的手势，终于让下士明白了他看到有人拿走了枪。下士不愿意相信他，他认为这个不幸的病人在说梦话或者产生了错觉。但是为保险起见，他终究还是去看了一下，验证自己班的枪支是不是都在。没想到，真的少了三支。他立即拉响警报，但是已经太迟了。4064号步兵已经找到安全的藏身之所，或者跑到很远的地方去了。

在第二天的报告中，上尉表扬了报警的4040号步兵，以及在失窃那天晚上值班时抓住了3999号步兵（他凌晨一点半才被带回军营）的4086号步兵。上尉向他们保证，他会记住他们的功绩，并举荐他们为一等土著步兵（4086号步兵在两个月后被任命，4040号步兵则按计划退伍回家）。

1900年9月22日。4088号步兵在连队操练"向左看齐"时摔倒，他抱怨说他的肚子疼得厉害。在被送到海头诊所后，医生检查出他得了腹膜炎。第二天这个步兵就死了。他被葬在海头的公墓里，整个连队都参加了他的葬礼，其他连队和支队都派了代表来参加。

1900年9月23日。4018号步兵因患有恶病质综合征[①]，被打发回

[①] 即机能严重衰弱，主要症状是因长期营养不良导致的体重下降，肌肉萎缩。

东京退伍。在动身回七塔的前夜，4018号步兵把他的弟弟带了过来，他弟弟要求以志愿军的身份入伍，我们同意了（其编号为3970）。此前他们的母亲一直跟随着他们，到七塔，再到广州湾，现在又陪同生病退伍的儿子回到了东京地区，回到了他们的小村庄。

1900年10月4日。有几个小偷企图偷走营房工地上的材料，看守的哨兵朝着他们开了一枪。当时已是晚上7点，天已经很黑了，哨兵没有击中目标。我带着一支巡逻队去看看发生了什么事，我在两个营房间转了一圈，结果什么人也没看到，也没听到人的声音。我呼叫那个哨兵——没有回应。巡逻队的土著步兵开始议论是不是强盗绑架了哨兵。最终我在一栋楼房的尽头找到了他。当时天已经很黑了，直至走到他身边我才认出他来，他也没看到我。实际上当晚这个哨兵是替人顶包。第二天，最高指挥官在报告中说，这个哨兵是代人值班。

1900年10月10日。4040号步兵回河内退伍。

白雅特城阿尔及尔路

1900年10月16日。晚上9点，十几个坏人闯入位于阿尔及尔路的中国商人张承松（Chuong cheng Sung，音译）的家里翻箱倒柜，在从柜台偷走700皮阿斯特和一些商品后离开。而刚刚过去五分钟后，隔壁的房子里又传出了枪声，哨兵们于是大叫"取枪"。我又带着一支巡逻队来到阿尔及尔路，想了解到底发生了什么，但窃贼已经逃之夭夭。随后,几支巡逻队被派出去四处搜查,但一无所获。

1900年10月19日。4074号步兵受命晚上站岗,且必须在晚上8点到位。但他在营房和同伴一起换上军服后并没有去哨所,而是带着自己的步枪、子弹和下士的8盒子弹消失了。

哨所的中士没有看到他,就立即去找他,发现他并不在军营里。于是欧洲籍中士便派了四个巡逻队四处找他。深夜两点时他们无功而返。又是一个叛逃的步兵。他是第一个带着武器和弹药逃走的。因为之前的4064号没有成功,他偷的步枪后来都找到了。

第二天早晨,4053号步兵说,他昨天晚上7点的时候见过4074号步兵,当时他正在吃稠稠酒(choum-choum)和鸭子,那是一个中国人请他在军营对面的小店里吃的。当时他和两个中国人一起吃饭。4074号步兵甚至邀请4053号步兵也一同吃喝,并告诉他,那是中国人付的钱。

我们赶到中国人的房子里,找到了和4074号步兵一起喝酒的人,并将这个中国人带到监狱关押起来。我们又问第二个和4074号步兵喝酒的人在哪儿,土著兵告诉我们,就是这个店子的老板。他昨天已经将店铺出让出去,拿了钱走人了。我们告诉那个接手店子的人,他将会坐牢,直到原先那个老板出现。一个欧洲中士还派了一个哨兵守在这座房子里,又派了一个苦力四处寻找老板。老板当晚就和找他的苦力一起回来了。

上尉着手调查。但围绕所有这些指控,中国人都在为自己进行辩驳,这反倒让我们怀疑,他们并非如他们所声称的那样无辜。这个调查过程漫长且令人痛苦。有两个中国人也许要比其他人罪行更严重,但是所有人应该都或多或少地参与了4074号步兵叛逃一案,并且他们已经表现出要雇用他的企图(这一企图已经有效果了)。

在护卫队的看管下,这两个中国人和一群安南犯人一起被遣送到赤坎。15天后,我们收到一封电报,说他们适用免于起诉的条例,尽管如此,可能最好的做法还是把他们监管起来。

4074号步兵是个非常聪明的人,非常有警觉性,也是一个好的射击手,我们原本想要任命他为下级士官。他很年轻,很容易被白雅特城内那些迅速发迹的雇佣者盯上。

1900年10月20日。为了避免新的枪弹偷盗事件发生，原来委托士兵保管的子弹被统统收回来，每个人只有一盒子弹。许多优秀的步兵对这个措施非常不满。下级士官也觉得他们有权获得这点信任，他们认为，就算有士兵带着步枪和弹药叛逃了，也绝不会是他们，而且他们能够保证这样的事情不会再发生。

1900年10月23日。应中校高级指挥官的要求，为了保证岗哨的安全，租借地的行政长官向我们连队提供了10把1874型号的短枪和10盒弹药。

从那天起，土著步兵已经拿到手的所有1886型号的枪弹都被收回，储存在仓库里。站岗的哨兵每人可以得到一把1874型号的短枪和两发弹药，其他短枪和弹药仍然放在哨所。守卫巡逻不携带武器。

1900年10月24日。3970号步兵在炮兵部队的工地上逮捕了一个中国人，这个中国人正在搬运他早上藏在两条土豆垄沟间的一卷铁丝。这个小偷在犯罪现场被抓获，被判重刑入狱。

几天前，中校高级指挥官宣布，凡逮捕或者枪杀窃贼的哨兵将可获得5皮阿斯特的奖励。于是几天后，3970号士兵就获得了5皮阿斯特的奖金。至于那个窃贼，却在第二天因工作失误被释放了。有人错把他当成了另一名在同一天入狱的罪犯释放了。他很可能已经跑了，追也没用。

1900年10月25日。到目前为止，已有两间营房被第十五连的海军陆战队改造成了武器库，晚上连步枪都放在里面，尽管放枪的枪架还没有做好。每天晚上军训结束后，步枪稍作清理都必须立即上交。也就是说，这些枪不再放在土著士兵的手里了。此措施一出，四人轮班小组随后也被士官取消了，增设的岗哨也撤回了。

1900年10月27日。最高指挥官在报告中指出，中国军营的军训进行得非常差，前一天晚上喊口令的声音不够响亮，执勤的中士和下士都被中校处以8天监禁的惩罚。

1900年10月29日。总司令发来电报，宣布将有半个海军炮兵连前往广州湾，另外，中国土著兵的一个连队也将乘坐从广州湾发出的运输船重返东京。该连队 9 点钟结束军训，他们一回来，上尉就通知整个连队，准备乘坐当晚或第二天到达的船返回东京。中校把我叫到办公室，问我是愿意前往东京，还是更愿意待在第一中国连，就如同鲁里耶（Roulié）军士一样，在到达广州湾后带领一支小分队履行军官的职责。我回答说，我更愿意和我的连队在一起；① 而鲁里耶军士说，比起重返东京，他更愿意待在广州湾。晚上 6 点，"阿涅斯号"（L'Agnès）抵达。

1900 年 10 月 30 日。早上 9 点，中校命令我留在广州湾。连队的行李物资已经开始运往码头，准备装载上船。11 点，船上的人员和牲畜已经结束卸载，只剩下作战物资了。9 点半，我走向第一中国连的指挥官德奥沃（Dehove）上尉并介绍自己，第一中国连早在三天前就已经全部在海头集合完毕了。下午 2 点，第二中国连的官兵穿着整齐的军服，在出发前接受中校的检阅。第二中国连仅比规定的时间早一点集合，原定 2 点开始的阅兵式，直到 3 点钟中校来到时才开始。阅兵式后，士兵就自由了，他们把枪架在军营的空地上。下午 4 点，开始装运行李。晚上 10 点，整个连登船。

此时诺维尔（Nouvel）中士已晋升为中士长，并随"阿涅斯号"一起到达连队，他将会到帕西的第十二连任职。中士长拉斯马狄斯（Lasmartis）将回到法国，因为他在殖民地已经待了三年半的时间了。第一中国连的军需官马尔蒂（Marty）被任命为第二中国连的中士长。

以下文字摘自最高指挥官 1900 年 10 月 30 日的报告：

由于第二中国连要返回东京，布里耶（Boulier）军士和莫拉军士在连队中的职位将重新安排。② 这两位士官的职务变动是最高指挥官基于部队的利益，应第二连指挥官的要求下达的，此职务变动仅限于广州湾租借地。因此莫拉军士将担任第一连的小分队军官，③ 而布里耶军士将

---

① 莫拉军士原属于第二中国连。他此时跟中校讲更愿意和自己的连队在一起，意思是想随同第二连回东京，不想继续留在广州湾。——中文编者注
② 根据语境判断，这里的布里耶（Boulier）军士可能与上文的鲁里耶（Roulié）军士为同一人。原稿或可能出现了誊写或印刷错误。——中文编者注
③ 小分队军官（officier de peloton），相当于排长。——中文编者注

会和第二连一起回到东京地区。

1900年10月31日。早上4点45分，我去"阿涅斯号"上给第二中国连送行，祝他们一路顺风。我只在船上待了几分钟时间；5点钟，船出发了。

1900年11月1日。第一中国连的一支小分队南下，前往白雅特要塞。我本该去海头指挥驻守在那儿的小分队，但是中校决定让我留下，继续履行军士的职责，并让第一中国连的吉迪西（Giudici）军士继续留任海头。

1900年11月3日。香港的邮船返回，马尔蒂中士登船和第二中国连会合。

1900年11月4日。早上6点，"顺化号"出发。我和我的同事吉迪西一起去尼维角散步。9点，我们乘小船出发，10点到达。我们和包瑞（Boirie）军士以及海军第十分队第七连队的米雄（Michon）中士长一起吃了中饭。午饭后，我们一同参观了在建的市政建筑：驻扎官官邸、公共设施、邮局。这三类建筑的地基都要比地面高出一米左右。在官邸里，马厩、车库和厨房已经完工，现在都被用来摆放建筑材料。尼维角的商业和行政中心将建立在曾经的一大片坟墓之上。眼下，人们挖出了许多棺材，棺材的木板已经腐烂了，或者将要腐烂。死者的骸骨从石砖砌成的拱门里的棺材中被拿出来，然后放到土坛子里面。人们为此举行了一个隆重的仪式，祈祷、放爆竹、烧香，然后坛子被搬走，送到事先选好的地方。这个地方就在一个圆形山丘或者说高地的山坡上。我看到一个中国军官的棺材，里面还残存着一些衣物的碎布，有人告诉我，这是军旗的残片。每个棺材里都会放一些死者生前常用的东西：砍刀、切刀、烟斗、小十字镐等。

晚上5点，我们回到白雅特要塞。回程只用了10分钟时间；因为顺风，小船开起来飞快。

尼维角跟一个岛屿相似，它的尖角由北面的麻斜河和西面及南面的鹭洲水道①合围而成。

1900年11月8日。"阿涅斯号"将第二中国连送达海防,并将半个海军炮兵连运达广州湾。"阿涅斯号"船长告诉我,第二中国连已经在海防换乘马尔蒂公司的船,前往富琅城（Phu-Lang-Thuong）。② 这位船长还说,他没有接到任何返回的指令。但我认为,第一中国连应该随返航的"阿涅斯号"一起回到东京。

下午,"阿涅斯号"卸下所有的人员物资,晚上继续前往博蒙港,第二天早上10点将有一辆拖车到那里取信件。

1900年11月9日。一个警察局在白雅特要塞设立,第八连的朗格瑞纳（Langrenne）中士被任命为警察局局长,并接受租借地行政长官的调遣。

1900年11月10日。高尔德肖恩（Goldschwen）中校在兵营的院子里检阅了身穿战服的中国连队。

东京富琅城主干道

1900年11月16日。早上8点,为纪念黄略战役,我们在做弥撒的

---

① 鹭洲水道,又名鸟冠河,今南三水道,位于南三岛和坡头、麻斜之间,得名于南三岛,后者古称鹭洲岛、鸟冠岛等。——中文编者注

② 富琅城（Phu-Lang-Thuong）,今越南北部北江省省会北江市,位于商江岸边,与河内和原七塔要塞相距数十公里。——中文编者注

小教堂里举行了一场宗教仪式，由范兰神父主持。几乎所有来自驻地及邻近哨所的军官都参加了仪式。教堂里挤得满满的，我们不能坐，也不能跪拜，只能站着。黄略战役发生在两名海军中尉库恩（Koun）和顾伦（Gourlaouen）被中国人杀死之后。①

1900年11月25日。自11月25日起，广州湾租借地的各哨所、各兵营实行冬季管理。

1900年11月27日。我的同事吉迪西军士的手下，一个土著步兵，从吉迪西军士的行李箱中偷走了26皮阿斯特，拿去和一个土著中士玩牌，最后都输了。

1900年12月1日。我们安葬了3886号中国土著步兵，此人在海头的医务室去世（死于痢疾）。整个连队都参加了这场葬礼，其他的连队和分队都派了代表参加。3324号土著中士是死者的兄弟，他在墓前用汉语致了悼词。连队还募集了25皮阿斯特，用来修建这个步兵和另一位于两个月前死去的步兵的坟墓，剩下的钱用来买一些供佛的祭品，做一些祷告。

1900年12月4日。高尔德肖恩中校视察了连队的驻扎情况。那个偷了我的同事26皮阿斯特的土著步兵恢复了二等兵的军衔。因为此前他向那位一起玩牌的土著中士借了26皮阿斯特，偿还了我的同事吉迪西。而土著中士则受到待在房间禁闭8天的处罚，这个代价不算太大。

1900年12月25日。我在布道小教堂参加午夜弥撒。随军神父主持

---

① 据1899年12月3日插图版的《小日报》记载："我们知道，中日战争之后，欧洲大国认为中国应报答他们的干预。俄罗斯非常需要一个全年不冻港，它通过租赁得到了亚瑟港（即旅顺——中文编者注）。英国以获得补偿和同等待遇的名义拥有了威海卫港。德国租下了胶州湾。我们则可以在广州湾设立自己的机构。但是当其他国家的立场都非常明确坚定时，我们却表现出一种不确定，这更容易让中国作出背信弃义的行为。我们的机构不断地遭到质疑和威胁，由于我们的容忍，中国人的胆子也越来越大。最近传来一个悲伤的消息，'笛卡尔号'巡洋舰的两名军官在门头哨所驻守时，在没有卫兵陪同的情况下，很不谨慎地穿过麻斜河，该河河口正是广州湾的船坞。两位军官先生——约瑟夫·库恩和让-纪尧姆·顾伦被中国人抓住斩首了。库恩先生是一个只有22岁的年轻军官，他的死尤其让人惋惜。他是布列塔尼的一个普通小学老师的儿子，是在战胜了许多难以置信的困难之后才晋升到现在这个海军中尉的职位。作为9个孩子中的长子，在踏上甲板成为一名海军之后，他就把他140法郎中的90法郎寄回家去，资助他弟弟继续学习海军军医。我们期望政府能替这位年轻的英雄保护他的家人，另外，政府也要为他死去的战友报仇。"

了弥撒。这个传教士留着一绺很长的胡子，还梳着和中国人一样的长辫。他宣讲我主耶稣基督出生时的世界状况，说得很好，但是有点快，有时候还非常激动，如果单看动作的话，会以为他肯定在发脾气呢。

一位名叫萨宾（Sapin）的军号手唱了歌曲《午夜基督徒》，唱得很好！他还唱了另外两三首圣歌，唱得也非常好。其他经常唱歌的士兵也唱了弥撒歌和一些圣歌。人群中有一位操着浓重的法国南方口音，那是范兰神父。有时候就他一个人在唱，因为其他人没有办法和他配合，即便如此，他还是不知疲倦地唱着，什么也不能让他停下来。如果不是在教堂，我们肯定会哈哈大笑，不过在这样的场合，我们应该保持起码的礼节。范兰神父凭年龄和自身的英雄行为唤起了我们的尊敬。[①] 他来东京已经23年了，但一直待在中国，也从没有回过法国。直到两年前，中国把广州湾租让给法国，他才因此和法国有了一点联系。他唱得不好，非常不好，但是看到在他的小教堂里有这么多的法国人，他非常开心和满足。实际上，这个小教堂里至少有12到15个军官，还有差不多数量的士官，以及40多个士兵和三四十个中国人。

一位海军陆战队士兵和大约15个中国男人、3个中国女人一起领了圣体。本地大部分天主教徒都是来自广州和香港等地的有钱商人，在这些地方，天主教传教士已经让很多人改变了信仰。广州湾原来也没有天主教徒。只要坚持就能成功，范兰神父对此充满了期待。

弥撒之后，我们去聚餐，大家吃了一只鹅。

1900年12月28日。"河内号"运输船给广州湾送来了175个海军

---

① 莱昂·苏伯曼在其《战地回忆录》（普隆出版社1910年版）中，追忆了1899年11月5日范兰神父的英雄形象："（在我们炮击了中国的市镇赤坎后，"海盗们"开始进行屠杀式的反击。）在5号这天，有一个人非常令人尊敬。我指的是范兰神父。他是生活在中国的法国传教士。在广州湾期间，这位如同战士一样的传教士曾多次遭受攻击。但这不是当地居民干的，因为他是唯一受当地中国人尊敬的欧洲人，而是那些流动作案的盗匪干的。他们多次把他抢得一点儿不剩，还烧了他的房子。这位传教士给我们提供了很多服务，比如翻译。在火场中他也表现得非常英勇。在救火过程中，他总是跑到最容易暴露自己的地方去；在枪炮的扫射下，他冒着被敌人抓住的危险，给士兵的水壶装水；他平时都带着一个包扎用的布包，为伤员包扎，像父亲一样地鼓励他们，关心他们。另外，他保留着中国人的剃发方式，留了一条一直拖到脚跟的长辫。"（引自该书第139页）

陆战队的援兵，这些人将被分派到5个连队。他们几乎都是来自战场的志愿兵，年轻，都是好公民。如果这些人不被连里那些不知悔改的酗酒者拉拢腐蚀，他们的服役表现应该是令人满意的。

这艘船还运来了30名安南驾驶员，其中很多人曾是第一批被派到中国的小分队队员。他们先被派到西贡，然后到海防，最后被分配到广州湾第十五炮兵连。他们还带来了28头普瓦图骡子作为支援。① 这些骡子非常瘦弱，想必航海过程中一定受了不少罪。

Mulet du Poitou.

曾在广州湾效力的法国普瓦图骡子

1901年1月1日。在新年的第一个夜晚，负责看守在建营房的3705号步兵对可疑的徘徊者开了一枪，但这个人不顾士兵的警告继续向前靠近。当他准备再次开枪的时候，腿肚子中了一枪。他大喊"快拿起武器"。几分钟后，一支海军陆战队的巡逻队到达，但已经找不到这个盗匪的踪影了，只看到受伤的步兵躺在地上。根据伤口情况和在腿套与伤口处残留的枪弹粉的痕迹，医生怀疑这伤口可能是攻击性武器

---

① 普瓦图（Poitou），位于法国西部普瓦图-夏朗德大区。——中文编者注

1886 型步枪造成的。但所有的武器都被严格监管着，没有人动过。

随后这名 3705 号步兵郝文勇（Hi-Veng-Yong），被最高指挥官中校擢升为一等步兵。

在 1901 年 1 月 1 日这一天，我们过得和前几年的 1 月 1 日差不多。这一天，所有人都相互拥抱致意！

1901 年 1 月 2 日。2 日夜里 11 点半，负责守卫在建医院的 3462 号中国步兵被三个当地人攻击。他们中，一个拿着长矛或是步枪顶部的刺刀，其他两个拿着竹竿。这个土著步兵开了两枪，同时大喊"快拿起武器"，于是旁边营房的哨兵赶来帮他，和他一起抓获了其中一个准备逃跑的人。负责中校哨所的由三名海军陆战队队员组成的巡逻队到达，将犯人带到了白雅特城，并提交法庭。此人是一个不幸的麻风病和疥疮患者，他可能是被人收买来实施攻击的。第二天，他被处罚 20 军棒，我们让他说话，他什么都不愿说（这个人被误抓了，同样也被误打了）。

1901 年 1 月 4 日。"顺化号"运输船到达，送来了十几个人，还有海军陆战队的低军衔士兵，以及第十五炮兵连的 30 个备用炮手。

1901 年 1 月 5 日。我们的驻军进行了首次军事演习，地点是海头墟和菉塘村（Loc-Thuong）的旷野。我们 11 点钟出发，下午 3 点半回来，一点也不费力。在这次演习中，我骑着分配给连队第二中尉的马，这个中尉的位置暂时由我充数。

1901 年 1 月 7 日。1 月 2 日到 3 日夜间被捕的那个中国人在问询之后被释放。实际上，这个中国人就住在附近在建临时医院的村子，他有三个孩子，有自己的土地，他就是在自己的地里被抓的。为了看守地里种的土豆，他平时睡在外面临时搭建的窝棚里。当听到有枪声，他就走出窝棚，在看到土著步兵走过来时，他很害怕，试图逃跑。但那三个企图攻击哨兵的家伙没有被找到。

1901 年 1 月 8 日。凌晨 4 点左右，"凯圣号"（Kersaint）军舰在白雅特要塞的正面停靠，部队在沙滩上列队待命，高尔德肖恩中校登上

"凯圣号"。4点半,殖民地总督杜美先生、总司令多德(Dodds)先生[1]、海军炮兵部队鲍耶(Boyer)将军、阿玛尔(Amar)上校、众多的参谋,以及哨所总指挥布鲁(Brou)先生陆续走下军舰。白雅特要塞的军队手拿兵器,列队等候,军号手奏响了军乐《在战场上》(Aux Champs)。由于错误地理解了上级发来电报的意图,海头的军队错过了检阅。真是件蠢事!

所有重要人物都下船了,他们先到中校的居所,然后到中国土著步兵的营地,又去了在建的营房。当他们到中校居所的时候,天已经黑了,他们喝了开胃酒。傍晚6点半,他们重新回到"凯圣号",在上面过夜。

1901年1月9日。天刚亮,他们一行去了尼维角,然后去了赤坎、海头,最后回到白雅特要塞,在中校家吃午饭。

印度支那总督杜美　　　　　　印度支那驻军总司令多德将军

---

[1] 在1870年的一次英勇行为后,多德(Alfred Amédée Dodds)先生发起了一系列殖民地扩张运动(1871—1878年在西非塞内加尔,1879年在交趾支那,1879—1883年在西非卡萨芒斯,1883年在越南东京,1892年在西非达荷美),成就了其辉煌的军事生涯。他于1892年晋升准将,1895年获得了印度支那驻军的最高军事指挥权。

中午 12 点半，所有这些人都上了"凯圣号"，下午 1 点钟，他们离开了广州湾。一切就此结束。

这 21 个小时的停留足以让杜美先生和多德将军视察完整个广州湾。他们的确没有浪费时间。

总督给部队带来了一些葡萄酒。但多德将军什么也没留下，一句话也没有留。

1901 年 1 月 14 日。指挥第一中国连的德尔罗耶（Delroye）上尉收到了一封私人电报，其中提到，分配给连队的梅尔希尔（Mercier）中尉会搭乘"顺化号"到达。这个消息令我非常焦虑！那我成啥了？自 12 月 14 日起，我就已经代理这个职位了，现在又将把我置于何地呢？而且，在我原来的连（第二中国连），已经有一个军士接替我了，也和我没有任何关系了。

1901 年 1 月 15 日。14 日夜里，中国人阿福（A. Phoc）被抢劫了，他是一个天主教徒。晚上 11 点左右，这个商人的儿子想喝点酒，就走到厨房去。他的厨房在后院，院子三面都围着两米高的围墙，第四面墙和他们的住所相通。当他打开门时，五六个藏在院子里的中国人向他扑去，并塞住他的嘴巴。这些强盗用一把左轮手枪、短刀和一种铁耙作为武器。他们用枪指着他的家人，紧紧扣住他们的脖子，威胁商人的妻子和家里的佣人，所有人都吓坏了。其间他们翻箱倒柜，把所有有价值的东西都拿走了，没有人敢喊叫报警。

这名中国商人阿福，在阿尔及尔大街有一栋砖砌的大房子，以瓦片做屋顶，非常坚固。他不仅把这套房子按日租给别人经营赌场，还把他的小生意做到了土著兵的军营旁边。

阿福估算自己被偷了价值 200 皮阿斯特的东西，包括放在他枕头下面的 60 皮阿斯特现金。在这个偷盗团伙里，还有一个"三点会"黑帮小集团①，他们专门打击天主教徒。

警察很快介入调查！！但不幸的是，警察总是介入调查，却从来查

---

① 三点会（Triades，或译三合会），一个非常古老的秘密组织，有反对清王朝统治的传统。该组织具有互助会的功能，参加过 1911 年推翻清王朝的革命运动。

不出个所以然。

广州湾中国土著卫队（蓝带兵）

1901年1月16日。当地村庄发生了鼠疫，租借地行政长官颁布法令，要求采取预防和监测等措施来阻止这场灾难。

租借地每年都会发生鼠疫灾难。1899年，鼠疫造成了大范围的破坏，一些欧洲人也染上了这种疾病，军队中还有人因此死掉了。

1901年1月17日。天气非常好，我们还以为是在5月份呢！太阳多好啊！

1901年1月18日。天气很冷，天空很阴沉，没有太阳，很遗憾！风大得吓人，我们觉得我们的营房都要被吹走了。日子一天接着一天，每天都不一样！

1901年1月19日。仍然是和昨天一样的坏天气。兽医来检查赤坎的牛，发现有一头牛已经死于牛瘟，另外还有两头牛也生病了。如果这种可怕的疾病继续在租借地蔓延的话，将会毁掉这个地方的农业，连供给欧洲人的牛肉也不会再有了。

1901年1月20日。将近早上10点时，一个中国兵在第一中国连中士译员辛禾（Sinh）的带领下来到了中校的住处。通过译员的翻译，他报告说，1月19日晚上8点，负责指挥太平兵营的队长拉科斯特（Lacoste）先生被他手下的士兵和一伙强盗杀死了。他们抢劫了哨所，杀了所有抵抗他们的人，然后带着抢到的战利品、武器和军需品，去了志满，他们在那里私藏了一些枪支。就在他们在志满偷运武器的时候，给我们报信的那个士兵，也许是出于害怕和无助，也许因为曾是他们的同谋，已经设法同另一个士兵一起逃跑了。那个士兵现在在海头。

在了解了所有相关的消息后，中校在 10 点钟打发走了这名士兵，并让他 11 点钟再回来，然后交给他一封信，在护卫队的护送下到达赤坎，即当地行政长官驻地。另外，中校也给赤坎行政长官发了一封电报。

将近下午 2 点钟时，中校还没有收到这名士兵的任何消息，就忍不住开始担心了。后来他得知，这名士兵和他的同伴被关进了警察局，据说是赤坎行政长官下的命令。实际上，警察局的中士专门来军营逮捕了这两个士兵，那时候他们刚刚和译员中士一起吃完饭。这真是连续干了两件蠢事：这两名士兵本来不该在军事驻地被警察专员逮捕的，另外，这两名士兵曾拒绝参与他们同伴的造反，也不该被送进监狱，更何况他们是专门来告发这件事的。

下午 4 点，一个由 15 名中国土著兵组成的护卫队，在欧洲中士的命令下前往赤坎，将那两名被逮捕的士兵领回来。护卫队在第二天早上 10 点左右回到了白雅特要塞。

从归来的护卫队那里，我们得知，部队督察员索瓦勒（Sauval）先生和所有可调动的兵力都去了太平，等他到了太平①，发现拉科斯特先生已经死了，译员也死了，拉科斯特先生的安南妻子中了两枪，但是仍然活着，可以救过来。

一辆来自博蒙港的拖船把拉科斯特先生的尸体运到了白雅特要塞，晚上 8 点到达，棺材摆放在生活用品仓库。

1901 年 1 月 21 日。拉科斯特先生的棺材被送到了传教士的小教堂。早上 8 点半，举行宗教仪式和葬礼。殖民地的所有欧洲人，几乎所有的军官和军队士兵都参加了这次葬礼。在海头②，当棺材被抬进墓穴的时

---

① 原书中"太平"的法语词误写为 Cai-Ping，应为 Tai-Ping。——中文编者注
② 原书中"海头"的法语词误写为 Hoi-Céou，应为 Hoi-Téou。——中文编者注

候，租借地总公使阿尔比（Alby）先生①，对拉科斯特先生在第四佐阿夫团（4è Zouave）服役的情况做了简要的回顾。② 1891年，拉科斯特先生作为志愿兵入伍，然后到了共和国卫队，最后于1900年7月加入广州湾警备部队。拉科斯特先生殁年仅29岁。

接下来，督察员索瓦勒先生发言，报告了他的死亡情况。晚上8点，拉科斯特和他的安南妻子刚开始吃晚饭。卫兵中士没有来叫他，他就走到院子里，看看怎么回事。就在这时，这名中士走近他，向他的头部开了一枪。同时，门口的卫兵也向他背部开了一枪。拉科斯特倒下了，他死了。这名中士和几个卫兵仍然用刺刀刺了他几下，又捅向了他的妻子和译员。译员被杀死了，身体被砍成几块。他的妻子中了第一枪，但只是擦破了右脸颊，紧接着又一枪，射向了她身体的左侧，子弹穿过胸口，停留在她心脏下面两毫米处。他们以为她死了。随后公寓被抢劫一空，柜子也被撬开了。这些卫兵拿走了他们觉得有用的所有东西，逃到了志满。他们取走了原本放在那里的一些枪支，然后逃往中国。

那些卫兵离开后，太平附近的土著村民来到哨所，继续这场由当地卫兵开始的掠夺行为。然而，应该承认，他们也给拉科斯特的安南妻子提供了药品（但她拒绝吃这些药，怕被毒死），并尽力用好话来缓解和安抚她的痛苦。

令人尊敬的雷州（中国）堂区的本堂神父齐默尔曼（Zimmermann）在得知事情发生后立即赶到太平。他没有护卫，只有一个中国医生陪同。他在早上8点钟到达，但拉科斯特先生和译员都死了，只有妻子活了下来。他让医生赶紧对她进行救治。

铺仔的队长普里莫尔特（Primault）先生也带着一支由其哨所卫兵组成的卫队赶来，最后督察员索瓦勒也带着他手下的卫队抵达。

---

① 阿尔比先生即古斯塔夫·阿尔比（Gustave Alby），于1900年1月30日至1905年7月27日任广州湾租借地总公使。——中文编者注

② 佐阿夫团（Zouave），基于1830年的法国轻步兵团创建，以训练严格和服装华丽著称，原由阿尔及利亚人组成，后来全部由法国人组成。——中文编者注

当时拉科斯特的安南妻子昏迷不醒，看上去似乎已经死亡。那些卫兵拿走了她手腕上的银手镯和金戒指。一个卫兵准备把她耳朵上的耳环拿下来，中士检查了一下，说这对耳环不值钱，不是金子做的。幸亏这个不识货的中士只是匆匆看了一下，这个女人才得以保留下自己的耳环。但这对耳环千真万确是金子做的，而且很漂亮。也多亏了中士不识货，她才得以保住两边的耳朵。否则匆忙之中，那个卫兵是不会费力取下这对耳环的，他宁愿切下耳朵的一部分，因为他还想拿其他东西。

葬礼之后，部队的医生对这个女人进行了诊治。根据诊断，她的伤势并不严重，几天内就可以恢复下床。总公使给她开了免费通行证，让她可以返回河内的家，并承诺给她100皮阿斯特的抚恤金，以补偿她的一点损失，但这可怕的回忆将永远深深地留在她的记忆中。万幸的是，她成功地逃过劫难，死神与她擦肩而过。

事件发生前，太平的驻军由1个兵营队长、2个土著中士、2个下士和21个卫兵组成。其中1个中士和6个卫兵来自芒街，其他人都是在当地招募的。据说，这次参与抢劫的土著中士就是以前有名的强盗头子梁潭奇（Luong-Tam-Ky，音译）的儿子。

所有的卫兵都悲伤不已，发誓要精诚团结，互相帮助，永不背弃，一直到死。又发誓，如果不遵守承诺，将受到菩萨的惩罚。

宣誓仪式按习惯的方式举行：先预备一桌丰盛的酒宴，将所有的菜肴都摆在佛像的祭坛前；取了黑公鸡的血，盛在一个碗里，然后放进一个装着菜和稠稠酒的盘子里。大家聚集在佛像前，请菩萨给出好的建议，给大家指点迷津。然后确定规则，每个人都可以表达观点，发表意见。又从这些意见中，拟出了一个集中了大部分意见的计划。会议的主持人敬拜过菩萨后，端起鸡血放到唇边喝一点，然后放回到盘子上。所有支持方案的人都一个接一个，轮流端起那碗鸡血喝一口，喝完后又用同样的方式喝了稠稠酒。最后大家开始一边大吃大喝，一边说着永不违背誓言、大家都是亲兄弟之类的话……对于太平发生的事件，所有卫兵都发誓要报仇，并完成这个可怕的计划。

1901年1月24日。下午2点左右，"河静号"（Ha-Tinh）到达白雅特要塞。由于18日从海防出发的"顺化号"在离开北海后不久就在一个浅滩上搁浅了，所以运输公司便派"河静号"接走滞留在"顺化号"上的乘客，代替它继续航行。随船到达广州湾的梅尔希尔中尉将负责管理中国连。（我等得好不耐烦，如果同一封信里也有关于我职务变动的消息该多好。）凡乘坐"河静号"到达的乘客，都强烈地抱怨这次旅程花费了太长的时间。实际上，"顺化号"发生故障后在浅滩上滞留了3天时间。

早在12月31日那天，我收到过三封寄到了海防的信。其中有一封信的日期是1900年11月17日，那是我父亲寄的。据说他在同一个信封里放了两张纸。但结果是：里面有8页纸，而且只有一页写了东西，就是第一页。（我回去的时候一定要和他说。）

1901年1月25日。广州湾的驻军在海头和赤坎之间进行了第二次演习。他们就地吃了饭。我没有参加这次演习。

下午3点，"河静号"离开广州湾，去了香港。这几天一直在附近往来的"彗星号"（la Comète）也在3点钟去了海防。

1901年1月30日。将近下午5点的时候，来自香港的邮船"河内号"抵达广州湾。

1901年1月31日。"顺化号"已被"彗星号"拖出搁浅区，并于下午3点以前抵达白雅特要塞。

下午4点，回国的部队全都登上了"河内号"。

将近晚上7点钟的时候，有三个士兵趁着哨兵脱岗的时机上了岸，在海头港和白雅特要塞寻衅滋事，后来被巡逻队抓住，带回到船上。这三个都不是品行端正的士兵，一个曾被军事委员会拘留，一个曾被纪律委员会拘留，第三个则被处以狱刑。

1901年2月1日。早上6点，我就登上了船，想了解一下昨晚到底发生了什么事情，这些人是怎么能够在外面过夜的。这件事以惩处相关滋事分子而告终。分别判处分队中士长15天禁闭，士兵道格拉德和莱纳10天牢狱，以及士兵吉尔15天牢狱。

广州湾：法国士兵在巡逻

1901 年 2 月 2 日。天气很冷，一到晚上，气温骤降。早上 9 点，"顺化号"离开广州湾，驶向香港。

1901 年 2 月 3 日。今天是星期天，天气非常冷，东北风很大，预示着台风要来了。

1901 年 2 月 4 日。晚上的时候，天冷得更厉害了。我把所有能放到床上来的衣被都用上了，但即使这样，我还是没办法暖和起来。可恶的北风把茅草屋的顶都要吹翻了，我感觉在明早之前这个屋顶就会被吹走。谢天谢地，它暂时还能坚持。所有的帆船都不能去尼维角，船上的海军陆战队队员都快没有维持生计的东西了。

现在是早上 10 点，我在台灯下写作。风冷得刺骨，这里没有玻璃窗，我不得不把门和百叶窗都关上。

1901 年 2 月 5 日。凌晨 4 点左右，哨兵大叫："起火了！"军号手于是马上呼叫消防队。各个连也都派出了小分队到达起火地点。原来，着火点是查理租借的一个茅草房。仅仅 10 分钟工夫，屋顶就全被烧光了，火焰被风一直吹到了离火源 150 米之外的地方。这座茅草屋是工兵管辖区细木工匠的临时住房，也是他们的工作室。起火的时候，有 50 多个工人正在里面睡觉，有个六七岁的孩子没能从里面逃出来，被活活烧死。有个女人整只手和身上都是烧伤。那个没救出来的孩子的妈妈在火堆旁边撕心裂肺地哭喊着。

幸运的是，房子旁边的稻草堆没有处在下风口。否则，这些草堆一旦着火就会一发不可收拾，导致工兵管辖区和步兵军营起火。

幸亏处在下风口的房子都是砖房，其所覆盖的砖瓦具有不可燃性。

天气一直都很冷，但是在白天，风会小一点，太阳也冒出来，散发着一点热量。

晚上，我和中国连的中士长一起，去海头吃晚饭。吃饭的地方有一只野鹅，我们有8个人吃饭，大家轮流给这只鹅喂食。

2月5日这天，海军第十分队第五连的士兵吉鲁德（Giroud）死在了东海岛哨所。指挥哨所的中尉认为，他是中了仙人掌毒刺后毒发身亡的。吉鲁德的尸体被放在一条帆船上，傍晚6点左右被送到白雅特要塞，然后立即送到海头。海军第十分队的一等副官军医普雷鲍伊斯特（Preboist）医生解剖了他的尸体，死因是伤寒发热。

1901年2月6日。早上9点，我们在海头墓地下葬士兵吉鲁德。

夜里的天气依然很冷，但是白天天气很好，太阳散发出些许热量，只是风依然很凉。

我去了白雅特城的一些商店，开始买一些东西。那里有许多漂亮的东西，我简直不愿离开了。我甚至想，下次回法国时，我可以好好地在这里买些东西。我把需要的东西都记下来，等两三天后，当船到达的时候，我就可以非常仔细地给我买的东西打包了。

记得在2月5日白天，海头分队的一个中国步兵和一个海头商人为了一张价格昂贵的席子争吵起来，随后竟然动起了手。当地商会（cong koc）的雇员们赶了过来，① 想看看究竟发生了什么事，发现有一人受了点轻伤。20多个中国步兵聚集过来，将其中一位雇员带到了白雅特要塞，当地商会的招牌也被砸了（据说是这些雇员们自己制造的假象）。

最终，那个挑起斗殴的士兵被判处入狱12天，此事才告结束。此外，这个士兵还被罚款3皮阿斯特，用以赔偿被砸坏的商会招牌。参与这件事的海头士兵都被送到了白雅特要塞，那里大部分都是第一中国连

---

① 商会，只负责管理城市里的本地人。

的士兵。

1901年2月7日。为了通缉一个由120人组成的武装强盗团伙,我们在偏僻的村庄,在他们经过的所有地方以及招募当地人入伙造反的宣传牌上张贴布告。

从晚上9点半开始,我们增派了巡逻队,外围的哨兵也增加了一倍。一切正常。

1901年2月8日。晚上7点40分,约60人组成的强盗团伙手持步枪、左轮手枪、斧头等武器,分成两队来到赌场门口。其中大部分强盗从阿尔及尔路南边突然冒出来,用斧头和短刀打死了一名在街道外面巡逻的中国警察,并夺走了他的步枪。

另外一伙凭借阿尔及尔路西边的小树林的掩护,埋伏在赌场的对面,即中国商人匡文武(Quan-Man-Vo,音译)的家和一栋市政工程建筑之间。这时,只听见几声枪响从对面七八百米外、白雅特要塞的北边传来,四个强盗已经潜入赌场。警察听到警报声,立刻赶了过来。埋伏的强盗开始向警察开枪。此时几个欧洲士兵和中国士兵正在旁边的餐馆吃饭,但身上没有带枪,不得不选择撤退。其中一个叫维尔德(Viard)的士兵被短粗的木棍击中了肩膀。他跑进了警察局哨所,抄起一把步枪,对着那伙盗匪连打了七八枪。警察局局长朗格瑞纳中士也拿起他的左轮手枪进行射击。军号手杜福尔(Dufour)下士正打算和局长一起喝热葡萄酒,见此情景,也端起步枪向那伙人开了几枪。同时,市政工程的监工埃梅(Aymes)先生也用他的猎枪打了两枪,还有韦尔蒙特(Vilmont)先生,他用范彻斯特短枪朝强盗射击。这伙强盗在逃跑时,还挨了埃梅先生从阳台上射出的两枪。

在最后几个强盗逃跑的时候,第十五连中士长费罗迪(Feraudy)命令步兵部队的一个排到达阿尔及尔路。士兵们一直追到蓝塔那边,但无功而返;随后又派出了另外一支中国步兵排,也没有什么令人高兴的结果。那伙强盗早跑得没影儿了。在巡逻队回到白雅特要塞的时候,忽然听见要塞北面工地上的哨兵大喊"失火了",随即我们看到北方上空有耀眼的火光。这很可能是那些强盗点亮了火把作为集合的信号,好在有火光的方向没有什么建筑。我们按兵不动。

后来士兵们都回到了营房，但值班巡逻的士兵依然手持武器，严阵以待。

我和连队另外几个士官一起，来到阿尔及尔路。一个强盗直挺挺地躺在警察局的地面上，他已经死了。这个家伙看起来穿得很好，衣物也没什么破损，身上系着一条"三点会"的红腰带。他是正面遭到射击，一颗子弹穿过他的胸膛，倒下的地方还放着一把伐木工人用的锋利的斧子。

就在数米之外，在军营的床上，同样躺着一名警察，似乎没有了任何意识。他的头部被斧头和短刀砍了好几处，失了很多血。在被送到医务室后，有人帮他包扎了伤口。他没有死，他头上的伤口都不是致命的，很快就能痊愈。他肩膀上挎着的那把短枪被匪徒抢走了。

夜间，卫兵的数量翻了一倍，还增派了巡逻队。

中校下达了第二天的命令。30个中国步兵和一些海军陆战队队员不参加驻地的军演。原来只有晚上才有的哨岗，现在白天也维持，另外还定时派出巡逻队。不参加演习的备用年轻安南炮兵部队将被派到白雅特要塞。

1901年2月9日。昨晚没有发生新的情况。在阿尔及尔路南面的沟渠里，我们发现了第二个强盗的尸体。这两个被杀死的强盗被绑在了警局对面大街的两根柱子上。其中一个强盗抬起了他的右手，手里拿着一根点着的火把，另一个则穿着欧式衬衫和皮革外套（如果发现上面有姓名的缩写或者其他记号，那肯定是很有趣的，但我们探究一番，什么也没发现）。这两个强盗都系着"三点会"的红色腰带。下午3点钟，我们把两个强盗的头割下来，把尸体埋了，然后用一艘小船把两颗头颅抛到了大海的深处。

早上8点，驻地士兵出发去演习，下午4点钟返回。我待在白雅特要塞负责监督勤务。

晚上，哨所和守卫仍是增加了一倍，值班的小分队随时准备在第一时间冲出来。一个由4名海军陆战队队员和4名中国步兵组成的岗哨安插在阿尔及尔路南面的一个洗熨衣服的人家，由维尔丁（Veltin）中士指挥。这个岗哨负责观察街道和小树林入口的情况。这所房子四面都是围墙，可以挡住强盗的子弹。另外，射击手可以藏在墙后，密集、精准地射击闯入的强盗，而且不会被发现。晚间没有发生意外事件。晚上8点半左右，维尔丁中士报告，一个中国人从靠近防波堤的海滩出发，在前往小树林的路上反复多次重复简短的口哨声，在200米到250米的距离里，估计吹了10到15次口哨。这难道不该引起警觉吗？然而，一切情况都显示，这个信号无论如何不是攻击的信号，更可能是为了告诉同伙，那里设了一个哨所。

1901年2月10日。今天是星期天，每个地区的警察所和在建的军营哨所仅仅在白天工作。

广州湾中国土著兵与法国海军陆战队队员合影

下午3点，运送法国邮件的"河内号"从海防开来，到达白雅特要塞的锚地。随船到达广州湾的还有海军炮兵部队的劳姆（Lhomme）上尉、装备管理员兼督察员谢阁兰（Ségalen）、第十五炮兵部队的西蒙（Simon）中尉，我立刻上船迎接。另外，随船到达的还有一个军号手下士、五个海军陆战队士兵、一个欧洲水手长、一个欧洲炮手、一个土著水手长、三个炮兵部队助手、一个宪兵团的中士（报务员）和一个报务员士兵。休森（Husson）中士从第二中国连调到第一中国连，也就是和加里（Carré）中士对调。随船一起来的还有卫队督察员、民政办事员（奥尔先生）、行政官员法尔热阿（Fargeas）先生，以及专门在白雅特要塞和尼维角之间铺设海底电缆的工人，另外还有专门给第十五炮兵部队配备的六匹马。（前面忘记提了，还有鲍戴夫人。）

我上船后不久，大海就突然变得波涛汹涌起来，运送的小帆船不敢再靠近，载我来的小船和其他小船一样又回到岸边。暂停一段时间后，约4点半，一些小船又开始运输信件。5点，我和乘客们一起下了船，只有炮手和马明天才能下船。

接近晚上7点，即吃晚饭的时候，我们听到阿尔及尔路传出一声枪响。第十五连的值班小分队立刻被派去阿尔及尔路，一边巡逻一边查明情况，一直查到蓝塔那边。原来是一个海军陆战队下士在查看警察专员中士的左轮手枪时，不小心扣动了扳机。

晚上8点的时候，中校下令在他的住处增派一倍的守卫，在阿尔及尔路南边，以及之前设置夜间哨所的那所房子里，也增派一倍的人。

晚上11点半，中校在中国军营和白雅特要塞居住区的哨所巡视了一遍。这是一月之内中校的第二次夜巡。

2月11日。整个晚上什么事也没有发生。没有警报。那些强盗让我们睡了一个好觉。那些强盗原来并没有人们想象的那么不怕死！整整一天，"河内号"都在卸载运来的货物。

行政长官阿尔比先生来到白雅特要塞，在早上9点之前和中校进行了短暂的会晤，随后又和一些民政雇员一起，去警察局了解事情的经过。其间他故作轻松地反复说："哪里有什么强盗，如此大动干戈，有些奇怪吧……"这位租借地行政长官先生回到赤坎吃中饭，陪同他的有法尔热阿先生、奥尔先生和卫队督察员。

夜间的岗哨设置同前一天夜里一样。

白雅特要塞兵营

1901年2月12日。中午12点半左右，我们听到枪声，哨兵大喊："快拿起武器！"巡逻队随即向枪声发出的方向追去。守卫在建医院的中国哨兵说，有一伙强盗手拿木棍和炸弹冲向他，他朝他们开了一枪。巡逻队搜查了村子和周围，没有发现不正常的地方。然而，这个步兵坚持说有一伙强盗向他逼来，这是很可能发生的事情。在开枪的步兵前方站岗的步兵也说，他看到一伙人试图溜到砖头堆那边，在距离他50米左右的地方，被他发觉了，他赶紧把枪上膛，举到脸旁准备射击。但那伙强盗飞快地逃走了，步兵开了一枪没有打中。他又推上子弹，再次举枪射击时，已经没人影了。

中校在今天的报告中传达了行政长官对军号手杜福尔下士和一等兵维尔德的表彰，因为他们在2月9日至10日夜间为粉碎那场盗窃阴谋作出了贡献。

同时，中校作为最高指挥官也表彰了警察局局长朗格瑞纳中士。

关于哨兵遭遇攻击一事，中校向巡逻队下令，巡逻队队长应率领士兵继续追捕罪犯，抓到后立即正法；如果村子里有人心怀恶意、居心叵测，村长或者本村干部须立即将其带到军队指挥官那里，当场对簿公堂。

阿尔及尔路南边的熨衣店也设立了一个岗哨，由一个低级士官和六个士兵组成。该哨所分别在小树林西南角和街道南边的水井旁安排了一个守卫。

饲料仓库的岗哨又增派了一个中国步兵，执行守卫任务的三个中国步兵就睡在防御工事里。

原来由海军陆战队看守的花园岗哨被撤销了。由数人组成的小分队被派去看守花园的小木屋。这些人虽无升官之心，但是为了自卫，也做好了随时对付歹徒的准备。门口和百叶窗处也安装了一些小型的杀人暗器，以备不测。

晚上10点，在村子右手20米处，守卫在建医院的中国步兵对着一伙人开了一枪。他喊他们停下，但那四个家伙不仅没有停下，反而继续向他走来。此时，海军陆战队的巡逻队在百米以外站岗，立即跑过来追捕强盗。他们搜查了整个村子，包括篱笆、树丛、材料堆等，但是什么都没有发现。哨所的巡逻队不久后也赶到了，同样搜索了一番，也是什么都没有得到。这些亡命之徒都跑到哪儿去了？真是一个谜！太匪夷所思了！

"河内号"一直在卸载运来的东西，如干草、木制和铁制的屋架等，直到晚上还在搬运。

1901年2月13日。整个13日的白天和夜间，"河内号"一直在卸载货物。

13日晚上安排的岗哨同前一天夜里是一样的。阿尔及尔路南面的岗哨由中国连队的一个下士和六个步兵负责。

1901年2月14日。昨天夜里没有发生什么情况，这是8天来第一个完全安静的夜晚。

整个夜间，"河内号"仍在进行卸载工作。早上7点，它再次起航。但底舱还有不少建筑物的横梁没来得及搬运，它只能带着这些东西到香港去了，因为必须开始下面的旅程了。

中校在得知霞山村（Ha-San）的隔壁村有一个当地人死于枪伤后，当即命令警察局局长调查清楚，并及时汇报结果。也许在12日夜间，哨兵开枪打中的正是此人。

最高指挥官中校给全军发了一封通函，内容是第十团的分队指挥官营长兼海头驻军的少校先生，将代替最高指挥官履行海上远征职责，直到邮船返航回来，并须每日做航情报告等。

1901年2月15日。关于霞山村隔壁的调墊村（Ti-tsiou）里的中国人是否因法国武器受伤死亡一事，中校亲自问讯该村村长。这位村长一开始就试图用一些不会累及任何人的话来搪塞。他看上去就是一个谨言慎行的人。他这么做是因为害怕，还是为了显而易见的个人利益呢？或者是为了掩护那个被哨兵射杀的歹徒呢？这些问题是一个谜！我们一无所知！唯一可以肯定的是，这个村长在回答上校问题时不真诚，且含糊其辞。以我个人观点看，我觉得这家伙和被哨兵射杀的那家人是一丘之貉，甚至有可能，他就是攻击哨兵的那四个人中的一个。村长试图证明，他的村民不是死于哨兵的枪伤，而只是死于阿尔及尔路发生袭击的那个晚上。没有绝对的证据证明这个人的清白。如果他是在阿尔及尔路袭击中受伤的话，那他就是攻击赌场和警局的团伙中的一员。甚至可以认为，他不是他们村子里参加那次袭击的唯一的人。如果就这件事进行进一步的推理，我们会发现，罪犯根本没有走出租借地的范围。

无论如何，这几个月来，图谋抢劫的行为愈演愈烈。盗匪之所以越来越胆大妄为，首先是利益的诱惑，其次是确信不会受到惩罚。

还有3天，我在广州湾就已经待了6个月了。在这短短的几个月里，我已经看到了很多次的图谋抢劫案件，不幸的是，其中很多次都成功了。其间主要的抢劫事件，可按时间顺序排列如下：

攻击香港斯科尔福特公司的蒸汽船"硇洲号"（Nau-Chau），该船用于香港和广州湾之间的贸易往来。这次抢劫，仅涉及货币总值就已达3万皮阿斯特，还不包括被偷的物品，比如餐具、乘客的手表和其他财产……

图谋抢劫教堂附近安南裁缝的家，只是这次抢劫没有成功。

抢劫阿尔及尔路中国富豪孙春城（Chun Choeng Sung，音译）的家。仅用5分钟的时间，强盗便从柜台抢走了700皮阿斯特，还有价值150皮阿斯特的商品。

企图抢劫安南人的洗衣店。在接到哨兵的第一声报警后，土著下士就指挥一支中国步兵巡逻队赶到现场，歹徒未能得逞。

企图入室抢劫一户日本人家。瞭望台的哨兵发现情况后，立即朝劫匪开了一枪，劫匪仓皇逃跑。开枪5分钟后，一支巡逻队赶到现场，但已经没有人了。

企图抢劫法国商人鲍戴的家。

企图抢劫位于阿尔及尔路的香港斯科尔福特公司总代表匡文武的家。后门有一个直径10到12厘米的门闩被斧头劈成了两半，房主从门板之间开了两枪，打中了匪徒，看来这些可怜虫得带着伤离开了。

中国人夏庞（Ha-Poum）白天刚到中国营对面摆摊，做点小生意，当晚就被抢了。他房子里所有能被带走的和能用的东西，都被强盗拿走了，包括他放在长枕头下面的60皮阿斯特。

广州湾土著部队（蓝带兵）兵营遗址

最胆大妄为的一次，就是2月8日晚上7点钟左右攻击赌场和警察局那次了。两个强盗在士兵反击中被杀，尸体被置于街头示众，第二天下午被斩首。

三天后，军营附近的肉店老板当场抓住了夜间企图潜到他家的强盗，他们在他家院子的墙上开了一个仅能让一人通过的洞口。

另外还有多次袭击在建工地哨兵的事件。可见，彻底的平静离我们还远着呢，和平在广州湾不过是一纸空谈罢了。那些夜间攻击哨兵的事件自发生以来，没有一天不被人们拿出来谈论。

1901 年 2 月 17 日。晚上 7 点半左右，三四个土著人冲向了看守着在建医院的中国步兵，这个步兵就朝着打算逃跑的那伙人开了两枪。几分钟后，其他哨所的巡逻队到达，搜查了所有的建筑材料和附近的村庄，都没有结果。巡逻队也什么都没找到。

　　8 点 45 分的时候，同一地方又传出一声枪响。巡逻队又被派去了解情况，原来，站岗的步兵不知道自己的步枪子弹已经上膛，一不小心按在扳机上，意外对空开了一枪。原来在此前 7 点半的时候，一支巡逻队被派去增援开枪的哨兵，一个步兵无意中拿了同伴的步枪，上了膛，当返回哨所的时候，忘了把里面的子弹退出来。

　　1901 年 2 月 18 日。春节开始了，商店都关门了，市场里面什么也没有，也没有交易，所有生意都停止了。当地人穿上了节日的盛装，家家户户都尽自己所能，在佛像祭坛前摆上丰盛的祭品。任何来访者走进房子里，都须按中国的礼仪行跪拜礼、问好，致以新年的祝福，并将自己的名刺放在祭坛旁的小桌子上。① 跪拜礼毕，有人给他奉上一杯茶或一杯稠稠酒。造访者喝酒，抽烟，交谈几分钟，然后离开，再拜访其他的人。在一连拜访了好几家，且每家都喝上一小杯之后，访客开始变得满脸通红。另外，别人也上门到他家来拜访，他也要喝点酒，祝客人身体健康。除了这些习俗外，家家户户的祭坛前都点上了许多的香。另外，春节期间，受人尊敬的当地人每天都要"醉"上好几次，因为按习俗，许多德高望重的人在整个节日期间都应该醉醺醺的。

　　1901 年 2 月 19 日。春节还没有过完，"河内号"运载船一早就抵达广州湾，并从香港带来了许多给中国商人的商品，这真是令人头疼的事。因为这意味着要将所有这些东西卸下来，而我们却还想着过节。好在下午 2 点钟左右，商人们找到了一些没有钱过节的可怜的船夫和同样可怜的苦力，他们愿意工作赚钱。晚上，工人们开始卸货，博蒙港的拖车也来帮着搬运政府部门的货物。

---

　　① 名刺（carte de visite），又称名帖，相当于古人使用的名片，用于拜访时通名报姓。古代名刺，一般由自己亲笔手书，以示敬重。——中文编者注

第六章　离开广州湾和在东京最后的日子
(1901 年 2 月 20 日—3 月 16 日)

莫拉对于广州湾当地人如何欢度春节的叙述，与返回东京海上旅程的叙述形成了强烈的对比，尽管前者的叙述与现实不无距离感。事实上，与这趟艰难的海上旅程相伴随的，是一种不断增长的不满情绪：陷入淤泥动弹不得的拖车上的拥挤的士兵，各种军用物资的中转劳顿，生病的士兵挤在空间有限的船舱中的痛苦：晕船、呕吐，以及疲惫虚脱的考验等。有一个更加细微的场景，如同象征一般，将周遭隐藏的惶恐不安展露无遗：中途有一次停留，两个中国人划着一条独木舟前来送信，就在一个人登上"河内号"递送信件时，另一个人连同独木舟一起，被海水冲走了，两个中国人从此无可挽回地阴阳相隔。然而，如此艰难地重返东京并没有解决任何问题：因为在广州湾冲突事件发生之后，莫拉军士初来乍到就奉命参加的七塔大规模军事演习，已经变得特别微不足道。在这部日记中，弗朗索瓦·莫拉还提到了中士长普兰的失踪和自杀，结尾处那具被找到的已经严重变形的尸体，为这部日记手稿画上了一个极为惨烈的句号。

1901 年 2 月 20 日。下午 3 点左右，"河内号"运来的物资搬运结束。4 点，货物开始装船，乘客开始登船，前往东京。殖民地第十团第十五连登上了一艘大渡轮。很快，渡轮上就挤满了士兵。由于海水退潮，整个渡轮都深陷在淤泥中，动弹不得。渡轮的后面停泊着一艘拖船，连拖船的绳索也拉断了，士兵们不得不跨进齐膝深的淤泥中，然后8到10个人一组，乘小船驶向"河内号"。物资的搬运同样非常艰难，因为整整一个海军陆战连的物资都需要搬运上船！一直到晚上都在装运物资，安置士兵。

但"河内号"的设施非常糟糕，根本无法运输士兵。士兵们没有睡觉的地方，只能待在货舱里。伤员原本应该有张床，他们有这个权利，却无法享有。一共有10个伤员，却只有两张小床。我们不得不把3个重伤员安排在有两张小床的小房间里。另外4个问题也很严重的伤员，则被安置到一间士官们住的小房间里，虽然士官们已经在上面睡下了，但还是得换到甲板上去睡。至于其他伤员，只能找个地方凑合一下。

"河内号"上没有二等舱，军官和普通乘客几乎将一等舱的所有位置都占满了。只剩下一个空房间，里面有四张床，被安排进了两名军士、一名中士长和一名受伤的中士。这个房间最终也被占得满满的。

吃饭和睡觉一样很麻烦。全船只在一等舱有一个饭厅，所有人都在这个餐厅里吃饭，士官和伤员不得不在军官之前或之后轮流进去吃饭。

1901年2月21日。在船出发前的半个小时，最高指挥官高尔德肖恩中校的传令兵给我带来了他的一封信，他因为我在广州湾服役期间的出色表现向我表示感谢，还赠送给我两块珍珠色和象牙色镶嵌的非常精美的版画，作为白雅特要塞的纪念品。我非常高兴地收下了上校奖励给我的这份礼物。

早上6点半，"河内号"扬帆起航。我们逐渐远离了白雅特要塞。天下起了大雨，很是凄冷。我们很快驶过了博蒙港，白雅特城和海头也随之消失在视线中。随后，东海岛和硇洲岛出现在我们的右边；再后来，面积广阔的海南岛出现在我们的左前方。在路过海南海峡的时候，① 大海开始变得波涛汹涌，晕船反应也开始了。大约早上 9 点，我趴在船舷上呕吐不止，而在 10 点的时候，我却像个勇士一样上桌吃饭，顽强地喝着汤，这是我唯一能做的。但还没等第一道菜上桌，我就快步跑向船舷边，把刚喝下的汤全都吐出来了。我坚持着散了一会儿步，但时不时地还会呕吐，我最后决定，还是躺回到床铺上去。船一直在剧烈地摇晃，我也一直趴在床铺旁的舷窗上呕吐。一直到将近下午 4 点钟，天气才逐渐好转，船开始平稳地行进，我也不再晕船了。但我还是很虚弱。晚饭的时候，我吃得很少，但至少没有把刚吃的食物再吐出来。夜里很平静。

1901 年 2 月 22 日。早上 7 点，我们到达海口。我们停留了差不多一个小时，用来收发信件，然后又出发了。此时海口正值春节期间，所有的小船都停泊在海边，没有人在船上。城市远在内陆，离这里有好几公里，② 我们连一点儿也看不到。

下午 4 点半，我们到达北海。在这里，我们仍然有一些信件要送下船，另外还有一些发往东京的信件要取，然后我们就可以离开了。有几名军官乘着哨所的小船下了海，一个小时以后又乘着同一艘船回来。正当我们准备出发的时候，一艘独木舟靠近了我们，有两个人向我们发出了送信的信号，于是"河内号"船长下令暂停起锚。独木舟划到舷门处停了下来，两个船夫中的一个登上船来，将我们领事馆的一封来信交给了指挥官。就在这期间，一股强大的急流涌来，那位留在独木舟上的船夫无法控制，连人带船瞬间被急流冲走了。当送信的中国人回到舷门处的时候，突然发现独木舟不见了，只能徒劳地大声叫喊。由于天快黑了，船长不能继续等下去，万般无奈之下，那位给领事馆送信的中国人只好随船去了海防。

关于北海，我这里没有什么需要补充说明的了，况且，我去年 8 月份路过此地的时候也已经说过了。

1901 年 2 月 23 日。天气依旧非常好，在我们离开海南海峡的时候，

---

① 海南海峡（Détroit d'Hai-Nan），即琼州海峡。——中文编者注
② 海口的老城区位于得胜沙路、博爱路及其周围一带，距离港口较远。——中文编者注

晕船现象已经彻底消失。

中午,"河内号"到达海防,半小时后,所有乘客都下船乘坐海军运输处的平底驳船前往码头。

我坐上一辆人力黄包车,前往离散军人兵站营房(就是以前的辅警营房),两个苦力扛着我的躺椅和军用旅行箱。我来后不久,殖民地步兵连也到达这里,和我住在同一个兵营,他们将前往广安(Quang-Yen)。

1901年2月24日。早上6点,殖民地步兵连登上"西朗堡号"(Fat-Si-Lang)①,前往广安。

我一整天都在散步,因为只有这件事可做。晚上,我和五六个同事在卡耶夫人的环球饭店喝开胃酒,吃晚饭,一直到夜里11点左右。晚上剧院还有场击剑比赛,但我没去。我后来得知,冠军是盖里耶(Guerrier)先生,第二名是布勒(Bulleux)上尉,剩下的所有人都得到了荣誉奖。

1901年2月24日。②我继续在海防散步,同时去了运输处。由于一场误会,我的一个箱子被十五连带去了广安,而一个没有标签的箱子却留给了我。我写信给运输处的拉劳格(Lalorgue)军士,他们回复说会以最快的速度帮我找回箱子。但我还是害怕被耽误,于是又发了一封电报给拉劳格军士,请求他紧急派一艘小船送回我的箱子。结果,简单地说,晚上4点,当我去寄存其他行李的时候,果然在运输处的仓库里找到了我的箱子。事情的经过是这样的:我的箱子被"西朗堡号"误运到广安,他们在下船时才发现这个失误,于是便安排"西朗堡号"在回程时将这个箱子捎回来。现在我又拥有它了,太好了。

---

① 上文中,该运输船名为"Fort-Si-Lang",与此处有一定差异,疑此处存在誊写或印刷错误。——中文编者注

② 此处与上文中,"1901年2月24日"这个日期共出现两次,原文如此。——中文编者注

法国殖民时期的海防军港

1901年2月25日。晚上8点，我登上了"独角兽号"（Licorne）运输船，是沃蒂耶（Wauthier）和米雄军士，以及芒索（Manceau）中士长用一艘小艇把我送上了船。在船上，我看见波纳范图尔上尉和比利中尉在练习击剑，上尉问了我一些关于广州湾的情况，还说很可能把我安排到第八连去，因为他已经和第八连的指挥官寇克里（Koeckly）上尉提过我了。

晚上11点，我们在东朝暂停，一些殖民地步兵下船搬运信件，大约用了一刻钟时间。

凌晨一点半，"独角兽号"到达七塔。皮庸（Pion）军士来到码头，将我带到了一个房间，我就在那里暂住了一晚。

1901年2月26日。我在七塔的军号声中醒来。早上7点半左右，上校从他的秘书维尔曼（Villemin）军士处得知我已到达的消息，便立即传令我。我在上校的办公室见到了他。他问我在广州湾做什么，为什么没有在梅尔希尔中尉到达第一中国连时马上回到七塔。最后他让我和其他军士一样，去参加那场规模宏大的军事演习，然后再看看如何安置我。上校又问我是否愿意回到第十四中国连我原来的岗位上去，我的回答是：愿意。

汇报完后，我把行李搬到了分配给我的房间里，这个房间就在办公室旁边，住宿条件非常好。我从来没有住过这么好的地方，甚至在法国也没有。

下午，我开始埋头阅读演习操作知识，并将训练内容做了笔记，另外还做了一些我这个职位必须要做的事情。1897年，当我参加过法国北方那次大规模军事演习后，我就已经是一名军士了，那时的我就已下决心再也不参加这样的演习。然而这一次，我又被派去参加东京地区的大规模军事演习，我无法反对，只能接受。

下午，整个部队列队训练，为军事演习做准备，指挥官维吉特（Virgitti）同意我可以不参加这次训练。这并非坏事，因为我确实还没安顿好，箱子都还是散乱的。可惜我只有半天假，真见鬼！

1901年2月27日。早上6点到11点半，部队进行军事拉练，这次我参加了。我和部队一起，从七塔出发，走了8公里，然后进行了两次部署训练，回程时又走了8公里。在走到距离七塔1公里的地方，天突然下起了大暴雨，待我们到达兵营时，个个都成了落汤鸡。

1901年2月28日。晚上，部队列队训练，在射击场进行演习。

1901年3月1日。与2月27日的训练一样，只是雨小了些。

1901年3月2日。凌晨3点，上校在主营地的训练场举行了演习部队的阅兵式。

1901年3月3日。星期天凌晨3点，早上7点时从东朝出发的殖民军第十团第三连到达我们这里。

1901年3月4日。早晨6点，我们出发去答求（Dap-Cau）①。11点15分，野营先遣队先到达那里，大部队则在下午1点45分到达。殖民军第三步兵连比大部队提前了一个半小时出发，却晚到了一会儿，因为他们错过了一条捷径，多走了好几公里的路。

1901年3月5日。早上6点，我们出发去德胜（Duc-Thang）②，野营先遣队12点半到达，大部队下午2点到达。

1901年3月6日。吃饭。

1901年3月7日。旅与旅之间第一次举行军事演习。第一旅在德胜

---

① 答求，位于越南北宁省北宁市北郊梂江边，距离七塔20多公里。——中文编者注
② 德胜，位于今河内西北郊区。——中文编者注

东边打击第二旅，但被后者击退，一直退到了第一旅所在的营地黄梅（Huong-Mai）①。

1901年3月8日。第二旅没能延续它第一天所取得的胜利。第一旅盘踞在从太原（Thai-Nguyen）到黄梅的公路上，一边等待支援，一边拼命抵抗第二旅的进攻。最终击退了第二旅，并迫使他们撤退到德胜。

1901年3月9日。第一旅期待的援军没有到达，而第二旅却得到了一个旅的增援。

对于这种突发状况，A方（第一旅）简化为两个步兵部队和一个备用炮兵连（代表一个旅），有秩序地撤退到仙源（Tien Nghien）和杜岚（Tu Lan），意在一步步夺取所在区域的土地。另一方有两个旅（每个旅都有四个步兵部队）、四个山地炮兵连和一个骑兵连，他们越过敌方设置的障碍，涌向北宁和答求［第二营在泰高（Ti-Cau）］。

东京答求兵营

1901年3月10日。上午9点半，多德将军检阅了所有参加演习的部队。这次阅兵式在北宁大本营的操场上举行，其四周被壕沟包围着。阅兵式后，总司令颁发了奖章，然后列队回营。当我们回到泰高的营地，已经中午12点了。下午是休息时间，大家都去看北宁—答求的比

---

① 黄梅，现位于河内市区，为河内的一个郡。——中文编者注

赛了。在北宁—答求的竞赛场上，应该从未有过这么多的人。

1901年3月11日。参加演习的部队解散了。早上5点，整支部队离开答求①，中午到达七塔。下午是上校做报告。晚上休息，半夜3点洗澡，第二天上午休息。殖民军第十团第三连于两点半到达七塔。

1901年3月12日。上午一直休息，晚上花了两个小时处理防区的杂务。殖民军第十团第三连早上6点离开七塔，返回他们在东朝的营地。

8点半。连队的中士长普兰离开了营区，当时他的上尉——勒摩瓦涅（Lemoigne）先生在军需所。大家都不知道普兰去了哪里。

1901年3月14日。据山上伐木的当地人说，他们看到一个欧洲人坐在那儿双手抱头，好像在思考问题。

1901年3月15日。杜索纳（Daussonne）军士、加尼耶（Garnier）军士和一些土著士兵，在几位曾经在前夜看到过一位欧洲人的伐木工人的带领下，前去寻找普兰中士长。下午1点左右，他们回来了，什么也没找到。

我被安排到了第二中国连，德康（Descamps）军士被派到了平辽（Binh-Lieu）。②

1901年3月16日。24名中国新兵从芒街乘坐小型护卫舰抵达连队。

早上10点左右，几个当地人来报告说，在梾江（Song Cau）发现一个溺死的欧洲人，正是中士长普兰。下午3点，他的尸体被送到医务室，尸体已鼓胀如球。他穿戴整齐，脚穿半筒靴，面部成紫黑色，脸颊和前额的皮肤有两三处被划破了。下午5点半举行了葬礼。

---

① 原书此处关于答求的法文写法为Cap-Cau，疑为誊印错误，参照前后文，应为Dap-Cau。——中文编者注
② 平辽，今越南广宁省平辽县，与我国广西防城港接壤。——中文编者注

第七章 回到法国：最后一封信

　　我现在被安置在舒伊拉图尔（Suilly-la-Tour，在涅夫勒省），做一名一级税务办事员。我在这儿已经待了几个星期了，我应该早点把我的新工作告诉大家，但是刚来的那些天，我一直忙于搬家，以及和家人一起布置新家。现在这一切都忙完了，我终于可以开始新工作了。对这份新工作，我很满意。我的新岗位是负责税务办事员的工作，每天只需给两三个当地的葡萄酒商人安排假期。在我来之前，隶属税务所的烟草办公室租给了村里的一个杂货铺老板，因此我就把烟草工作委托给了这个正直的人，而他也用最有利于我和他的方式，井然有序地管理着烟草办公室。如果我自己卖烟草，我就会失去工作，因此在这件事上，我还是得到了不少好处。舒伊拉图尔是涅夫勒省的一个拥有1 500人口的小镇（commune）。这里所有的居民都是很好的工人、耕种者和农民，他们对自己的生活都很满意，靠自己的劳动生活。所有食品价格都很低，比大城市甚至是中等城市的价格要低一半。我家旁边500米处就有一个火车站，这对我来说很重要，也是我非常看重的。便利的交通让我可以随时出发去看望我的家人，同样也去看望你，我亲爱的朋友，如果你想的话。我希望这一天不会太远。

　　在殖民地多次长时间的停留，让我感到身心俱疲。我一直渴望回到（法国）外省，在一个和平、安静、友善的环境里，远离城市的喧嚣，过着恬淡的退伍生活。

亲爱的朋友，我相信我已经找到我想要的了。

这份草稿在另一张双面的信笺上又重新誊抄了一遍，后面还附上了一张"从安特卫普到里斯本的铁路路线"草图①和一份"法属非洲领地和主要城市表"。

我们已经无法查证弗朗索瓦·莫拉去世的日期。

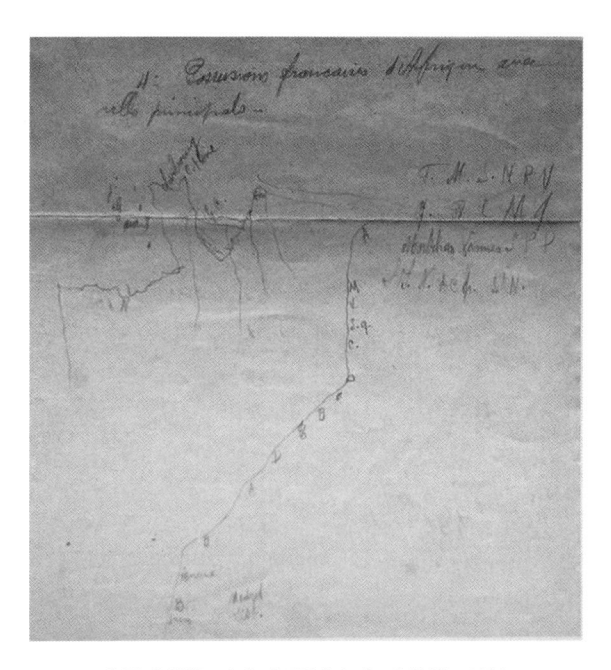

法属非洲领地和主要城市表（莫拉手绘）

---

① 该图已无。——中文编者注

参考文献

Ⅰ. *Ouvrages de militaires français en Indochine, à Quang-Tchéou-Wan et en Chine avant* 1914.

Barascud (M.), Campagne de Chine, 1900—1901, Lafolye, 1903.

Bernard (F. Capitaine), L'Indochine, erreurs et dangers. Un programme. Charpentier, 1901.

Billet (A. Docteur), Deux ans dans le Haut-Tonkin (région de Cao Bang), L. Daniel, Lille, 1896—1898.

Carteron (R. Capitaine au 1er régiment de zouaves), Souvenirs de la Campagne duTonkin, L. Baudouin, 1891.

Castex (R. Enseigne de vaisseau), Les Rivagesindochinois, Paris-Nancy, Berger-Levrault éditeurs, 1904.

Courtois (E. Docteur, médecin major del'armée), Le Tonkin français contemporain, Lavauzelle, 1891.

Frey (Colonel), Pirates et rebelles au Tonkin, Hachette, 1892.

Gallais (H.), Vade-Mecum de l'officier auTonkin, Challamel, 1894.

Gallieni (Général), Trois colonnes au Tonkin, 1894—1895, R. Chapelot, 1899.

Garcin (F.), Au Tonkin pendant la conquête. Lettres d'un sergent

(1884—1885), Chapelot, 1892.

Lecomte (J. F. A., Capitaine), La Vie militaire auTonkin, Paris, Berger-Levrault éditeurs, 1893.

Lera (J.), Tonkinoiseries. Souvenirs d'un Officier, Paris, H. Simonis, Empis Editions, 1896.

Lunet de Lajonquière (Commandant), Ethnographie des territoires militaires, rédigée sur l'ordre du Général Coronnat, Commandant supérieur des troupes du Groupe de l'Indochine, Hanoï, Schneider, 1900.

Lyautey (P. L. M. G., Maréchal), Lettres duTonkin et de Madagascar (1894—1899), Lavauzelle éditions, 1920.

Primodan (G. M. de, Commandant, attachémilitaire à la légation du Japon), Promenades en extrême-orient (1895—1898), Champion, 1900.

Seneque (Capitaine de l'Infanterie coloniale), Luttes et combats sur la frontière de Chine. Cercle de Moncay, 1893—1894—1895, Paris, H. C. Lavauzelle, éditeur militaire, s. d. (1899?)

Silbermann (L., Soldat), Souvenirs de champagne (Algérie, Dahomey, Madagascar, Tonkin, Quang-Tchéou Wan, Chine, Siam, Cochinchine), Plon, 1910.

II. *Le voyage maritime vers Saïgon.*

Favre (G.), La Cochinchine en 1881. De Toulon à Saïgon en 46 jours à bord du Transport L'Aveyron, Pointe-à-Pitre (Guadeloupe), 1881.

Girault (R.), Etude pour servir à l'histoire de la Marine marchande en Indochine. L'établissement de la Compagnie des Messageries Maritimes à Saïgon. Saïgon, 1949, Extrait du Bulletin de la Société des Etudes Indochinoises. Tome XXIV, n°4 (4ème trimestre 1949).

Lagrillière-Beaucler (E.), De Marseille aux frontières de Chine. Voyages pittoresques à travers le monde. Paris, Albin Michel Editeur, s. d. (1900?)

Ⅲ. *Les villes de Saïgon et Haïphong.*
Saïgon:

Lebrusq (A.) et Selva (L.), Le Vietnam à travers l'architecture coloniale. Ed. Patrimoines et media / Ed de l'Amateur, 1999.

Lê thi Ngoc Anh, 《Etude de quelques monuments représentatifs de l'art français à Saïgon dans les années 1877—1908.》, Bulletin de la Société des Etudes Indochinoises, XLVIII, 1973—4 (pp. 577 – 606).

Haïphong:

Raffi (G.), Haïphong, origines et conditions de développement jusqu'en 1921, Aix-en-Provence, thèse de doctorat, 1994.

Ⅳ. *Le Tonkin*: *opérations militaires et vie civile* (1890—1914).

Bernardin (J. B.), Un voyage au Tonkin, Avignon, François Ségur, imprimeur éditeur, 1898.

Bevin (E.), Au Tonkin. Milices et pirateries, Paris-Limoges, Imprimerie et Librairie Militaires, H. C. Lavauzelle, 1891.

Bonifacy (A.), 《Tirailleurs tonkinois et partisans》, Revue Indochinoise, 1910 XI.

Carpeaux (L.), La chasse aux pirates (Tonkin), Paris, Grasset éditeur, 1913.

Dubois (R.), Le Tonkin en, 1900, Société d'éditions d'art. (vers 1900).

Gaismon (A.), L'oeuvre de la France au Tonkin, la conquête, la mise en valeur, préface de J. L. de Lanessan, Paris, F. Alcan, 1906.

Grandmaison (L. de), En territoire militaire: l'expansion française au Tonkin, Paris, Librairie Plon, 1898.

Klein (J. F.), Ulysse Pyla vice-roi du Tonkin, 1837—1909, Lyon, Ed. Lyonnaise d'Art et d'Histoire, 1994.

Marle (R.), La Pacification du Tonkin, 1891—1896, Bulletin de la

Société des Études Indochinoises XLVII, 1972.

Méhier de Mathuisieulx (H.), Dans la brousse: souvenirs du Tonkin, Tours, Mame et fils, 1907.

Morel (J. administrateur des services civils d'Indochine), Les concessions de terres au Tonkin, A Peddone, 1912 (thèse, Faculté de droit, Paris.).

Ⅴ. *L'expansion française en Chine méridionale* (**Quang-Tchéou-Wan et Yunnan**).

Baccard (A.), 《Bayard en Chine》, Amitié. Réalité, outre-mer, Fonds documentaire, 1947.

Benavent (V.), La stratégie juridique de la Troisième République confrontée à la réalité chinoise: le système judiciaire de Quang-Tchéou-Wan (1898—1943), mémoire de master, 2001.

《Deux officiers français assassinés à Quang-Tchéou-Wan.》, Le Petit Journal illustré, 3 décembre 1899.

Gautret (F.), Territoire français de Quang-Tchéou-Wan. Notes et propositions de Fernand Gautret, Gouvernement Général de l'Indo-Chine, 1906.

《La marine à Quang-Tchéou-Wan. 1898—1900.》, Revue historique des armées, n° 197, 1994.

Madrolle (C.), Indochine du Nord: Tonkin, Annam, Laos, Yunnan, Quang-Tchéou-Wan, Hachette, Paris, 1923.

Silbermann (L. Soldat), Souvenirs de champagne (Algérie, Dahomey, Madagascar, Tonkin, Quang-Tchéou-Wan, Chine, Siam, Cochinchine), Plon, 1910.

Vassal (G.), Mon séjour au Tonkin et au Yunnan, Paris, éditions Pierre Roger, 1928.

VI. *Ouvrages généraux sur l'Indochine.*

Ajalbert (J.), L'Indochine en péril, Paris, Stock, 1906.

Brocheux (P.), Hémery (D.), L'Indochine, la colonisation ambiguë, 1858—1954, Paris, La Découverte, 1995.

Devilliers (P.), Français et Annamites, partenaires ou ennemis? 1856—1902, Paris, Denoël, 1998.

Doumer (P.), Situation de l'Indochine (1897—1901), Hanoï, Schneider éditeur, 1902.

Fourniau (C.), Vietnam, domination coloniale, résistance nationale, 1858—1914, Les Indes Savantes, 2002.

Fourniau (C.), Trinh Van Thao, Le contact colonial franco-vietnamien, le premier demisiècle (1858—1911), Aix-en-Provence, Publications de l'Université de Provence, 1999.

Heduy (P.), Histoire de l'Indochine, Paris, Albin-Michel, 1998.

Joleau-Barral, La colonisation française en Annam et au Tonkin, Paris, Plon, 1899.

Meyer (C.), La vie quotidienne des Fran? ais en Indochine, 1860—1910, Paris, Hachette, 1985.

Nguyen Van Ky, La société vietnamienne face à la modernité. Le Tonkin de la fin du XIXe siècle à la seconde guerre mondiale, L'Harmattan, Paris, 1995.

法国在印度支那大事年表（1858—1900）

1858　夺得交趾支那。攻占图兰（岘港）。

1859　攻占西贡。

1862　签订《西贡条约》。法国迫使越南阮朝割让某些省份，形成交趾支那殖民地。

1863　柬埔寨王国成为法国的保护领。

1866—1871　杜达尔特·德·拉格里和弗朗西斯·加尼耶沿湄公河逆流而上，试图找到一条通往中国南方的道路。

1873　弗朗西斯·加尼耶占领了河内的中心，不久死于埋伏。

1881—1885　茹费里（Jules Ferry）发动对中国的战争。

1883　占领东京，视其为控制中国云南和中国南方的跳板。指挥官李维叶（Rivière）战死。

1884　和中国签订第一个《天津条约》，承认东京是法国的保护领。

1885　和中国签订第二个条约，承认安南和东京是法国的保护领。茹费里这个"东京人"在殖民地最高委员会上被选为法国驻东京代表。

1886　保罗·贝尔特（Paul Bert）被任命为安南和东京总驻扎官。但是东京一直不平静，经常发生与"黑旗军"和各种"海盗"的战斗。

1887　法国将占领区命名为"印度支那联邦"。

1896　对印度支那的征服结束。

1897—1902　保罗·杜美被任命为总督，并建立印度支那行政系统，成立征税机构，殖民地政府擅自垄断鸦片、盐和米酒贸易，启动跨印度支那、云南铁路、港口治理等大型基础设施工程。

1897—1898　废除原东京总督和安南帝国内阁的职能。成泰皇帝（于 1907 年被废黜）被剥夺所有权利。

1898　6 月到 9 月，中国光绪皇帝试图变法，受到慈禧太后阻挠，以失败告终。反对天主教和西方势力渗透的秘密会社强大起来，义和团运动发展迅速。

1898　5 月到 7 月，广州湾（广州的海湾）被法国军事占领。

1899　义和团攻击西方人和转信天主教的中国人，以及外国驻北京公使馆（在北京的 55 天）。

1899　11 月 16 日，占领变成为期 99 年的租借，但在割让的领土上，始终不太平。广州湾行政中心被命名为白雅特要塞。①

1900　5 月到 9 月，欧洲军事干涉，占领北京。

1900　广州湾接受法属印度支那总督管辖。

（译者：解华，华东师范大学法语系副教授）

---

①　此处有误。当时广州湾行政中心位于左岸麻斜（东营），而白雅特要塞则是法军对麻斜河右岸海头炮台的命名，为广州湾军事中心。——中文编者注

附录一 莫拉军士眼中法国在广州湾的"剿匪"行动
让-雅克·塔坦-古里耶 著   成雯 译

莫拉军士在其部分日志中，多方面地介绍了他在广州湾执行任务的特殊性。我们通常很少见到由法国士兵亲自提供的、描述当时法国军队进入租借地后紧张局势的文本资料，也很少见法国在租借地实行军事占领情况的资料。像当时法国的媒体，尤其是《小日报》，主要评论的是法国军官——库恩（Koun）和顾伦（Gourlaouen）在最初的对抗中死亡的情节。而法国士兵苏伯曼（Silberman）在其出版于1910年的《战地回忆录》中，也仅用很简短的章节来概括他们在广州湾的战斗。

弗朗索瓦·莫拉日志的新颖之处，主要表现为两个方面：第一，弗朗索瓦·莫拉日志所讲述的内容，是他们在通过海路抵达广州湾以前的几个月里，从北印度支那开始，组织招募和培训来自该地区的华人少数民族或中国本土的华人土著兵。日志清晰地记载了法国殖民当局在镇压了安南人的第一次反抗[①]后，试图彻底控制印度支那和东京，并以此为跳板，将殖民影响力扩展到中国南部。（这一点恰恰印证了我在编辑弗朗索瓦·莫拉日志时所加的标题：法国在中国的殖民征服。）保罗·杜

[①] 即1895年尊室说（Ton That Thuyet）领导的勤王运动（Can Vuong），在这场运动中，咸宜帝（Ham Nghi）遭到彻底镇压。

美于 1897 年建立了印度支那最高委员会，并担任印度支那总督一职。他尤其重视推动这项侵略政策，以扩大法国在华南的影响力。弗朗索瓦·莫拉的日志有助于我们理解从没有被法国当局真正明确承认过的殖民扩张战略。弗朗索瓦·莫拉日志的第二个新颖之处是，在法军控制了租借地之后的那段时期，法国当局颁布了官方版的规章制度，并要求在广州湾实施。弗朗索瓦·莫拉军士表示，在七个月的时间内（从 1900 年 8 月至 1901 年 2 月），广州湾有流言出现，说法国当局对中国人民实施了暴力行为，正是这些暴力行为使得反抗事件不断发生。弗朗索瓦·莫拉军士在日志中说，法国官方针对这些留言进行了辟谣。法方表明，法国殖民军和组建中的法国民政部门能够维持该地区的秩序并保证它的和平。

一、法军占领东京（位于法国安南保护领的北面）之后广州湾法国军事先遣团的筹备（从 1900 年 4 月 13 日到 8 月 13 日）

1900 年 4 月 13 日，弗朗索瓦·莫拉军士在下居（Ha-Coi）驻地（位于东京北部）收到了将他调离所在安南连队的命令，而这支连队他在三年前就已开始参加管理了，现在他被抽调去征募和训练中国土著步兵连，目的是入侵广州湾：这些人都是来自北东京地区的华人少数民族或来自中国本土的华人。事实上，征募工作很快就遭遇困境，压力倍增。华人土著兵的招募工作在速度上能够得到保证，但不足之处是人员变动太快了。很多被弗朗索瓦·莫拉编入花名册的士兵，在没有通知他们的情况下就被他们的兄弟或朋友们调包。弗朗索瓦·莫拉还记下了一些逃兵的编号。1900 年 7 月 16 日，当弗朗索瓦·莫拉还在东京的时候，他就这样指出：

自这一天起，类似的事情天天发生，每天都有一到两个土著士兵点名缺席，然后再也不回来了。

此时也正是发生于中国的社会革命（Révolution Sociale）"义和团运动"如火如荼的时期，虽然东京的边界省份都相对比较平静。这场在中国发生的暴动，确实引起了广泛的反响，甚至在东京地区，尤其是中国的边境地区。可以说，我们的许多年轻士兵多次逃跑，也应该归咎于这次暴动。

在这次登船去广州湾会合之前，弗朗索瓦·莫拉共记录下了45个逃兵，其中有大量的逃兵躲到了中国。

二、在广州湾执行任务并发现了中国人民对于领土被侵占的敌意

1900年8月14日，弗朗索瓦·莫拉经海路到达广州湾，此后法国官员的暴力行为引起了他的气愤。为了能够减轻法国海军部队的负担，法国官员开始抓捕中国的男丁：

当我们到达东营（Quang-Tchéou）的时候，"塔纳伊斯号"（Tanaïs）运输船也停靠在白雅特要塞。船上有两个海军陆战队连准备前往大沽（Ta kou），他们在船上等待广州湾当局给他们提供搬运辎重的苦力。他们已经不可能再招到苦力了，何况使用的方法也很不合适，说这些又有什么用呢！！

于是巡逻队和侦察队动用武力包围了村庄，围捕当地的男性。这些人都还没有来得及逃到安全的地方（主要是逃往中国境内）。所有能够搬运物资的人，不管经济地位、社会地位如何，只要他们被抓住，就会被强行带到"塔纳伊斯号"的甲板上。

尽管使用的措施极其严厉，这次抓捕行动也只是得到了数量极少的搬运工，大概有80人，而他们实际需要的却是1 500到2 000人。

如果抓人没有取得成效，那么精神和物质上的影响都会是灾难性的。在广州湾租借地，已经不再有男性劳力了，这儿剩下来的全都是老人、残疾人、女人和小孩。所有的男人都越过边境，跑到了邻近的中国内陆。那里的不满者已经比肩接踵，他们向当地官员控告法国政府的行径，谴责法国人严重侵犯了他们的权利。

由于当地男人都跑光了，这里的产业、文化、商业活动全部停止，如果再这样下去，日常生活恐怕都难以为继了。

根据弗朗索瓦·莫拉的记述，在男人们逃跑和无法招募到苦力的情况下，部队安排华人土著兵来替代苦力。这样一来，最新招募来的土著士兵的军事训练就只能停止了。弗朗索瓦·莫拉表示，这种做法导致了很多问题的出现：训练停止，军纪废弛；华人土著兵拖家带口，极度贫困；他们被无端地怀疑有偷窃行为；为此他们怀着种种不满，试图逃跑者越来越多。

1900年9月初，出现了第一批持械逃跑者，部队疑心重重，增加了监管和守卫的力度，他们围绕所谓的"海盗"阴谋，对士兵们进行审问。

夜晚的信号灯使得法军的司令部更显阴森恐怖。"海盗们"那令人惊恐的枪声此起彼伏，弹药丢失了，造反的人携带着武器和弹药，华人土著兵的保障性弹药被全部收回。在这种已恶化的局势面前，越来越多的法国人丧失了信心。

1900年10月23日。……从那天起，土著步兵已经拿到手的所有1886型号的枪弹都被收回，储存在仓库里。

自1901年起，尽管有新的部队到达，甚至印度支那总督保罗·杜美和印度支那驻军总司令多德将军也亲临现场，但战乱依然频繁发生：在军营附近的阿尔及尔（Alger）大街，一名并非来自广州湾本地的中国天主教商人被一名持有武器的男子抢劫了，这名男子疑是"三点会"（Triades）成员，该组织专门攻击天主教教徒。这种暴力冲突在1901年1月底和2月初达到高潮。

1月20日，用弗朗索瓦·莫拉的话来说就是："负责指挥太平兵营的队长拉科斯特（Lacoste）先生被他手下的士兵和一伙强盗杀死了。"同时，在志满，他们藏匿了抢来的战利品和军火。

军事指挥部所犯的错误越发频繁，两名在军事冲突发生时出现的中国土著兵被当成了强盗。在弗朗索瓦·莫拉看来,这是愚蠢至极的事情。

弗朗索瓦·莫拉揭开了一个真相,谴责了深深隐藏在中国土著士兵中的谋反行为。这种谋反带有祖传性质:其中"参与抢劫的土著中士就是以前有名的强盗头子梁潭奇(Luong-Tam-Ky,音译)的儿子"。

1901年2月8日,广州湾发生了一起大规模袭击,"约60人组成的强盗团伙手持步枪、左轮手枪、斧头等武器",在阿尔及尔大街对赌场和警察局发起了进攻。两名被捕的海盗被捆绑示众,然后砍头处决。

1901年2月9日。……这两个被杀死的强盗被绑在了警局对面大街的两根柱子上。其中一个强盗抬起了他的右手,手里拿着一根点着的火把,另一个则穿着欧式衬衫和皮革外套(……)。这两个强盗都系着"三点会"的红色腰带。下午3点钟,我们把两个强盗的头割下来,把尸体埋了,然后用一艘小船把两颗头颅抛到了大海的深处。

从此刻起,警报被全面拉响。在随后的日子里,"海盗"团伙被列为租借地的重点打击对象。村里的人们,特别是调墊村(Ti-Tsiou)的人,被怀疑包庇了"海盗",并参与了他们的袭击行动。

在广州湾6个月的服役期内,弗朗索瓦·莫拉草拟了一份关于殖民地秩序日益动荡的简表:

还有3天,我在广州湾就已经待了六个月了。在这短短的几个月里,我已经看到了很多次的图谋抢劫案件,不幸的是,其中很多次都成功了。其间主要的抢劫事件,可按时间顺序排列如下:

攻击香港斯科尔福特公司的蒸汽船"硇洲号"(Nau-Chau),该船用于香港和广州湾之间的贸易往来。这次抢劫,仅涉及货币总值就已达3万皮阿斯特,还不包括被偷的物品,比如餐具、乘客的手表和其他财产……

图谋抢劫教堂附近安南裁缝的家,只是这次抢劫没有成功。

抢劫阿尔及尔路中国富豪孙春城（Chun Choeng Sung，音译）的家。仅用5分钟的时间，强盗便从柜台抢走了700皮阿斯特，还有价值150皮阿斯特的商品。

企图抢劫安南人的洗衣店。在接到哨兵的第一声报警后，土著下士就指挥一支中国步兵巡逻队赶到现场，歹徒未能得逞。

企图入室抢劫一户日本人家。瞭望台的哨兵发现情况后，立即朝劫匪开了一枪，劫匪仓皇逃跑。开枪5分钟后，一支巡逻队赶到现场，但已经没有人了。

企图抢劫法国商人鲍戴的家。

企图抢劫位于阿尔及尔路的香港斯科尔福特公司总代表匡文武的家。后门有一个直径约10到12厘米的门闩被斧头劈成了两半，房主从门板之间开了两枪，打中了匪徒，看来这些可怜虫得带着伤离开了。

中国人夏庞（Ha-Poum）白天刚到中国营对面摆摊，做点小生意，当晚就被抢了。他房子里所有能被带走的和能用的东西，都被强盗拿走了，包括他放在长枕头下面的60皮埃斯特。

最胆大妄为的一次，就是2月8日晚上7点钟左右攻击赌场和警察局那次了。两个强盗在士兵反击中被杀，尸体被置于街头示众，第二天下午被斩首。

最后，弗朗索瓦·莫拉用简明扼要的语言，毫不留情地揭穿了法国殖民当局关于广州湾秩序已经得到控制的官方言论：

另外还有多次袭击在建工地哨兵的事件。可见，彻底的平静离我们还远着呢，和平在广州湾不过是一纸空谈罢了。

然而租借地的高级官员们都坚决否认弗朗索瓦·莫拉所提供的那些有力的证据，比如一次叛乱中：

2月11日。……行政长官阿尔比先生来到白雅特要塞，在早上9点之前和中校进行了短暂的会晤，随后又和一些民政雇员一起，去警察局了解事情的经过。其间他故作轻松地反复说："哪里有什么强盗，如此大动干戈，有些奇怪吧……"

正是通过揭穿法国当局的言论和提供充分的证据，弗朗索瓦·莫拉军士日志从法国殖民者的角度，提出了一种抗辩的证词。

让－雅克·塔坦－古里耶
国家博士
图尔—弗朗索瓦·拉伯雷大学教授
文化与话语互动研究小组
法国

［本文献原题"La 'pacification' française de Quang-Tchéou-Wan vue par l'adjudant François Morlat（août 1900—février 1901）"。译者：成雯，岭南师范学院外国语学院法语教师］

附录二　关于莫拉军士日志的补充说明

让－雅克·塔坦－古里耶　著　　王雨晶　译

我家族中的一名成员曾经与 A. R. 方丹（Auguste Raphaël Fontaine, 1856—1934）联姻，后者是印度支那法国酿酒厂的创立者和厂长，曾经在越南生活多年（常驻河内官邸——现为法国大使馆——与西贡）。因此，我是在一个充满印度支那殖民地记忆痕迹的环境中长大的。某种程度上说，这也是我后来下决心了解法国在远东地区存在历史的原因。

近年来，我一直与现任新加坡国立大学教授的历史学家杰拉德·萨杰斯（Gerard Sasges）一道，致力于研究印度支那的一个重要的专卖企业——法国酿酒厂的运作情况（该课题属于我在图尔大学的关于文化与话语相互作用的科研项目"殖民地与后殖民研究"的一部分）。这座酿酒厂自建成以来就与工业巨头 A. R. 方丹和未来的卡介苗（BCG，一种结核病预防疫苗）发明家、大科学家阿尔伯特·卡默德（Albert Calmette）——他是巴斯德（Pasteur）的学生——的名字联系在一起。[1]

在我与手稿出版社的"帝国十字路口"丛书的总编克里斯蒂娜·

---

[1] 阿尔伯特·卡默德（Albert Calmette, 1863—1933），法国细菌学家，卡介苗的发明者之一，为法国著名微生物学家、化学家巴斯德（Pasteur, 1822—1895）的学生。卡介苗的另一发明者是卡米尔·介兰（Camile Guerin）。卡介苗（Bacillus Calmette-Guerin, 简称 BCG）的命名来自卡默德和介兰二人姓氏的缩写。——中文编者注

德·热莫（Christine de Gemeaux）教授共同主编的一本文集《印度支那的殖民政权：从"绥靖"时期到1930年代"印度支那的动荡"》中，杰拉德·萨杰斯教授详尽分析了 A. R. 方丹的秘密档案，这有助于人们更好地了解印度支那殖民背景下工厂主与科学家的长期合作关系（参见文集中杰拉德·萨杰斯的文章《机械专家：阿尔伯特·卡默德与酒精垄断者》）。为了能够让杰拉德·萨杰斯接触到 A. R. 方丹的秘密档案，我私自介入了此事（另参见杰拉德·萨杰斯：《越南殖民地的政府、企业与酒精垄断》，载于《东南亚研究杂志》，2012年2月；詹姆斯·A. 沃伦：《被蒸馏的半资本主义：印度支那的法国酒企业和二十世纪初的暹罗政府》，载于《东南亚社会问题杂志》，2015年11月）。

就我而言，我的学术兴趣在于研究越南殖民地的历史，尤其是法属印度支那的文学（我在图尔大学已经指导了两篇越南籍博士生写的毕业论文）以及保护领的世袭制度（参见《印度支那殖民地世袭话语的起源：对于多样性的缓慢而艰难的考察》，载于《印度支那的殖民政权：从"绥靖"时期到1930年代"印度支那的动荡"》，巴黎：手稿出版社2015年版）。

我于2012年整理完成了弗朗索瓦·莫拉军士日记的评论版本［即《法国在中国的殖民征服——弗朗索瓦·莫拉军士在印度支那和广州湾行军日志（1897—1901）》，含论文与文献，巴黎：手稿出版社2012年版］。该书所记录的内容与我对殖民记忆和殖民遗产的研究属于同一类问题。我最新出版的一部著作（《非斯1912：摩洛哥对殖民的反抗——文化十字路口的殖民记忆》，"帝国十字路口"丛书之一，巴黎：手稿出版社2017年3月版）确立了我在殖民和后殖民研究领域的研究方向。

弗朗索瓦·莫拉军士的手稿与我的家族在印度支那的档案毫不相关。它的发现与"抢救"纯属巧合。1975年7月，在一个名叫朗德的小村庄（隶属于法国谢尔省维尔纳夫镇①，就在我家的第二住所附近），一个清洁队正在集合，打算去清理拆迁中的老农舍的各种物品和残留碎

---

① 维尔纳夫镇，全名谢尔河畔维尔纳夫（Villeneuve-sur-Cher），距离莫拉日志的发现地朗德村（La Lande）大约三公里。——中文编者注

片：这正是布兰奇·莫拉（Blanche Morlat）家倒塌的故居，布兰奇是弗朗索瓦·莫拉军士的女儿，几年前在极度贫困和没有后代的窘境中死去。

是何种直觉让我打开了这个装满了弗朗索瓦·莫拉军士几百页泛黄日记手稿的生锈铁盒？这手稿，绝对是一个不可否认的幸存者。

让-雅克·塔坦-古里耶
2017年6月

（本文译自古里耶教授写给编者的信函。译者：王雨晶，西安翻译学院亚欧语言文化学院、里昂天主教大学语言中心）

附录三　弗朗索瓦·莫拉军士小传

让－雅克·塔坦－古里耶　著　王雨晶　译

我在法国国防部和巴黎文森军事档案馆①的资料搜寻工作十分漫长而艰苦。我已经找到很多关于弗朗索瓦·莫拉的信息。我将这些信息分为个人情况及体貌特征、军旅及职业生涯（包括在整个法属殖民地）两个方面。

一、个人情况及体貌特征

弗朗索瓦·莫拉于 1866 年 10 月 17 日出生于涅夫勒省舒伊拉图尔（Suilly-la-Tour，或译叙伊利拉图）镇，他是农民路易·莫拉（Louis Morlat）和玛丽·布维斯勒（Marie Pouvesle）的儿子。见证人：农场主弗朗索瓦·布维斯勒（François Pouvesle）和鞋匠路易·普兰（Louis Poullain）。

弗朗索瓦·莫拉于 1903 年 5 月 6 日在涅夫勒省舒伊拉图尔镇与玛丽·路易丝·布维斯勒（Marie Louise Pouvesle）结婚。妻子玛丽出生于 1876 年 5 月 14 日，是农民弗朗索瓦·布维斯勒（François Pouvesle）和

---

① 该档案馆即法国国防部历史服务处，位于巴黎东部第 12 区文森（Vincennes，或译万塞纳）城堡，为法国国防部下属多个档案中心之一。——中文编辑注

玛丽·佩蒂特（Marie Petit）的女儿。结婚证上显示，弗朗索瓦·莫拉是一位退伍军人。

弗朗索瓦·莫拉的军事档案里记录了他的以下几个外貌特征：黑色头发与眉毛，蓝眼睛，普通的前额，长鼻子，椭圆形脸，身高 1.64 米。

总之，弗朗索瓦·莫拉出生于一个不起眼的法国农村家庭和一个除了畜牧业之外再没有其他收入来源的省份。在一个前所未有的殖民扩张时期，服兵役实际上是贫困地区年轻人唯一的出头机会。弗朗索瓦·莫拉的婚姻被推迟了，因为结婚时他已经 37 岁，并且已经退役。这在殖民军中是很常见的，他们通常只在最终回到法国后才结婚。而且，弗朗索瓦·莫拉的婚姻属于族内通婚，他娶了自己的表妹为妻，那是他舅舅的女儿，这在她的出生证中已有记录。

二、军旅生涯和职业发展

（一）殖民战场

1891 年 2 月 1 日至 1893 年 8 月 21 日在交趾支那。

1894 年 10 月 5 日至 1896 年 2 月 17 日在塞内加尔。

1896 年 2 月 18 日至 2 月 28 日在几内亚（和平时期）。

1896 年 3 月 1 日至 10 月 12 日在几内亚（战争时期）。一份档案提及他在这里获得过殖民勋章及"法属几内亚勋饰"。

1897 年 11 月 1 日至 1902 年 1 月 27 日在东京。一份档案提及他在这里获得过"安南语"等级证书。

弗朗索瓦·莫拉在他的日记中简要地提及了他在交趾支那的第一次服役。但是他对自己在非洲战场（塞内加尔和几内亚）的经历，以及对自己的越南语水平只字未提。而上面提到的档案也没有提及弗朗索瓦·莫拉在广州湾的服役经历，而这一经历恰恰被认为是他东京军旅生涯中不可或缺的一部分。

（二）职业发展

1886 年，作为新兵被编入海军第二陆战团。

1888 年 4 月 16 日，成为下士。

1889 年 10 月 1 日，成为中士。

1890 年 12 月 29 日，再续 5 年服役期。

1891 年 2 月 1 日，被编入安南土著步兵团。

1894 年 10 月 5 日，被编入塞内加尔土著步兵团。

1896 年 8 月 18 日，晋升为军士。

1896 年 8 月 18 日，重返海军第二陆战团。

1897 年 11 月 1 日，被编入东京第二土著步兵团。

1900 年 11 月 1 日，再续 2 年服役期。

1903 年 1 月 4 日，辞去军衔并申请退役。

1903 年 1 月 10 日，辞职申请被批准。

1903 年 1 月 10 日，退役。弗朗索瓦·莫拉的退休金被定为 1 105 法郎。

1903 年 6 月 20 日，转入预备役部队，并晋升为少尉，被派到瑟堡第一殖民步兵团。

直到 1912 年 10 月 28 日，他才退出预备役部队。

至此为止，弗朗索瓦·莫拉少尉一共服役了好几个军事时期，其间他的上司对他的能力赞赏有加：

1906 年 10 月 13 日，一位官员注意到："弗朗索瓦·莫拉在殖民地服役期间患上了感冒和持续的风湿病"，跟不上第十六连大规模的军事演练。但是他们这样记录："尽管如此，弗朗索瓦·莫拉的领导能力和专业知识还是令人称赞。"

我们发现，1907 年在罗什福尔，人们同样给予他积极评价。又如 1909 年的评价（"谦虚且持久的虔诚"），1911 年的评价（"蓬勃且非常之活跃"）等。

在 1912 年 10 月 28 日弗朗索瓦·莫拉少尉从预备役部队退出时，他已 46 岁。

1958 年 10 月 10 日，弗朗索瓦·莫拉去世，享年 92 岁。

让-雅克·塔坦-古里耶[1]

2017年6月

（本文译自古里耶教授写给编者的信函。译者：王雨晶，西安翻译学院亚欧语言文化学院、里昂天主教大学语言中心）

---

[1] 让-雅克·塔坦-古里耶，法国图尔大学教授、图尔大学法语系主任、法国国家博士。著有多部关于18世纪启蒙运动和政治思潮的作品，如《社会契约问题》（里尔大学出版社1989年版）、《读懂启蒙运动》（迪诺出版社1996年版）、《安德烈·舍尼埃，诗歌和政策》（与让·马里·古勒莫合作，米内尔夫出版社2005年版）、《批评哲学革命和回归启蒙运动》（魁北克赖伐尔大学出版社2008年版）、《革命中的说和做》（与卢桑·布德合作，手稿出版社2016年版）等。曾长期在摩洛哥非斯大学任教，做了大量关于19世纪至20世纪法国殖民地的研究工作，如《法国在中国的殖民征服——弗朗索瓦·莫拉军士在印度支那和广州湾行军日志（1897—1901）》（手稿出版社2012年版）、《印度支那的殖民政权：从"绥靖"时期到1930年代"印度支那的动荡"》（和克里斯蒂娜·德·热莫合作，手稿出版社2015年版）、《非斯1912：摩洛哥对殖民的反抗——文化十字路口的殖民记忆》（手稿出版社2017年版）等。——中文编者注

战地回忆录：在广州湾

莱昂·苏伯曼　著　陈琳　译

  这片土地是1898年4月10日租让给法国的，① 租期为99年。在同一时期，德国已经获得了胶州湾殖民地，并将其置于总督府控制之下。而英国在据有了威海卫之后，也将占领地从香港向广州方向扩展，把租借范围延伸到了九龙②。法国被这些殖民侵略震惊了，于是也要求获得广州湾租借地。

  据阿尔比（Alby）和高特雷（Gautret）③ 先生丈量，租借地的地表面积为84 244公顷，拥有183 346个居民和1 238个村庄，单位人口密度是法国的3倍。在我们获得租借地之前，这片土地由两广总督管辖，由一些地方官协助管理。该地人口由多个不同的族群混合而成：雷州人、马来人，以及喜欢冒险和个性独立的本地人。他们大多以海上劫掠为生。那里的气候，就像在其他热带国家一样，包含两个特定的季节：一个干冷，另一个湿热。

  当地人的生活习惯中的有些传统非常奇怪，就像在远东经常见到

---

① "这片土地"指的是广州湾。这里提到的租让时间是指清政府最初通过外交照会允诺租让的时间，非签约时间。——中文编者注
② 指九龙半岛北部的新界。——中文编者注
③ 此二人为租借地前两任民政总公使（或称行政长官）。——中文编者注

的：重男轻女，尤其在贫困阶层里。女人成了人口交易的主要对象。在有些族群里，很多小女孩在还不满15岁的时候就被运到中国的一些大城市里，卖给了妓院。极度的贫困导致了丑恶的交易，母亲经常没有办法养活她的孩子们。

然而，这些人却拥有出色的商业贸易天赋，而且善于利用土地。他们信仰佛教，他们的语言由中国南方方言构成，而且不同的方言之间差别很大，以至于相邻的两个村落也无法理解对方的语言。

这里的城市和乡村都脏得让人无法忍受。大部分民居都是由柴泥搭建的，很多用的是普通的席子，只有在绝对必要时才会换新的。房屋窗户极小，朝向庭院这个名副其实的垃圾场——所有的乱七八糟的垃圾都被扔在这里，并且还在不停地累积。在每一处住房里，住户竟然都和鸡、猪、狗、牛生活在一起。这些都是瘟疫的温床。同样，鼠疫、霍乱和天花猖獗，有时造成大量的人口死亡，并且死状恐怖。更可悲的是，当地人盲目地信任那些给他们开药的巫师，但是其实，那些药一点用都没有。他们打心底里鄙视欧洲的医生，以及欧洲的药物和治疗方法。例如，为了治愈发烧，他们生吃活蝎子，从不换洗内衣床单；为了对抗肺痨和眼疾，他们把童子尿当作最好的药物。他们还使用羚羊的筋、老虎的胡须、磨成粉的老虎爪子，以及其他稀奇古怪的配方。

我们的主食是面包，而他们的是大米和土豆。他们也喜欢吃禽类、熏猪肉、鱼，还有咸菜。

在广州湾，最主要的作物是米、土豆、木薯、蔗糖和玉米等。果树的种类跟在东京一样。他们还种靛蓝植物和烟草。他们还从事制盐工业和捕鱼，而且产量很可观。这里是自由港①，几乎云集了所有国家的贸易，不设海关。这里主要的进口商品是棉布、帆布和丝绸，还有来自云南和香港的鸦片、火柴，以及美国的石油。

自到达广州湾后，我们开始四处侦察。当地居民总是狠狠地盯着我们，对我们充满了敌意。不过尽管如此，我们之间也没有升级到战争的

---

① 法语原文为"这里是香港（C'est Hong-Kong）"。香港为自由港，当时也有法国人称广州湾为"法属香港"。——中文编者注

状态。为了避免突然袭击，我们的营地构筑了防御工事。我们知道，有一位中国行政官员深得民心，说话最有权威，他煽动人民起来对抗我们。同时，我们还收到好几封来自中国大官员的恐吓信，他们要求我们尽快离开，否则就要把我们杀掉。

开始时，我们只有一个连。修筑营地要塞，以及超负荷的防御，都使我们感到无比的劳累。更为糟糕的是，我们的食物匮乏，因为人们拒绝向我们售卖任何东西。当第一批增援队伍到来时，我们立马创建了8个据点：白雅特要塞、博蒙特要塞、海头、门头（Mont-Aou）、南三（Nha-Cham）、淡水（Tzin-toï），以及东海岛上的两个据点。所有的村子都在反抗我们，我们甚至不敢冒险离开营地100米远，即便有一个小组也不行。1898年10月9日①，我们在赤坎（Cheu-Cam，一个拥有五六千居民的小镇）方向执行一项侦察任务。我们的人，包括官员在内，总共只有82个人，指挥官是麦特怀上尉（capitaine Maitret）。上尉对我们有救命之恩，若是没有他，我们早就成了一支比我们强大得多的武装力量的瓮中之鳖了。麦特怀上尉冷静又能干，他把我们从致命的埋伏中拯救出来，并使对手遭受了巨大的损失。但我们必须撤退，因为对方用上千人对付我们82个人，而且我们不可能立马就获得增援。

关于麦特怀上尉，我可以举出他的一长串事迹。在我的军旅生涯中，在骁勇的殖民军中，我见过很多官兵，他们以作战英勇、谦虚谨慎、淳朴低调著称，在我眼里，这些品质塑造了他们英勇无畏的形象，然而他们在法国却不为人所知。就拿10月9日这天来说，我们冷静的上尉率领我们沿河撤退，几乎凭其一己之力避开了一场灾难，因为在陆地上，我们的路已经被阻断了。理论上说，我们是遭到了围困，直到现在我还在自问，我们当时究竟是怎样如此轻而易举地渡过难关的？

这一天，有一个人应该得到所有的赞誉，他就是我们的军号手艾克（Heck）。他的肩膀和背部都受了伤，尽管上尉坚决要求，但他依然拒

---

① 有文献将这一天时间写作1899年10月9日。见莫里斯·利弗上校著《广州湾租借地简史（1898—1945）》里的相关记述。实际上，1899年10月9日这个时间是正确的。——中文编者注

绝让人背扶。他说："在这种形势下，每个射击手的价值都是不可估量的。"大约下午5点时，我们到达了我们那时的营地——百姓村（Pé-Sé）。当时的情况相当凄惨，我们已全身湿透，精疲力竭，而且全天都没有一点东西下肚。上尉马上给我们分配了一点酒和小饼干，还有每人50发子弹（我们已经耗尽了我们所有的军需品，包括伤残人员的配给）。然后，我们必须立即启程，因为在营地，有人通知我们说，一队来自海头的援军要与我们会合。由于他们担心会像我们一样掉落陷阱，所以要求我们带路。此时已到深夜，我们沿着狭窄的林间小道艰难前行。为了缩短队列，我们一个贴一个紧挨着行进。好不容易走出了小道，我们见到了援军，他们走的是另一条路。我们决定往回走，等待高礼睿海军准将的命令。这一天，我们至少行走了40公里，其中在作物地里，在淹没的水稻田里，在沼泽地里，我们大步疾走了20多公里的路。我已经发射了140枚子弹，我的右肩膀因此肿胀了好几天。

几天之后，海军准将高礼睿来我们营地视察，由菲利贝尔（Philibert）[①] 舰长陪同（这位舰长后来在摩洛哥也同样担任了海军准将）。准将给我们带来的祝贺深深打动了我们，然后他还拥抱了我们的上尉，并对上尉说，他已经向当局为他申请了荣誉军团勋章。我们都很高兴，因为麦特怀上尉为人宽厚，我们已经把他当成了9日那天我们的救命恩人。我再次重复，他的勇气和冷静是令人敬佩的。在行动的全过程中，他嘴上一如既往地叼着雪茄，坚守在最危险的地方，极其镇定地向我们下达命令。

有一位在当地生活了20年的传教士[②]很了解这里的情况，是他给我们提供了那支袭击我们的队伍的信息，因为我们很清楚，我们正在跟一支正规军队打交道。他跟我们说："他们的每一个连由250个士兵组成，他们有30面旗，一半是红旗，一半是白旗。你们之前是在与他们的8个连交手，也就是大约2 000名士兵。他们还有一些大炮。"

[①] 菲利贝尔（Philibert），海军上校，"笛卡尔号"军舰舰长，1898年曾任广州湾法军总司令。——中文编者注

[②] 此人即范兰神父。——中文编者注

准将来访过后，上尉把我们召集了起来，跟我们说，9日那天的战斗是殖民军历史上最耀眼的一次。他说："我很骄傲，能够率领你们；与像你们这样的战士在一起，三色旗（法国国旗）就会牢固地掌握在我们手中，这样无论我们身在何处都会是开心的，即使面对死亡也不会改变。"

百姓村曾经是法军最前沿的营地，这个地方其实我们并没有占领多久。我们只是一支很弱小的连队，因此需要日夜警戒。白天，所有人都在一条3米宽的壕沟前，为营地周边建造坚固的护墙，如果有人累了，就去站岗。我们的茅屋是匆忙搭建的，极其简陋，墙是柴泥搭的，屋顶是麦秆铺的，一下雨就漏水。我们3个人共用一个床垫，只有累了的人才有资格使用，其他人则去睡行军床，或者直接打地铺。食物极其匮乏，因为我们还是没有办法买到食物。军官与我们的遭遇一样，白天没有人走出营地，因为敌人就在离营地只有2公里的地方，他们在实时地监视我们，可以说我们是被困住了。夜晚尤其痛苦。为了确保营地的基本安全，我们需要指派大量的哨兵在营地外围几百米远的地方巡逻，以便在遭受袭击时能够及时发送警报。这导致了超负荷的疲惫，因为所有的人，除了病患以外，都要在晚上值夜。为了保证足够的巡逻人员，还必须把哨兵调到巡逻的队伍中，这使得我们每个晚上只有2小时的休息时间。天空通常很阴暗，我们必须睁大双眼，竖起双耳。说实话，我们过的可不是什么花天酒地的生活，然而没有一个人表现出不好的情绪。相反，我们嬉笑，我们快乐，我们和军官混在一起，就像家庭生活那样。我们苦中作乐。

最后，海军准将高礼睿意识到这种情况不能持续太久。他给我们提供了支援，派了炮兵部队。后来，我听到一些评论我们的话，说我们在10月9日那天使用了太多的弹药（75把枪，射了8 000发子弹）。对于那种完全不考虑我们在10月9日那天不得已在新埠（Na-Moun）战斗的情况的人来说，这确实闻所未闻。这是一场完全没有先兆的战斗，我们发现自己误入了一个陷阱，周围都是在数量和地形上占据绝对优势的敌人。而他们对于环境，就如同对自己家里一般熟悉。他们知道何处可以藏身，比如在房子里，或在甘蔗地里，而且仅在我们无法前进或者准备撤退时出现。所以，每当看到中国人出现，我们就必须开枪，尽管如此，我们还是珍惜我们的弹药；然而在被上千个敌人包围时，我们唯一能逃脱的机会显然就来自我们武器和火力上的优势。在这种情形下，试图突围完全是疯狂的举动，我们必须不停地扫射，直至射出最后一颗弹药。

这件事之后，中国方面给我们派来了一位有名的苏元帅①，他掌管着东京边境附近中国的主力部队。他自称是法国的朋友，却从来没有停止过给强盗提供人手，而这些强盗长期以来一直在给我们的士兵带来很多的麻烦。

然而，这一切都在与苏元帅有关的一个意外事件中结束了。这件事在东京很有名。在那里，加列尼（Gallieni）将军，也是陆军上校，以其人之道还治其人之身，并让他知道：道高一尺，魔高一丈。那些中国的正规军，每天都打扮成强盗的样子，穿过边境，一直抢掠到我们的营地周围。负责防御这一地区的加列尼将军曾多次向苏元帅反映，并恭敬地请求他维持好这里的秩序。但是这种情形还是一如既往，并且每次交涉之后，那个狡猾的中国人（苏元帅）就回复说："我已经在调查了，但是没有发现什么。"于是在他们最后一次抢劫之后，将军也不投诉了。他将他的几个狙击兵打扮成强盗的样子，并让他们在苏元帅的领土上抢劫。这次轮到苏元帅给我们发来急电了。我们则很直接地回复说："我已经在调查了，但是也没有发现什么。"第二天，苏元帅来见将军，对将军说："我明白了。"从那天起，抢掠事件就停止了。

广州湾的人民冰冷冷地迎接了苏元帅。我们必须派一个刺刀连陪护他。与中国传统习俗不一样，没有一个有名望的中国人来欢迎他。我还记得当他经过赤坎的时候，当地人看着他，眼神带着深深的敌意。他们谴责他勾结蛮夷，而所谓蛮夷，说的就是法国人……

---

① 即广西提督苏元春。——中文编者注

加列尼将军（Joseph Gallieni, 1849—1916）

一天，我们的营长隆热（Ronget）司令①，派遣他的佣人，一个中国人，到赤坎去买一些干粮。这个当地人一出门便立马被他的同胞们包围起来，并驱赶到了麻章，那里正是几个武装团伙的巢穴。在那里，人们把他的头砍掉了，还把他的肚子剖开，把他的心脏扔给狗吃。这是一个目击证人向我们的翻译官说的。这个可怜的人所犯的唯一罪行便是服务于法国人。尽管如此，司令还是要求我们谨慎处理与这些老虎般凶残的人的关系。遂溪知县张贴告示，悬赏捉拿我们的中国译员张（Cheng）、我们的上尉，还有我们会说中文的下士巴贝（Babey）。顺带一提，这位下士是一位值得钦佩的英勇而冷静之人。他自己发现并读了这则告示，被逗乐了，指着那上面的数字——2 000 两银（piastres），对我们说："我毫不怀疑我的头值这么多钱。"

下面是海军准将高礼睿写给海军部长的一份关于 10 月 9 日广州湾战役的报告：

---

① 隆热（Ronget），时任广州湾某海军陆战营营长。——中文编者注

部长先生：

我荣幸地向您简要地汇报情况，帮助您更好地了解海军陆战队马里-约瑟夫-厄内斯特·麦特怀（Marie-Joseph-Ernest Maitret）上尉关于10月9日战役的报告，以便您能够评估这位军官的领导才能。为此，我请求您将其记录在案，并颁予其荣誉军团勋章。与此同时，我还希望您能同意嘉奖海军陆战队的朱勒-马吕斯-内斯托尔·洛朗（Jules-Marius-Nestor Laurent）中尉，还有军号手亨利-尤金·艾克（Henri-Eugène Heck）。后者受过两次伤，而且是重伤，但在行军途中表现出刚强的毅力；我提议让他们同样获得军功章。我还向另外两个伤兵布尔热（Bourges）和圣-艾蒂安（Saint-Etienne）直接表达了祝贺，他们的伤并没有妨碍他们作战和行军，还有下士布鲁纳（Bruner）和巴贝（Babey）①，以及那些非常出色的先遣队的士兵们。

签名：高礼睿

我知道苏元帅是中国政府派来与我们勘定边界的，我们也看到了当地人民是如何接待这样的官员的。另外，我们知道，我们的对手是中国的正规军，并且，他们早已决定毫不客气地将我们杀掉。通过使用我们的办法，他们开始在离我们营地2公里远的地方，在赤坎的山冈上修筑工事，我们用望远镜就能清晰地看到那里。他们还在甘蔗田尽头的一片广阔的平原上挖土，那些高高的甘蔗林完全可以将他们遮盖住。显然，我们面对的是一支正规军，他们在试图给我们设置陷阱。然而我们却是一切按规矩办事。这太不公平了！

在很短的时间内，我们连队就病倒了40人，这都是由于过度疲劳和食物匮乏所致。至于其他人，尽管痛苦，但是也不敢表露出来，因为大家担心连队会因此被撤离。总而言之，我们差点就困窘到了要回撤的地步。但我们始终没有沦落到那个地步，因为海军准将从我们上尉报告的士兵的精神状况中，了解到我们会将使命执行到底。祖国母亲

---

① 巴贝现在是殖民步兵部队的中尉。

（Dames de France）并没有将我们遗弃在苦难中。他们给我们寄来了几箱货物，里面有信纸、香皂、蜡烛，还有巧克力，我们一下子就拥有了我们所急需的东西，这帮了我们很大的忙。同时，我们还创建了两个新的营地——新墟（Sin-Tzin）和尼维角（Point-Nivet）[1]，我们营地还增配了两门65毫米口径炮，以及两门速射旋转炮。

尽管总体来说，当地人是对我们有敌意的，但是，一些在我们周边居住的当地人则开始接触我们，甚至有些还在我们营地旁落脚了，并在我们的保护下卖给我们一些食物。夜间的警报依旧很频繁。中国人还是没有放弃铲除我们营地的念头。他们还攻击那些与我们成为邻居并与我们交易的百姓。他们抢掠，但不杀人。他们的行动相当迅速，即便我们立即派出巡逻队，但在到达事发地点时，他们早不见踪影了，只剩下被捆绑的受害人，更多的情况是，受害人身上通常有刀伤。尽管苏元帅出面在海头和白雅特要塞巡视，并对每个他遇到的士兵都露出那虚伪的笑容，但情况依然越来越令人无法忍受。最后，我们高兴地得知，海军准将给中国部队的首领发了最后通牒，收到的回复内容却是一番嘲笑；但海军准将是个行动派，我们知道他不会没有动静。实际上也的确如此，他命令组织一个由3个连组成的强攻特遣队，还配备有从停泊在白雅特要塞锚地军舰上调配来的4门65毫米口径舰炮。于是这个特遣队（同时它也包括了来自法国驻北海领事馆的一部分），就在我们营地的院子里组建完成了。另一个连也马上被派去，从右翼侦察赤坎，在那里，该连遭到了中国正规军的数次攻击。由于没有接到战斗的指令，该连撤回到了我们营地控制的一个小山丘下待命，同时海军准将给他们运来了增援的舰炮。这时，之前留守在广州湾的所有可遣返和可退伍的军人，也得到了新的指令。这些连队在登陆后占领了以前海军陆战队曾经放弃的据点，在那里组成了特遣队。在我们营地，从来都没有出现过这样戏剧性的场景：水兵、炮兵，还有海军陆战队的士兵，在小院子的中心混合扎营，水泄不通。我们唱歌，我们在高喊中建立了情同手足的感情：

---

[1] 新墟，今建新镇。尼维角，位于今麻斜渡口。——中文编者注

"海军万岁！海军陆战队万岁！法国万岁！"每个人脸上都洋溢着奔赴前线的喜悦，我们激动地等待着战斗的到来。

海军准将高礼睿给我们传来了鼓励的话语，似乎对大家的精神状态感到高兴。他让我们知道他在食物供给方面采取了有力的措施，让我们不用再担心粮食短缺的问题。他在我们营地前方的河边建了一个食品店，并派一个广东女人打理。但我们还缺少衣物补给，我们的衣服几乎都烂成了破布，我们的鞋子在修建工事后也变成了零星的碎片。

在特遣队中，我们还纳入了一部分中国人（这些人都是在东京招募的在当地出生的中国人），最后又纳入了一个光学电报支队，从而完成了组队。

1899年11月5日上午6点，我们开始向麻章进发。同时，我们还有两艘军舰在赤坎后面的那条河上前进。在我们到达执行任务的小山丘之前，我们的头顶飞过了从我们的两艘军舰以及从我们营地向强盗团伙老巢发射的麦宁炸弹。随之，当我们到达小山丘时，便目击到了这场恐怖的袭击：中国的防御工事塌了，村落也着火了，炮弹的爆炸发出了可怕的巨响。在军舰和营地停止攻击后，我们的炮兵又开始了攻击。这震耳欲聋的炮声淹没了连队传达命令的声音，硝烟在我们面前聚集成浓雾，把我们掩护起来。然而我们毕竟接受过专门的战斗训练，而且这次，我们还拥有一顿冷的午餐。我们和我们的军官一起，无私地分享着我们的煮鸡蛋和一些冻肉。我们之间亲密无间，但也恪守军队的纪律。总之就是：士兵爱着他们的将领，将领也爱着他们的士兵。

正当我们的上尉笑着切开一片肉，并准备送进嘴巴的时候……砰砰乓乓，一阵枪林弹雨向我们倾泻而来。"趴下！"上尉命令道。那些中国人，那些我们以为在如此密集的轰炸之后将被打垮的中国人，已经在他们此前在村前沟壑旁挖好的土堆里占据了有利的位置，毫无畏惧地等待着我们。

我们立刻排出队形，并摆出匍匐狙击的姿势。然后我们便开始了对前方土堆的持续射击。从呼啸的子弹来判断，敌人的数量远远比过去的新埠（Na-Moun）之战多很多。我旁边战友的枪柄被一颗炮弹打折了。

一个名叫罗齐（Rozier）的军士受到了致命伤。在我这个班，一个叫比斯特（Pister）的士兵发出一声惨叫，英勇就义了。没过多久，又轮到了我排的中士。子弹来得那么疯狂，我曾试着伸出手去收集一颗子弹，想以此作为纪念，但马上就有一阵枪林弹雨扫到了离我的手仅有几厘米的地方。应该说，我敢于向那些尚未看到过战火的战友们保证，尽管我们暴露在如此危险的境地，但一种真切的快乐从未停止在我们的狙击兵队伍中传递。我们欢笑，我们嬉闹，我们把落在我们身边的扁平的子弹互相扔来扔去，谁都没有考虑个人的安危。军官们用非常亲切的语句和他们身先士卒的勇气鼓励着大家。在连队，我们强烈地感受到长官给予他的士兵们的关怀。就是在那里，我们看到，我们感觉到了这个军队大家庭的凝聚力，甚至大家互相都愿意为对方献出生命。

大约10点的时候，敌人的火力从两侧向我们倾泻而来。这时我们的后备部队开始上场。在敌人的援兵到达的时候，我们的炮兵部队已经用尽了他们的弹药。中国人的计策很容易被猜出：就像在新埠时那样，他们搜寻，然后截住我们的退路，将我们包围，在这种危急情形下迫使我们撤退，并等待来自东京的增援。我们坚持到了下午4点，直到最后一板子弹打出，我们才不得不撤离。接着，那些中国人离开他们隐藏的土堆，又向我们扫射了一轮弹雨，伤了我们好几个人，但是他们不敢对我们穷追猛打，于是我们重新向百姓营地出发，到晚上时就可到达。这一天，我们发射了差不多500颗炮弹。除了那些被烧坏的子弹，仅仅我们一个班13个人，就发射了1 263颗子弹。巧合的是，这一天恰好是我们登陆广州湾的周年纪念日。一年了，一天天，我们连孤零零地驻扎在一群对我们抱有敌意的人们中间。我们为一切都做好了准备，只是不知道等待我们的命运是什么。

第二天，上尉赞扬了我们的作战，并责备了一名战士，他在执行行动的过程中擅自移位，借口是有太多子弹打到他周围。

同一天，海军准将派遣炮艇"斯托克号"（Le Stock），去追踪一艘装载武器开往香港的平底帆船。第二天，罗齐军士和比斯特因在战斗中受重伤死去了。罗齐军士是一个忠诚军人的模范，他以坚强、英勇而为人所知。尽管受了致命伤，但他仍然不愿离开战场。"给我包扎一下，"他就这么跟军医说，"让我重新回到我的位置。"他患上了高烧和痢疾，但没想到死亡这么快就到来了，我们应该诚挚地怀念他、哀悼他和赞美他。

在5日这天，还有一个人表现得非常让人敬佩，我想说的是范兰神父（P. Ferrand），一位生活在中国的法籍传教士。在他居留在此的那段漫长的时间里，这位随军神父已经遭受过多次攻击。他并不是遭到了当地人的攻击，因为他是受到中国人尊重的唯一一位欧洲人，而是受到了流浪的盗匪团伙的多次袭击。他们到他家里盗窃，并烧毁了他的家。这位传教士在翻译方面给了我们很多的帮助，而且在战火中表现出了英雄的气概。在整个交战过程中，他将自己暴露在最危险的地方。在枪林弹雨中，他冒着被敌人抓住的危险，拿着水壶为士兵取水。他一直带着绷带跑来跑去，照顾伤员，并鼓励他们，像慈父般关心他们。他并不剃头，反而留着跟中国人一样的长辫子，一直垂落到脚跟。

军士和士兵的葬礼办得很隆重。军士长卡普戴波斯克（Capdeboscq）发表了一通触动人心的演说："是的，英勇的罗齐和比斯特，你们两个为法国上交了最慷慨的税，将你们年轻有为的生命献给了国旗的荣誉和伟大的文明。你们跟随着成千上万的殖民军战友的脚步，为了同一个目的，牺牲了自己的生命。永别了，亲爱的朋友，我们在你们的坟墓前向你们鞠躬，并致以最深的敬意；你们的名字将永远活在我们心中，并被祝圣。"这些话再次使我们感受到，虽然对所有这些战友来说，有些是战死在沙场，有些则死于高烧和痢疾，但无论如何，我们都应该诚挚地怀念他们、哀悼他们和赞美他们。

在麻章（Mac-Giang）之战过后，所有商人和其他那些居住在我们营地附近的当地人，都不再敢在夜间留在家里了。他们请求上尉让他们在营地过夜，得到许可。那些针对哨兵和守夜人的攻击加重了。这片土地上的人都起来反抗我们。武装团伙组织起来了，就如东京之战过后那样。他们打劫和杀戮那些他们觉得与我们有关联的人。11月12日，两名海军中尉，顾伦和库恩，在门头附近的一个小山丘散步，被两个中国士兵发现了，于是被当场抓住斩首。这起双人谋杀案的制造者主动向海军准将做了通报，并补充说，这两名官员的尸体已经被剖开，心脏被掏出来喂狗了，并且，他们还会对所有落入他们手中的法国人一视同仁。

海军准将一收到这个令人发指的消息，便命令门头兵营的指挥官将炮弹瞄准停泊在河里的中国炮艇，并宣布拘捕岸上的所有战犯。其中包括遂溪的知县、海南的道台，以及其他一些高官。同时，命令两艘炮艇炮轰麻章，那是一个挨着犯罪现场的村庄，那里的人民同样对我们充满敌意。中国的炮艇被我们的海军士兵用刺刀围捕了，船员被押到了我们的"当特尔卡斯托号"军舰的甲板上。炮艇上的所有帆樯索具已被卸去，我们还拆走了船体上的主要部件。全体船员被扣押在甲板上，被我们近距离地监视着；最后，我们在货舱底部搜出了 150 支步枪。

根据海军准将的命令，如未经许可，停泊在白雅特锚地的两艘中国炮艇和一艘中国巡洋舰，不得擅自离开港口，否则会被击沉。同时，一些承认参与谋害两名军官的囚犯被即时处决。另外，被证明无辜的人被释放。但个别被指认犯了其他罪行的人仍被继续关押，他们脖子上戴着枷锁，被发配到海岸工事担任最繁重的苦力。最后，一个登陆连占领了坐落在河边的后海村（How-Hoï），那里被指证有很多煽动者。

有一天，在往海头方向巡逻的途中，我们正要走出一片小森林的时候，十来个中国士兵突然出现在我们面前。我们马上包围了他们，解除了他们的武装。他们显得非常惊愕，而且也不愿意跟我们走。自从不久前的恐怖事件发生后，我们也表现得很不友好，我们开始把他们分散开来，扯着他们的辫子，拉着他们走。但是，在和这些犯人一起到达营地后，我们受到了上尉的冷淡对待，受到了严厉的指责。原来，这些被捕者是苏元帅的随从！"这怎么可能！"巡逻队队长这么回复，但是犯错是人类的天性，这是很正常的。

11 月 16 日，海军准将下令发起一场新的攻击。这一次，我们是两个海军陆战队连，半个炮兵连，一个支队的中国土著兵（linh chi-

nois）①，还有一些舰炮。我们早上6点开始出发，由陆军上校马罗（Marot）指挥。上头还给他配备了一名助手，即勒伯瓦（Leblois）指挥官，他是一位有很高功勋的军官，而且有胆量、有经验。仅在24小时内，所有的广州湾士兵都已经认识并且喜欢上了这两位上司。

我们有两艘军舰，即"笛卡尔号"和"袭击号"，停泊在了赤坎的对面。从早上5点开始，军舰往麻章方向开火，那里是动乱分子的居住地。为了不妨碍炮火射击，我们被要求向右翼行进。当我们来到村口并准备破门而入的时候，接到了回退并穿过河流的命令，以便能更快地突破。大概在上午9点，我们穿过了那片在10月9日发生战役的田野，并在10点钟铺开了狙击队形，每人间隔3步长。我们连跟以往一样，位于前方，其他连呈梯形，分布于左方，还有一个后备部队隐藏在甘蔗田里。炮兵一半在左翼，一半在右翼。当我们进行战斗部署的时候，中国的正规军从高地往下走，隐藏在战壕边。他们有大量的黄色旗帜，只有长官的旗帜是白色和红色的。据范兰神父估计，他们有七八千人。

一刻钟之内，我们在相距大约800米的地方怒目对峙，我们半蹲着，没有射击。终于，第一轮的子弹开始呼啸起来，有一些战友开始呼叫；不得不说，这些都是东京来的年轻人，他们自一开始就不太让人省心。

但很快，另外两个方向的火力也以我从未见过的强度和密度，开始齐发。这样的扫射持续了半小时。在此之后，我们与后备部队会合，在他们的掩护下，我们在枪林弹雨中前进，直到与敌人距离只有约500米。麦特怀上尉命令他的连队带着刺枪向战壕前进，其他连则紧跟我们的脚步。说时迟那时快，在猛烈的攻击下，以及在东京中国支队的帮助下，敌方的战壕被我们突破了，这些都证明了我们军队的极大勇气。在我方炮弹的紧逼下，敌人向四面八方逃窜。

中午时分，我们进入了那些中国人自称牢不可破的战壕。在那里，我们高呼："法国万岁！上校万岁！麦特怀上尉万岁！"上校命人在钓

---

① 即在越南东京地区招募的当地土著华人士兵。——中文编者注

鱼竿的末端挂上了国旗,军号手则面向国旗吹号。这样的号声,我已经听过很多次,但从来没有像今天这样感动。随之,我们的几百名军人一起发出了阵阵呼喊:"法国万岁!"上校说道:"我的孩子们,我为你们感到高兴。"

那些战壕,是完全根据现代技术原理挖造的,证明我们面对的是经受过磨炼的部队。我们扫了一眼战壕内部,简直惨不忍睹。那些尸体,面部已经扭曲,血迹斑斑(我猜想他们先是受到了致命伤,然后被我们的人用枪柄打死),这些尸体从护墙开始,一直延伸到战壕内部,有些面朝天,有些面朝地!敌人丢弃了4门大炮,还有大量的各种型号的步枪,有些特制步枪竟然长达3到4米。

然而对我们来说,这一天还没有结束。在钉住4门大炮的火门[①]和摧毁了所有的步枪之后,上校让我们休息了两个小时,接着,我们步行到了黄略,此地是广州湾中国军队的主要据点。在半天里,我们付出了2亡12伤的代价,其中有一名是军官。炮兵部队的一些骡子也受伤了。范兰神父,他仍然跟我们在一起,并且在这场战役中表现出色。据他说,敌人损失了400来人,或死或伤。

我们以营为单位,循序前进,向黄略进发,每个连队间隔几百来米,这样,从队首至队尾竟有几千米长。当我们到达山顶,我们觉察到敌人就在我们的侧翼。那些逃兵重新调整后,又向我们进行射击,但这并没有让我们感到担心。

我们中途没有休息,继续向黄略前进。大约下午5点,我们带着刺刀和炮,进入了中国防御工事的内部。我们发现,几乎所有的房子里都有相当数量的火药、步枪、标枪,还有火枪。除了被正规军占据,这个村镇还是名副其实的海盗及其他武装盗窃团伙的老巢,他们被中国官员雇用来对付我们。

如果这一天的结果对于我们来说是有好处的,那么,对于广州湾的人民来说也不会差。仿佛变戏法一般,这里的商业贸易重新运转起来

[①] 对旧时大炮,通过钉住火门使其无用。——中文编者注

了，农业也恢复了，市场变得热闹起来了。中国人把他们的土产和手工业品卖给了我们。在我生活于这片土地期间，从来没有当地人向我们发出抱怨，我们没有把当地人民当作战败的敌人，而是对他们充满了宽容和慈善。那些中国官员们也是，他们曾经是我们最顽固的反对者，但在新年到来时，我们的长官前来问候我们，还会例行给他们送去礼物。但是为了这天的到来，我们双方都付出了很多鲜血，这都是那些造反的挑唆者惹的祸。可以确信的是，在相同情况下，一些其他文明国家的士兵也无法表现出同样的宽容。我们可以回顾一下马格德堡战役①，还有许多其他的例子！法国，她一直都对自己的敌人表现得如此慷慨和友好。她始终维护着自己仁慈和人性的崇高声誉。

第二天，在海军准将的晚间指令传来后，我们被命令返回。我们的一个侧翼卫队撞见了一支中国小分队，在战斗了15分钟后，他们四处逃散。10点钟左右，我们进入了赤坎。就在前一天，他们还封闭了所有的入口，如今却变得格外殷勤，因为当我们到来时，所有的通道都已为我们打开。我们举着战败的敌人的旗帜，穿过了赤坎（就我而言，我有了一面用红色丝绸做成的红旗，上面还有白色的文字）。当军号声响起，所有的人，除了女人，都来到自家门口，恭敬和蔼、面带微笑地在我们上尉面前鞠躬。约莫中午时分，我们到达百姓营地。在我们当初离开时，这里由海军士兵替我们驻守着，现在他们一见到我们，便扔下手中的活计，冲过来拥抱我们。接着，我们将所有的旗帜都挂在了营地的四周。

次日，海军准将向我们表示了祝贺。他跟我们说，有像我们这样的官兵，就没有什么事是不敢做的。他补充说："你们已经受苦很久了，但是，你们最终圆满地完成了自己的使命。"在经过顽强的努力后，我们克服了一切。海军部长大概也不会迟疑向我们发来他个人的祝贺。其间，我要求说，应该将带有殖民别针的殖民勋章，颁发给每一位在这里

---

① 马格德堡战役（siège de Magdebourg），指17世纪欧洲30年战争中，天主教军队对新教城市马格德堡的围攻。当城市最终被占领后，征服者出于报复而将城市洗劫一空，并烧成废墟。——译者注

参加了战斗的士兵。

此外，停泊在白雅特锚地的军舰上的海军军官，也给我们上尉寄来了一封信，信中表达了他们对上尉以及由他带领的连队的钦佩和赞赏之情："你们看，就如我们所说的，你们的英勇获得了所有人的敬仰和赞美。至于我，我已经在战场上向你们表达了感激之情，今天，我还要继续感谢你们，不仅仅是向那些生存下来的，还有那些在完成他们使命的过程中牺牲的。"在宣读最后这些话的时候，他热泪盈眶地离开了！还有，此时此刻，我感觉到，那驱使我继续在殖民地服务的——尽管贫困、艰苦而且危险——就是这些长官，正是在他们的带领下，我们进军，我们战斗。这是一部我必须写下的长长的篇章，为了记述我所看到的这一切，所有他们给我们所做的表率，所有他们在战斗中的漂亮行动，所有他们的人性，以及他们为了同甘共苦的士兵所表现出的献身精神！虽然在驻地，军官与士兵的亲密关系偶尔也会因为几个混到殖民军里的无赖而被削减，但至少我们能够作出区分，而且，真正的殖民士兵，是能够获得他们长官由衷的尊重的。

第二天，舰队的军官给上尉寄来了一个货物箱，里面有分发给连队士兵的92包烟草。如此讨人喜欢的关怀让我们非常高兴，这再一次向我们表明了，在军队里，所有的人都会被重视，所有的人都互相依靠。在同一天，两个受了重伤的战友在野战医院去世了。在16日的战役之后，共有4名战士牺牲。

两天之后，麻章的中国官员前来向我们投诚，虽然这个镇的居民对我们敌意最强烈。这些官员的陪同人员对我们说，11月16日那天，在黄略，我们杀了他们400多人。这确实非常令人惋惜。但是，是谁挑起的这场屠杀？难道他们没有责任？难道不是他们使我们极度困苦，甚至杀了我们正在散步的两名军官，还以将他们的心脏喂狗而自豪？

海军上校菲利贝尔——他被水兵们称为"菲利贝尔好爸爸"——也来看我们。他要求我们上尉将我们召集起来，以便统一向我们表达祝贺。随后，我们开始享受我们获得胜利之后难得的平静。在进行侦察的过程中，我们发出告示，告诉人们，我们的目的是维护和平，同时号召人民信任我们，向我们靠拢。尽管如此，为了确保安全，我们还是建立了前方前哨。因为我们了解中国人，不仅通过东京战争，而且通过我们不久前刚刚遭遇的事件。例如那个将我们两名军官杀害的村庄，已经在 11 月 23 日被我们的炮火完全摧毁。

最后，经过海军战士们，以及海军陆战队队员们 14 个月的艰苦努力，我们终于成功地划定了边界，我们将其称为华南法国租借地。为此，海军准将和苏元帅坐着轿子，前呼后拥地来到赤坎。在这里，一场阅兵式将要举行。尽管城里已经有了两个连，并且我们也正准备动身去左岸建立据点，但是，海军准将还是决定让麦特怀连出席阅兵式，并且穿着白色礼服，而其他连则穿着红色礼服。在中国元帅面前，海军准将诚挚地握紧了上尉的手，面带微笑向我们高声说道："我的朋友们，我将奖励你们一杯酒，你们胜利了！"

在抵达赤坎前方时，我们被命令架起刺刀将苏元帅完全围护起来，因为他是我们的来宾，我们要对他负责。同样，我们也在各个方向派出了巡逻队，因为我们知道还有人对他有敌意，而且我们害怕当地人的敌意示威。

出了赤坎，我们向福建村（Phu-Kien）方向行进，10 月 9 日那天，我们正是在这里遭受了第一次的步枪袭击。我们在一条小河旁停住了，在这里，经过双方一番长久的讨论和争辩，苏元帅把一根小木桩插在了河边。对于他来说，那应该就是第一个界桩。但是海军准将表示反对，他大声说："我们的边界就是这条河。"然后所有人都大笑起来。第一场讨论结束后，海军准将向苏元帅介绍了指挥官隆热，他是接受委派前来负责勘界工作的。苏元帅也介绍了自己带领的 3 名中国官员。随行人员里还有一名法国工程师，以及 3 名法国驻中国领事，其中有一名是我国驻北京公使毕盛（Pichon）先生的代表。苏元帅由一名中国贴身侍卫陪同，他穿着一身很怪诞的服装，身上佩戴着德国和比利时的连发步枪，还带着 5 板替换子弹。他们的装备是如此精美，而且保养得特别好，以至于与他们的光脚形成了鲜明的对比。

在一系列烦冗的中国礼节后，代表们马上投入了工作，每个人手上都拿着一张地图。我们一边朝右边方向走，一边相继栽下临时界桩。围绕每个界桩，我们都发生了许多争执，甚至开始指手画脚。为了争取几英尺的土地，中国官员用右手拉扯我们的指挥官，而我们的指挥官则用左手拉扯中国的官员。这个场景让我们想起了我们在消磨时间时最喜欢玩的四角游戏。将近下午4点钟时，所有人都因为这场由上午开始的长途跋涉、一路的炎热高温，以及穿越水稻田和溪流的活动而筋疲力尽，最终我们回到了百姓营地。

同一天，我们得知，赤坎镇的镇长，那位曾经向我们投诚的中国官员，被暗杀了。

在12月份的前半个月，我们一直忙于勘界。那些我们在第一天置下的界桩都被神不知鬼不觉地撤除了。那些没有参加勘界工作的部队都待在各自的营地里，以便收到命令后能第一时间作出反应。在我们继续行动的过程中，我乐此不疲地赞美这里乡村的美景，还有多样性的文化。我们穿过了一片壮丽的平原，那里可容纳若干个兵团宿营，而且每个重要的村镇都由又高又厚的隔离墙包围着。一天，中方带领我们来到离地图上的边界还有2公里的地方，他们想从我们手上削扣掉这片土地。同时，我们还瞥见我们左手边跟着为数不少的武装团伙，那意思很明显：如果你们不赞同我们，我们就在这里把你们做掉。我们的指挥官马上发现这是个陷阱，觉得我们兵力不足，于是让我们回头去了坡头（Po-Daou）营地，那里有一个法国连。海军准将很快也收到了这个消息。后来我们的翻译官跟我们说，如果当时我们再前进100米，那些跟着我们的中国武装团伙就会向我们开火。

我们终于艰难地完成了勘界工作。一个民政官员前来接管这块租借地的最高管理权，还被冠以一个浮夸的头衔"首席执政官"。他在赤坎华丽地安顿下来，之后便开始向前来见面的官员发号施令。凭什么！这些官员可都为法国征服这片领土，厥功至伟啊！我并不是要在那里指责殖民地的管理机构。我也理解这样的机构是有必要的，但前提是，他们至少得有点儿贡献吧。另外，我在自己任职期内也认识了一些行政官员，他们有的很精明且对军人亲切和蔼，但并非总是如此。而且，我将自己定位于这样一类官员的位置上：他们为了征服一个国家而历尽千难万险，但在获得胜利之后，立马就得臣服于一个在工作中从来没见过，而且对当地的了解也不如他们多，也没有他们那样的常识的人，而这样的人却反过来把他们看得微不足道。

圣诞节前后，我们得启程去另一个地区，那里更加危险，而且我们要在那里建立营地。我们先驻扎在一座庙里，而且我们得待在那里一直到工程结束。晚上，我们关上所有的门，并且每个门都安置一个哨兵。如此的小心谨慎不是毫无用处的，因为一旦夜幕降临，尤其是在月黑风高的夜晚，就会有人向我们持续不断地射击。圣诞节前夕，上尉让8个人登上庙的屋顶。我们就在那里度过了一整个夜晚，我们在壁炉边扮演圣诞老人的角色，把玩着我们的玩具——步枪和刺刀。我们已准备好与中国人分享，中国人却不愿意。那个夜晚，我们发觉灵魂是存在的。第二天，村长来向我们做自我介绍。他通知我们说，有一些强盗团伙已经重组，并在附近活动。确实，几天之后，我们的上士从白雅特要塞回来时（他在那里执行任务），受到了伏击，但依然看不到敌人的踪影。在距离我们庙宇2公里处，这位村长必须整晚都藏起来才能活命，还有他那可怜的随行人员，时刻需要小心谨慎，以避免随身携带的大量现金被抢劫。

一位法国商人，B先生[①]，自称是移殖民，但主要工作是向白雅特要塞的士兵销售苦艾酒、苦彼功酒，以及劣质的味美思酒，他也同样在一个夜晚遭到了中国团伙的袭击，他们想绑架他的老婆，却没有成功。据B先生估算，对于这次不怀好意的企图，应该索赔25 000法郎，他通过海军准将向中国政府通报了这件事。中国政府——这一点必须相信——根本没有讨价还价，便同意了这个数额。一个战友跟我开玩笑说，以荣誉军团勋章大十字骑士勋位的名义，这个B先生还可以再报更高的价钱，相信中国政府也会同意的。怎么不！仅仅一个女人一个晚上便可以获得25 000法郎；然而另一方面，可怜的士兵们却缺衣少粮，

[①] 此人应为在白雅特城做生意的第一个法国商人博戴（Baudet）。疑作者故意以B先生代之。——中文编者注

以天为被，以地为席，在那些日子里，他们连津贴都领不到。在我写下这几行字的时候，如果我没有提及这个类型的商人或这号人物的话，我也会感到奇怪。因为这种情况在新殖民地中很常见。士兵们战斗、牺牲，然后被遗忘，似乎都是自然而然的事情，但是这些刚登陆的城里人……当炮声响起时，他们是绝对安全的，他们靠着倒卖假酒水毒害军队。在随后的几年里，就是这个人，还对别人炫耀他的奉献，他由于特殊贡献而得到了奖赏。他已经准备好了让他的后代也做同样的营生。这就是大言不惭的移殖民。

在 1898 年 1 月，整个广州湾都贴满了李鸿章被任命为广东省总督的告示，① 而广东省毗邻广州湾。这在当地是一件真事，因为李鸿章是欧洲进步思想的支持者，正因如此，他的同胞们对他深恶痛绝。另外，广东省有着众多的秘密组织，他们有钱有势，庇护那些武装精锐、行为猖獗、行动迅速且难以对付的强盗团伙。

在敌对行动停止后，我们撤回了部分先前不得不留下来的人。我看着他们带着感动和惋惜离开了连队，因为有很多人曾经是我的朋友。我确实有时间与一些要离开的人聊几句开心的话，却是言不由衷。在异国他乡，生活并不总是有趣的，我们有时在不自觉中就会变得暴躁。但我们可以认真地想一想，当我们在敌人的炮火中戮力同心、并肩战斗时，我们能够在胜利到来时共同分享快乐吗？这不可能，看着我的战友们一个个离开我，看着我们的洛翰（Lorin）中尉调到了别的连队，我不免有些失落。这一切都发生在上午，但整整的一天，我都待在自己的那个角落里，脾气暴躁，喜怒无常，而且毫无胃口。

1900 年 2 月 4 日，我们接待了印度支那总督杜美先生的来访，他向我们发表了致辞。他的表现令人十分满意，并且对我们也很友好。他把所有的村长都聚集起来，向他们下达指示。我记得那些土著人看着他，脸上带着诧异的表情。翻译官多半已经向他们宣布了法国总督到来的消息，他们都等着看他穿金戴银，被奢华围绕。当他们看到他穿着与他们

---

① 此处时间有误，李鸿章接任两广总督的时间是 1900 年 1 月 18 日。另外，法文原文误称李鸿章为"亲王"（prince），这里也随文删去。——中文编者注

一样的普通衣服时,都失望了。所有这些,东方人都惊呆了!他们的结论是:为了确保在我们新殖民地的威信,统治者都应该穿着闪亮的服装,即使他并没有什么品位!但杜美先生的来访仍然是受到欢迎的,因为他已经决定,这里的人民在第一年里仅需上交很少的税。

在接下来的那个星期,博格尼斯-代博尔德(Borgnis-Desbordes)将军接任了印度支那部队的总司令。他采取了一些很受欢迎的措施,如在营地建立图书馆,以及为军人提供免费的邮寄服务等。他尽其所能,极大地改善了我们的境遇。当他到访我们的营地,并看到大家睡在地上,而且没有任何床上用品时,便询问上尉我们这样生活多久了,竟然连卧具都没有。"已经16个月了",上尉回答。将军没有言语,双手交叉在胸前,怜悯地看着我们。他很清楚地知道,谁都没有错,除了那些中国人。在我们这一方,没有人有抱怨的念头,因为最重要的是:战胜敌人,我们已经做到了。在这方面,顺便说一句,我觉得我们应该在法国时就能得到同样程度的精神训练,而不是在法国对士兵们百般呵护,然后使他们生活在贫困的连队中,并遭受困境的打击。

没过多久,我们就收到了床垫和草席。还有,他应该看看我们有多么高兴!早上,当闹钟响起,没有一个人愿意起床。我们在床垫上是那么舒服!很久以来,我们都没有这么正常地休息过了!

中国的农历新年到了(对我们来说是在 2 月份),那些中国官员们给上尉送来了礼物,我们从来都不敢拒绝,以防不小心又树敌。当地居民与我们的关系越来越密切了。另外,为了法国的利益,我们也尽可能地笼络他们;所有这一切,似乎都在朝着我们所希望的方向发展,并给这一年开了个好头。

当营地建成后(只花了 4 000 法郎),我们便在里面驻扎了。上尉在安置我们时兴高采烈地说:"该干事就干事,干完事就休息!"然而,有一些抢劫活动,尽管不太严重,但还是使侦察队不得安宁,时时都有交战发生。

1900 年 5 月,我们登上了"大篷车号"(Caravane)运输船,启程返回东京。

刚到达不久，我就申请第四年继续在此居留。我的申请被接受了。参谋部的一个朋友提醒我说，在中国北京那边发生了一些不正常的事情，东京占领军极有可能被派往世界其他地区。由于从广州湾回来的部队不应参加预备行动，我便立马换了军团。我成功了，但过程并非不曲折。

在到达河内第 9 军团时，在那些被指定派往中国的人中间，我请求新连队的上尉能理解我。"这太疯狂了"，我对他说。"您想让自己疲劳而死吗？""不，我的上尉"，我直接回答说。我知道自己的性格，而且也了解战场，但是这些都不是我所害怕的。"是的，"他回答说，"但是如果人在一个地方受挫，而且又不吸取教训的话，他永远都会受挫。"尽管我很好地为自己进行了辩护，但他还是把我编入了特遣队中，并说："这是你自己想要的，活该。"我这已经是第 4 或第 5 次听到这样的话了，然而，我依然活在世上。

我接替了一位生病的战友，同时，作为次日便要向海防进发的支队中的一员，我轻快地收拾了包袱。我和其他战友一起，满心欢喜地离开了河内，不断重复着凯撒越过卢比孔河时说过的话语："破釜沉舟。"我们登上了"卡夏尔号"（Cachar）运输船，它来自所谓的著名国字号公司"法国"①，却如此糟糕地对待法国的士兵。"弗里昂号"（Le Friant）巡洋舰与我们同行。三天后，我们到达了香港，这个背山的英国租借地，防御坚固而且商业繁华。一艘俄罗斯军舰停泊在港口，当我们靠近时，他们的乐队奏起了马赛曲，水手们也欢呼起来。我们的"弗里昂号"以礼炮回应了他们。我们还看到有不少外国军舰停泊在港口。

---

① 原文写作 Nationale，应为法国航运公司（Compagnie Nationale de Navigation）的简称。——中文编者注

法国"弗里昂号"（Le Friant）巡洋舰

  离开香港后，我们发现，这片著名的、被众多诗人抒情吟唱的东海，竟是如此暴躁。军舰就像在海上跳舞一般，无法前行，我们不得不停止前进，滞留至晚间。在舰上，我们 1 300 个士兵几乎同时前翻后仰，滚倒在一起，这对于海军的勤务来说，简直就是噩梦。由于过度颠簸，乘客们脚跟不停地做各种旋转，这样的狂舞乱跳一直持续到 19 日。这一天，我们到达了上海。23 日，我们在大沽（Ta Kou）① 上了岸。在那里，我的好奇心被勾起，数了数停泊在港口的军舰，竟有 100 多艘：装甲舰、巡洋舰，还有炮舰。晚上，港口显得非常壮观：所有的军舰都被水平扫射的探照灯照得发亮，形成了一道独特的景观。我们说，这就是一座处于节日庆典中的漂浮的城市。

  （本文献译自 Léon Silbermann, *Souvenirs de campagne*, Paris：Plon Nourrit et Cie, 1910, pp. 145 – 175. 译者：陈琳，广东湛江人，旅法学者。本译稿经《湛江晚报》何杰先生初校）

---

 ① 即天津大沽口，当时八国联军侵华战争正酣。——中文编者注

门头事件及其相关问题[1]
无名氏 著 秦秋福 译

政府已经收到了高礼睿准将和苏提督于 11 月 15 日签订的广州湾划界条约。同一封邮件还给我们带来了先前通报的关于两名尉官——顾伦和库恩于今年 11 月 13 日被杀一案的某些细节。

非正式的公报首先宣称，这两位尉官是在一场狩猎活动中被杀害的。该解释听起来似乎可信，但目睹了中国民众和官员日益高涨的敌对行动的法国军官竟然如此缺乏谨慎，这本来应该引起人们对该解释的怀疑。然而，我们却相信了非正式公报所传达的信息，我们错了。

今天我们知道，门头兵营驻地的顾伦先生和库恩先生并不是在一次简单的冒险远足中被杀害的，而是在一次侦察行动中被中国正规军杀害的。[2] 这次也一样，人们并没有说出真相。的确，我们已经没必要去追究关于该事件的不实消息，但不管是出于无意还是蓄谋，这些不实消息造成的结果都是将本来属于上级承担的责任推卸给了下级官兵。

在广州湾的整个事件中，我们连连犯错。自 1897 年年底开始，我国给海军部队指挥官的命令，以及撤销原令的命令，含糊其辞的政策及

---

① 本文献原题为"在广州湾"（A Kouang-tchéou-ouan），现标题为中文编者所加。本文献原作者不详，故以无名氏代之。——中文编者注

② 其实并非"中国正规军"，而是经过一定训练的当地民兵组织或练勇。——中文编者注

退让，都鼓舞了中国人的抵抗意志。我国政府的延误和让步使国家蒙羞，也让广州（两广）总督幻想可以通过不合作态度以达到使我们退却的目的。他在被破译的电报中不经意地透露了他的"恐英"情绪，同时也怂恿我们的对手暗中反对我们，这种暗中反对很快就变成了敌对行动。总有一天，所有这一切都将大白于天下。我们将明白，旨在确保我国新租借地安全的第一批要求为何会根据命令而缩水，同时上层还执拗地拒绝拨付经费和派驻军队。我们可以这么说，某些人的目的就是使我们从一个我们还在犹豫是否要守卫的地点撤退成为不可避免的事实，有人甚至故意贬低这个地点的价值。

不管怎样，尉官顾伦和库恩被敌人杀害了。这次伤害事件并非那些深受秘密会社骚扰的省份的海盗或强盗团伙所为，我方军官那天面对的是广州总督所控制的正规军。鉴于这次敌对行为，中国政府应对法国负有责任；而我国的相关部长也应该提出法律的裁决和赔偿要求。赔偿金额应该非常高，以便给天朝及所有那些嫉妒我们，且在广东、云南和上海给我们制造无休止困难的人一个教训。我国的威望不允许受到这样的伤害，法国的代表应该受到尊重。但是，哎！法国政府似乎准备批准这份满足了我方退而求其次心理的缩水协议，这真的是太可悲了！

首先，我们为租借地的范围未能包含我方两名军官死去的地点而感到遗憾。今天，为他们的辞世而痛哭的家人，如果知道他们的孩子为法国带来了一片用他们的热血浇灌的土地，而且死后就被安葬在他们被杀害的地点，长眠于他们在有生之年守卫并倒下的边境时，一定会感到非常自豪。

其次，从军事角度看，我们为新的边界未能至少延伸到四周最高的山峰及雷州河（la rivière de Lei-tchéou）① 出海口的右岸而感到遗憾。这些山峰控制和威胁着我们的租借地。该河右岸海角前出，与东海岛和硇洲岛遥相呼应，本来可以使我们封闭附近的第二个海湾②，而放弃这个海湾则使我们不得不绕过我们将要占据的领土行船。通过租借赋予我们

---

① 应为通明河，位于雷州市东北部。——中文编者注
② 即位于雷州半岛和南三岛之间的雷州湾。——中文编者注

的土地，显然无法满足为了维护我国的军事和商业利益而进行的众多建设。为了巩固我们的统治，为了使租借地真正成为面向中国内地的市场，仅仅靠几个岛屿是不够的，我们必须在陆地上获得一大片土地。英国人已经明白了这个道理，所以他们并不只满足于获得威海卫及其附属炮台，还要求兼并香港岛对面的九龙半岛，从而获得了有利于开发和防卫的广阔土地。

最后，出于最基本的谨慎，我们也应该模仿德国在胶州湾的行动。德国特意在它占领的地区周边划定了 16 000 平方公里的广阔区域，天子①承诺，如果没有德国皇帝的同意，将不会在此区域内采取任何行动。在敌意可以很快转变为公开敌对行动的某个地区，这种预防措施是不可缺少的。

目前，不仅有关我国租借地的划界存在缺陷，而且协议对我国两位军官被杀所承诺的补偿也不能使我们满意。只有遂溪知县这样的低级别官员被降职，且赔偿金也大打折扣，这可能会带来灾难性的后果。其实要想获得数千两白银并非难事，只需要在商人经常出入我国租借地的几条道路上增加厘金即可。如果这样，不仅罪犯没有受到任何处罚，中国官员也会注意提醒他们的商人说，我们的租借地周边是唯一征收这种附加税的地方，而英国人就会很高兴地看到我们设置这种新的贸易壁垒。本来我们就已经饱受嘲笑，如果再增加厘金，只会使我们更受中国人的厌恶。中国允诺的惩罚只涉及一个低级官员，他的降职更像一个诡计，他因为勇敢地抗击外国人并支持民众反抗，而获得了一个有利可图的职位作为补偿。因此，不仅我们所预想的任何结果都没有得到，而且促成了与我们的预期恰恰相反的结果的出现。

我们必须要求处决罪犯以及指挥他们的中国官员，我们还必须要求由广州总督出资，建立一座赎罪纪念碑，碑文上必须写明罪与罚，碑文用两种文字书写。该纪念碑不仅必须受到中国天子的保护，而且天子还要命令人们敬仰它，好好保存它。

---

① 指中国皇帝。——译者注

我们尤其需要严正拒绝仅能补偿我们物质损失的任何金额的赔偿建议。接受这个建议是可悲的，因为从司法角度看，罪犯和相关官员没有受到任何惩罚，而惩罚与否则可以更进一步地确定谋杀一个欧洲人的代价。（从所有外国人的角度看，虽然他们之间因国际竞争而存在某种分歧，但也会同意这样的观点，因为这涉及他们的生存。）

对于目前李鸿章被任命为两广总督一事，我们也不能太过于乐观。也许这是一场新的灾难，这会不会是一个阴谋？因为他们很高兴看到疏远一个危险的对手，并控制住艰难的局势。我们要想洞察宫廷的阴谋很不容易。的确，当李鸿章于1898年9月被总理衙门免职时，曾引起法、俄、德等国部长们的同情。但我们也不该忘记，有人曾控告李鸿章与广州青年党①有勾结，不过李鸿章在与英国人谈判时的态度还是比较开放的。总之可以确定的是，这位年事已高的官员将成为两个不同派别极力争取的对象：他的犹豫即将结束，这对我们有利。一片新的战场展现在毕盛先生和杜美先生的眼前。我们相信他们的才能将有用武之地，但愿他们能够从这位绝不可轻视的北直隶（Petchili）②总督兼黄河工程监察那里获得一些实质的利益。此外，英国肯定也会干预此事。

法国政府也提出要求，并获得了一条从广州湾到安铺的铁路修筑权，以及高州和雷州的矿山开采权。新的销售市场从此向我国资本敞开了大门。最近一段时间以来，我国资本似乎比以前更为活跃。但需要注意，如果不细心保护广州湾，东京③将很快被孤立，中国对我们作出的承诺也将会变得毫无价值，我们也将不得不放弃开发云南和连接四川的想法。我们的竞争对手已经获得在西江巡逻的权力，他们的炮舰已经沿江上溯到广州以外的地区，他们甚至已经在梧州府建起了一座堡垒化的领事馆。他们的这种果敢与我国近一年来的一味克制形成了鲜明对比。

---

① 广州青年党，应为兴中会（广州分会）这样的组织。——中文编者注
② 明朝时的北直隶为清朝直隶省的前身（区别于南京地区的南直隶），故此处北直隶即清末直隶省。李鸿章曾担任直隶总督达25年之久。——中文编者注
③ 本书中的"东京"，除特别指出外，均指越南北部东京地区。——中文编者注

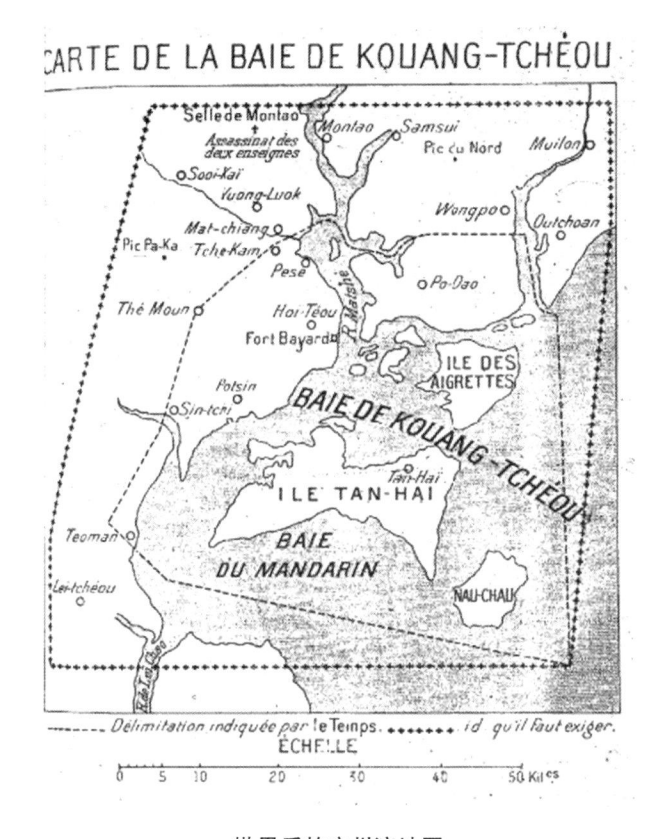

勘界后的广州湾地图

需要指出的是，其他列强在中国获得租借地都非常顺利，而我们获得租借地却困难重重。我们之所以用我们的对手作例子，并非表明我们的指导思想是为了不加考虑地模仿别国，但不同的政策的确产生了不同的效果。我们的政策并未给我国带来荣誉，还使人们对我们的体制产生了质疑。俄国人在满洲、德国人在胶州、英国人在九龙同样都会受到敌视。但人们对此议论甚少，因为最初的敌对行为很快就遭到镇压了，有时甚至是残酷的镇压。这样一来，敌意反而变成了尊敬。最后必须明白，与中国人达成真诚谅解是不可能的，因为他们只尊重武力。在很长时间里，我们都表现得太软弱了。这种并非个例的错误政策带来了严重的后果。如果不顾警告继续推行这种政策，还会犯下错误。现在是纠正这种错误的时候了。

梧州英国领事馆旧址

几个月前,在东京的另一端,即云南边境附近,一个法国领事馆受到了攻击,并遭到掠夺和焚毁。尽管中国再次作出了承诺,但我们现在依然还在等待修复我们位于蒙自(Mongtse)的被毁建筑。在这次挑衅事件发生后,杜美先生想派出一支4 000人的远征军作为回应。他还保证,不向法国政府要一分钱便可以带领这支军队不费一枪一弹地占领云南的省会昆明。然而,一位领事却使这一切付诸东流,法国外交部禁止执行这一本来可以使我们解决东京腹地销售市场问题的计划。从此以后,中国人可以放心地为所欲为了。该事件发生几个月后,中国正规军于10月9日袭击了一支法国小分队,造成2死6伤。中国军队还在11月12日杀害了两名法国军官。在划界协议签订之后的11月16日至22日,新爆发的战斗又使我们付出了2死12伤的代价。

总之,如果我国政府不能通过其他方式要求正当的利益和体面的解决方式,我们将非常担心我国在远东的利益(威望和物质利益)会不会濒于破产。11月12日发生在广州湾的谋杀案所获得的赔偿,与犯罪本身不成比例。我国新租借地的划界仅为我们的军事安全和商业利益的发展准备了一片完全不够的土地。我们希望这份过于仓促批准的协议并不会剥夺我们对这份本来就存在缺陷的协议进行修改的可能。总之,如果可以对该协议进行修改的话,对两名被杀军官的补偿应该被一片大陆上的土地完善,这样我们就不会再遇到类似于英国在九龙所遇到的那些困难。

目前，我们急于知道遭受卑劣手段攻击和杀害的两名法国军官的仇是否已经报了。在此同时，我们也向那些为履行职责而献身的人们致敬。就像在"笛卡尔号"军舰上一样，我们每天晚上都会重复这句话："门头军营的尉官顾伦和库恩被敌人杀害了。"

（本文献译自"A Kouang-tchéou-ouan"，*Questions diplomatiques et coloniales: revue de politique extérieure*，paraissant le 1er et le 15 de chaque mois，Paris：Rédaction et Administration，1900，pp. 88 – 93. 译者：秦秋福，广西民族大学法语系教师）

广州湾租借地划界谈判文献选

秦秋福 译

选自法国外交部
《外交档案》（中国，1898—1899）
巴黎，国家印刷厂
1900

第 1 号

法国驻北京公使毕盛先生

致外交部长德尔卡塞先生函：

我已于 5 月 27 日向总理衙门提交了一份协议草案，现将草案文本随信附上。

与此同时，我已声明：鉴于广州总督①不愿达成任何谅解，并且继续通过一些敌视法国的手段制造地方混乱，我们将不得不占领我们有权要求获得的租借地上的一些重要据点。同时我还曾宣布，我们将在这片土地上建立我们的行政管理机构，正如那些与我们同样获得租借地的其他列强在中国所做的一样。

总理衙门以广州总督反对为由，对我进行了反驳，并要求将我们租借地的范围限制在广州总督划定的边界之内。对于该方案，我只能拒绝。此外，我觉得以不同于这位中国官员的方案来解决该事件的时机已经到来。一年多以来，此事进展缓慢以及我们在进驻时所遇到的困难皆因此官员而起，我已经强烈要求他根据中国对我们应承担的义务，采取必要的紧急措施，以防止我们即将进驻的地区的秩序陷入混乱。

昨天，我收到了总理衙门的两封急件，一封关乎租借地的划界问

---

① 即两广总督。——中文编者注

题，另一封则关乎我国军队的进驻问题。在第一封急件里，总理衙门的大臣们重申了他们的理由，并要求我们降低要价，同时还给我送来了一份地图，以表明他们的建议。

在第二封急件里，他们因得知了我们即将占据他们出让给我们的海湾而显得焦躁不安，并向我转达了广州总督对此事的指责。

根据他们送给我的地图，意图出让给我们的租借地被缩小到了北临白鹭水道①（从位于海头对面的尼维角一直延伸到吴川河②）和东、南、西三面环海的那个岛屿。除了该岛，还包括海头炮台（在雷州辖区）和在我方地图上标为莲花滩（Lin-Fa-Tan）的小岛屿。③ 也就是说，这只相当于我们所要求土地的1/8。而以下地区都不在租借地的范围之内：硇洲岛、东海岛、雷州境内除海头炮台之外的整个广州湾沿岸、赤坎镇，以及整个属于高州的一些地区，包括位于北峰（le Pic Nord）④和白鹭水道之间、被广州湾与梅菉（有10多万居民）和吴川这两个大市场之间的公路穿越的区域，这两处市场都位于吴川河的沿岸。

我回信拒绝了这个与我方建议相左的方案。在坚持我方建议的同时，我还注意到，我们正在采取的措施正是我们受到恶意胁迫的结果。我再一次认为应该将责任归咎于广州总督，正是他恶化了刚刚出现的混乱状况。此外，我还要指出，既需考虑我方的权利，又要考虑与中国的良好关系，我们随时愿意友好协商，去解决这一由于并非取决于我们的不幸事件而变得复杂的问题。

我写此信的目的是让您明白，我们决心已定，并且一定要达到目标。

毕盛
1898年6月4日，北京

---

① 或译鸟冠河。——中文编者注
② 今鉴江。——中文编者注
③ 该岛即东头山岛，古称莲花滩、莲花村。据《遂溪县志》载：古时此地莲花盛开，香飘十里，并有茂林修竹、山容耸翠，盛产麋鹿，素有"鹿渚莲洲"之美称，为"遂溪八景"之一。——中文编者注
④ 北峰，即位于坡头区北端的尖山岭。——中文编者注

斯蒂芬·让-马利·毕盛（Stephen Jean-Marie Pichon，1857—1933），法国外交官，1898—1901年任法国驻华公使，后多次出任法国外交部长

1898年6月4日法国驻北京公使信函的附件
关于广州湾的协议草案
（于1898年5月27日送交总理衙门）

第一款

为中法两国敦睦邦交，中国将广州湾租予法国，作为兴建海军基地及储煤站之所，定期99年，唯订明出租无碍中国在租借地之内行使主权。

第二款

租借地所辖范围，包括保障海军基地及储煤站安全、补给、常规发展所需之水面地界，即：

a. 东海全岛；

b. 硇洲全岛；

硇洲岛与东海岛之间水面，系中国船舶航行及停泊要道，嗣后此法租借地内通道仍由中国船舶任便往来停泊，无须缴税。

c. 雷州之地，包括自通明南面海岸某处和北纬20°50′，至北纬21°25′的石门（Che-Men）之间地带，大致范围于所附地图有所指示。

d. 高州之地，包括北纬21°25′至北纬21°04′之间地带，大致范围于所附地图有所指示。①

e. 广州湾内小岛屿、海湾内外水域，以及硇洲岛与东海岛之外部水域界面，按国际法承认之界限（6海里）。

雷州及高州陆地之准确边界，于本条约签订后，由两国政府指派官员专门勘定。

两国官员，亟宜着手划界，以免两国争执。

第三款

所租之地于99年租期内，全归法国一国管辖，以免引发两国间所有可能之争执。

居民若能保全其物业，安分守法，则可继续在租借地内居住经营，并受法国之保护。法国如需征用本地人物业，则给予业主公平补偿价格。

第四款

租借地之内，法国可修筑要塞，驻军，设防御措施，可在租借地内沿岛屿、海岸，兴建灯塔，设立标记、浮桩等，以便行船。总之，设置措施，立定章程，保障行船自由及安全。

第五款

中国商船及与中国有外交及贸易关系之列强商船，在租借地之内，待遇如在中国各通商口岸。

法国可在所辖地面港口，立定章程，征收灯塔税及吨位税，以供灯塔、标记、浮桩工程建设和维护之用。所立定章程，无论船只国籍，一

---

① 北纬21°25′，位于官渡以北、塘缀以南的铁路附近某处（即尖山岭所在位置），北纬21°04′位于南三岛与东海岛之间的广州湾入口位置。——中文编者注

并适用。这些措施专用于广州湾，至于本条约第二款所涉及硇洲岛与东海岛之间水面，不在此款规定范围内。

第六款

如遇引渡犯人之事，则依据中法已签条约，特别是涉及中国与东京关系的中法条约办理。

第七款

中国政府允许法国政府，于雷州府广州湾内海湾某处至雷州府西海岸安铺附近兴建铁路，安铺附近选址待以后确定。

中国负责供地，法国负责出资建设经营，中国人以后可照价付款，使用铁路。

中国官员有维护铁路及其设施安全之责，铁路维修保养则归法国负责。

第八款

法国还可在安铺附近的铁路终点处修建码头、栈桥、仓库和医院，设立灯塔、浮标和交通信号。离铁路终点最近的深水锚地（领海）将专门预留给法国战舰和中国战舰停泊，但中国战舰只能保持中立。

本条约即刻生效。本条约现由中国皇帝批准，在经法兰西共和国总统批准之后，将尽快在……互换批准书。

本条约于1898年……在北京订立，条约一式8份，其中法文4份，中文4份。

第 2 号

外交部长德尔卡塞先生

  致法国驻北京公使毕盛先生函：

  法国驻海口副领事刚给我发来一份报告，报告称，吉戈特·德·拉·比道里埃尔准将在广州湾升起了法国国旗。

  鉴于当地民众对我们表现出敌意，尤其鉴于雷州知府的态度，我请您务必要求中国政府立即向两广总督下达命令，要求他注意维持该地区的秩序，以确保我们可以和平占领已经向我们出让的租借地。

  您必须用最强硬的语气向总理衙门要求此事。

德尔卡塞
1898 年 6 月 27 日，巴黎

泰奥菲勒·德尔卡塞（Théophile Delcassé，1852—1923），法兰西第三共和国外交部长

第 3 号

法国驻北京公使毕盛先生

致外交部长德尔卡塞先生函：

我方军官和水兵受到一些扛着大旗的团伙的攻击。我已经向总理衙门提出抗议，总理衙门向我传达了一份广州总督的电报，该电报将责任归咎于我国军队。我则指出中国政府应该对所发生的冲突负责。

毕盛
1898 年 7 月 29 日，北京

第 4 号

外交部长德尔卡塞先生

致法国驻北京公使毕盛先生函：

庆常（Tching-Tchang）[①] 向我转达了一份总理衙门的电文，就一些中国人于 7 月 29 日被我国水兵杀害的事件提出抗议，要求惩罚"罪犯"，并对受害者家庭提供金钱赔偿。

您要让总理衙门明白，他们既搞错了事实，又误解了我方的意图。

[①] 庆常，时任中国驻法国公使。——译者注

我方的意图一直是友好的，但我们不得不以武力击退袭击者。如果当地政府尽到了他们的义务，这些袭击就不会发生。如果中国不能确保我们享受和平，我们将不得不在租借地上建立我们自己的警察部队。

德尔卡塞
1898 年 8 月 7 日，巴黎

第 5 号

海军部长洛克瓦（Lockroy）先生
　　致外交部长德尔卡塞先生函：

　　我很荣幸地向您传达海军少将德·博蒙先生刚刚发给我的电文。

洛克瓦
1898 年 8 月 8 日，巴黎

1898 年 8 月 8 日海军部长信函的附件

远东舰队司令德·博蒙少将
　　致海军部长洛克瓦先生函：

　　我军登陆部队占据的地点为：海头炮台，这是我军的主要立足点；硇洲岛炮台，该岛一直被认为包括在租借地之内。
　　占据该岛是必不可少的，因为该岛一方面可以为我方营地提供额外的粮食补给，另一方面也可以监护外海航标系统。

我军的防御在上述地点得到了最低限度的保证，但除了河流之外，还没能进行任何的划界准备工作。

德·博蒙
1898年8月6日，海防

第6号

法国驻北京公使毕盛先生

致外交部长德尔卡塞先生函：

德·博蒙少将主张，需要占领的土地应该包括硇洲岛和东海岛，以及广州湾的整个沿海，但雷州府除外。租借地沿海岸的宽度还有待确定。

我昨天收到卡恩（Kahn）① 先生的一份写于8月25日的报告，该报告指出，海头的土著人攻击了我们设在该处的要塞，这些袭击者装备有速射步枪。

毕盛
1898年9月15日，北京

---

① 即甘司东·卡恩，时任法国驻海口副领事。——中文编者注

第 7 号

法国驻北京公使毕盛先生

致外交部长德尔卡塞先生函：

在我的多次要求下，总理衙门发布了好几份公告以安抚民众。但我们还必须与从广西起事并加入黑社会的海盗团伙打交道。这些人讨厌外国人，且对中国的贸易和繁荣漠不关心。

毕盛

1898 年 9 月 16 日，北京

第 8 号

法国副领事卡恩先生

致外交部长德尔卡塞先生函：

中国的划界专员已于 9 月 12 日抵达。

德·博蒙少将认为，在对这个新的占领区进行勘察之前，划界是不可能的，因为土著人的态度一直具有挑衅性，他们想方设法与我们作对，并且误解我方的意图。

卡恩

1898 年 9 月 24 日，海防

第 9 号

外交部长德尔卡塞先生
　　致法国驻北京公使毕盛先生函：

　　卡恩先生指出，在广州湾民众中蔓延的谣言具有恶劣的影响，对我方意图造成了很大冲击。我们应该给我方机构发电报，要求他们让当地民众明白，我们绝不想扰乱他们的生活，相反我们愿意给他们提供保护，尊重他们的风俗习惯，还要发展贸易，并保证他们的安全。

德尔卡塞
1898 年 9 月 30 日，巴黎

第 10 号

外交部长德尔卡塞先生
　　致法国驻北京公使毕盛先生函：

　　作为对我方多次要求的回应，庆常送来了一份照会，表达了中国政府想加速广州湾划界的强烈愿望。我向他表明，德·博蒙少将在要求进行划界的同时，还提出有权修建一条从租借地边境一直延伸到安铺海岸的铁路，并要求在该处的铁路终点修建海上工程及船舶靠岸所必需的设施。中国政府将为铁路、港口和附属设施提供土地。

德尔卡塞
1899 年 3 月 4 日，巴黎

第 11 号

法国驻北京公使毕盛先生

致外交部长德尔卡塞先生函：

根据您3月4日电文的指示，我立刻向总理衙门提出了我国租借广州湾的划界问题。在本月9日总理衙门接见我时，陪我一同前往的还有卡恩先生。我向中国政府陈述了我方的建议。

我重申了我方的行动是善意的，并对中国政府通过庆常向阁下表达划界意愿表示赞赏。当总理衙门以广州总督反对为由向我提出反对意见时，我回答说我们不能接受这个理由，因为广州湾是由清帝国政府出让给我们的，而不是由一个一直以来对我们表现出敌意的地方官员出让给我们的。除了提到两广总督一直以来的态度外，我还提醒说我们还可以援引一些事件来反驳他，如果不是因为我们表现出极大的忍耐和节制，他很可能已经挑起了我国军队和中国地方官员之间的真正冲突。

为了能够重启谈判，并在事实清楚的情况下继续谈判，在会见结束时，我还给总理衙门发了一封电文和一份照会。

毕盛

1899年3月11日，北京

第 12 号

外交部长德尔卡塞先生

致法国驻北京公使毕盛先生函：

中国公使交给我一份电报的翻译件，总理衙门通过该电报让他提出以下要求：

1. 要求授权您在广州湾划界问题上作出让步和修改；
2. 在边界最终划定之前，我国军队不得进入租借地。

我回应称，在关乎经我方军事部门认定可确保我们未来进驻安全的领土问题上，我们不能作出让步，而且我们已下定决心要占领这一地区。您在经过详细了解后，仅可在某些细节问题上，以及在某些对当地中国人来说是必不可少的便利方面作出轻微的让步，但必须在我方可接受的范围之内。

清帝国政府应该明白，我们拥有要求他们完全履行对我们已经作出的承诺的能力。

德尔卡塞
1899 年 4 月 24 日，巴黎

第 13 号

外交部长德尔卡塞先生

致法国驻北京公使毕盛先生函：

我饶有兴趣地阅读了您今年 3 月 11 日写的关于为确定我们将要占

据的新租借地广州湾的条件而对总理衙门采取的策略的报告，我对您在这个问题上给我的提示表示感谢。

您已经向总理衙门明确表明了，共和国政府打算在这片海域建立一个海军站和屯煤之所。

我相信您不仅可以成功地完成为实施我们的计划所必需的划界工作，而且相信您也可以成功地让中国政府采取一些措施，以避免我们通过强硬手段来建立对广州湾的牢固统治。

我授权您向总理衙门提交在我方军事部门指导下制定的划界条约。

德尔卡塞

1899 年 4 月 29 日，巴黎

第 14 号

法国驻北京公使毕盛先生

致外交部长德尔卡塞先生函：

我今天已向总理衙门提交了关于广州湾管理的协议草案，并声明说我们将占领那些我们需要的重要地点。我也要求广州总督能接受相应的指示。

毕盛

1899 年 5 月 27 日，北京

第 15 号

外交部长德尔卡塞先生

　　致法国驻北京公使毕盛先生函：

　　我已向中国公使宣布，鉴于我们对广州湾地区的进驻不可推迟，我们已经授权我国分舰队司令占领那些重要据点。我还对广州总督的敌对态度提出了强烈抗议。

德尔卡塞
1899 年 6 月 1 日，巴黎

第 16 号

外交部长德尔卡塞先生

　　致法国驻北京公使毕盛先生函：

　　在最近的一次外交会见中，中国驻巴黎公使向我提交了一份他于 5 月 29 日收到的总理衙门电文。该电文涉及广州湾划界问题，中国政府通过该电文指示他坚持要求我方作出一些让步。

　　我答复庆常说，我们不可能对您业已提交给清帝国政府的协议草案做任何修改。此外，正如我此前已经对他说过的那样，我补充说，我们已经决定从现在起占领那些我们在广州湾要求获得的重要地点，没有什么能够阻止我们实施这一决定。

德尔卡塞
1899 年 6 月 2 日，巴黎

第 17 号

外交部长德尔卡塞先生

致法国驻北京公使毕盛先生函：

庆常奉命再次与我方交涉，要求我方停止在广州湾的军事行动，以避免与当地民众发生冲突。他保证说广州地方政府已经接到了和解命令。

我回应称，只要中国政府同意我们的要求，我们就可以停止军事行动，我们只要求获得为了保障租借地利益和安全所必需的最低限度的土地。同时我还指出，当地民众没有任何理由发动骚乱，因为我们尊重他们的财产、风俗习惯和管理方式，中国政府应该让民众明白，我们是作为朋友来到这里的。

最后我指出，我们不可能再重谈因总理衙门的延误而导致我方已经实际完成的军事行动，不过在上述情况下，中国政府仍然可以避免我方军事行动的进一步升级。

这次会谈之后，我收到了海军基地指挥官的一份电报，该电报宣称占领租借地的部分行动已经开始。对于此次行动，我已经在 6 月 1 日电报所提到的会见中通知了庆常。

德尔卡塞
1899 年 6 月 7 日，巴黎

第 18 号

海军部长德拉奈森（De Lanessan）先生
　　致外交部长德尔卡塞先生函：

我很荣幸地将海军准将高礼睿先生刚刚发给我的一份电报的电文通过附件发给您。

德拉奈森
1899 年 6 月 30 日，巴黎

1899 年 6 月 30 日海军部长信函的附件

远东分舰队司令、海军准将高礼睿先生
　　致海军部长德拉奈森先生函：

在 6 月 24 日和 25 日两日间，我顺利地占领了三处要地。我发布了一份公告，其主要内容如下："在中国出让的租借地里，在经由中国政府确定了边界的领土范围内，风俗习惯将得到尊重，旧的税赋制度也保持不变。"

中国地方政府开始抗议；但我回应称，我是执行了您的命令，而且中国政府已经提前得到了我方外交部长的通知。

告示一经贴出，广受好评与认可。

高礼睿
1899 年 6 月 29 日，海头

第19号

法兰西共和国驻北京公使毕盛先生

致外交部长德尔卡塞先生函：

高礼睿准将通过电报告知我说，他已经占领了租借地，但中国的行政机构却令人难以理解，因为官员们拒绝提供行政档案。尽管我昨天再次口头强烈要求提供这些档案，但总理衙门赞成那些中国官员们的做法。准将手下的部队人数太少，因此有必要给他提供增援部队。

毕盛

1899年7月6日，北京

第20号

外交部长德尔卡塞先生

致海军部长德拉奈森先生函：

您在本月8日向我传达了一份电文，我国远东分舰队司令通过该电文宣布了负责参加悬而未决的广州湾租借地划界问题谈判的马元帅（le Maréchal Ma）[①] 即将到来的消息。高礼睿准将等待指令并要求获得授权，以便和中国政府的这位代表一起，解决划界问题。

---

① 原文疑有误，应为苏元帅，即苏提督苏元春。——中文编者注

我很荣幸地向您确认,我在昨天上午的部长会议上已对此作出解释,而且获得了通过。①

因此,应该给高礼睿准将以必要的授权,以便能尽快地解决所涉及的划界问题。此外,为了能让他圆满地完成这一任务,似乎非常有必要占领那些我们要求获得的重要地点。一旦如此,则我们几乎就不需要在是否正式承认这些既成事实的问题上与中国代表发生过多的纠缠。

您也知道,共和国政府只打算要求获得为了保证我们新租借地的安全和充分利用所必需的那些土地。因此,在经过深入研究之后,在不损害我方利益的前提下,高礼睿准将可以在谈判过程中作出某些细节上的让步,以便与中国政府的代表达成协议。因此最好在原则上给他这一授权。

一旦在现场达成协议并完成实际划界,则需由我国驻中国公使在北京敦促中国政府批准这些协议。

我完全相信我国分舰队司令能够成功完成我们赋予他的使命;但很重要的一条是,他必须拥有采取有效行动的力量,特别是要拥有对我国要求获得的整个地区进行有效占领的能力。

德尔卡塞
1899 年 7 月 12 日,巴黎

---

① 部长会议,即内阁会议或国务会议。——中文编者注

第 21 号

海军部长德拉奈森先生

致外交部长德尔卡塞先生函：

通过 7 月 12 日的来函，您让我知道了在您看来需要向高礼睿准将传达的指令，以便他能够顺利地进行广州湾租借地的划界工作。

我很荣幸地告知您，我已迅速就此事给我国远东分舰队司令官发去了指令，通知他，政府已经授予他必要的权利，以解决划界问题。

德拉奈森
1899 年 7 月 13 日，巴黎

第 22 号

法国驻北京公使毕盛先生

致外交部长德尔卡塞先生函：

今天，我获得了总理衙门的接见。

关于广州湾问题，我方的要求继续遭到顽强的阻力。我声明说，我们将不得不要求罢免广州总督的职务。

我觉得我们必须表现得越来越强硬，并对中国的这种无诚意行为采取相应的行动。

毕盛
1899 年 7 月 19 日，北京

第 23 号

法国驻北京公使毕盛先生
　　致外交部长德尔卡塞先生函：

　　苏将军（le Général Sou）① 已经被任命为广州湾事务全权钦差大臣。如果我国占领军能够得到紧急增援，那么我认为这将有利于划界谈判。

毕盛
1899 年 8 月 19 日，北京

第 24 号

海军部长德拉奈森先生
　　致外交部长德尔卡塞先生函：

　　我很荣幸地将远东和西太平洋分舰队司令高礼睿准将刚发给我的一份电文通过附件发给您。

德拉奈森
1899 年 10 月 12 日，巴黎

---

① 即广西提督苏元春。——译者注

1899 年 10 月 12 日海军部长信函的附件

远东分舰队司令高礼睿准将
  致海军部长德拉奈森先生函：

  本月 9 日，我军一支侦察部队在靠近赤坎的我方营地附近，遭到了遂溪知县自 7 月以来集结的军队的攻击。我方有 3 人负伤。作为反击，我打算占领赤坎，但形势十分严峻。

高礼睿
1899 年 10 月 11 日，海头

第 25 号

外交部长德尔卡塞先生
  致法国驻北京公使毕盛先生函：

  在一次私人接待中，我就解决广州湾事件的问题，向新任中国公使表达了强烈不满。
  我坚持要求迅速解决此事。鉴于广州总督拒绝满足我们的所有要求，我请求解除他的职务。中国公使表达了他的良好意愿，并宣称将电告北京。

德尔卡塞
1899 年 10 月 14 日，巴黎

第 26 号

外交部长德尔卡塞先生
　　致海军部长德拉奈森先生函：

　　您于本月 12 日向我传达了一份发自海头的电报，远东分舰队司令官高礼睿准将通过该电报通报了一支中国军队针对我军的敌对行动。
　　也许您和我所想的一样，这次袭击似乎可以使我们下决心向我们的海军舰队司令增派新的增援部队。

德尔卡塞
1899 年 10 月 17 日，巴黎

第 27 号

法国驻北京公使毕盛先生
　　致外交部长德尔卡塞先生函：

　　根据卡恩先生发自广州湾的一份电报，广州总督为了阻止我们占领租借地，组织了反抗活动。

毕盛
1899 年 10 月 21 日，北京

第 28 号

法国驻北京公使毕盛先生

致外交部长德尔卡塞先生函：

我已给总理衙门发送了以下信件：

我必须郑重提请殿下①和阁下们注意，贵国赋予苏将军的广州湾划界事务似乎出现了延误。这个问题本应该早就解决了。我们只是以极大的耐心和本着不太被贵国政府承认的友好态度接受了贵国在划界问题上的一再延误。然而，钦差大臣似乎根本不急于前往目的地。他10月2日才会到达上海，而从上海动身的日期却仍未确定。在前往目的地与法国舰队司令谈判之前，他还要访问不同的地方。殿下和阁下们不应该对这种行事方式视而不见，这将有悖于你们的承诺，也缺乏对我们的尊重，因此无论如何都是不能容许的。这种拖延不仅会导致我方采取新的决定，还会加深我方已有的不满，我在与你们的会谈和通信中已数次表达了这种不满。最终结果可能会使达成和解协议变得更为困难，甚至可能无法达成和解协议。

我恳请殿下和阁下们就此给负责与高礼睿准将谈判的专员下达命令。很显然，高礼睿准将不可能无限期地等候下去。

（该信于1899年9月29日写于北京）

总理衙门答复我的照会如下：

---

① 当时总理各国事务衙门王大臣为庆亲王奕劻。——中文编者注

正式答复函

我们于光绪二十五年八月二十五日（西历1899年9月29日）从阁下那里获知了如下信息：

"贵国赋予苏将军的广州湾划界事务似乎出现了延误。苏将军10月2日才会到达上海，而从上海动身的日期却仍未确定。他必须前往目的地与法国舰队司令谈判。我恳请殿下和阁下们就此给负责与高礼睿准将谈判的专员下达命令。很显然，高礼睿准将不可能无限期地等候下去。"

苏将军已于本月十二日（西历9月16日）从北京动身前往天津，并在那里作短暂停留。此后他将会从天津前往上海。

在收到上述信函后，本衙门马上给苏将军发去了电报，要求他到达上海后不要再访问其他地方，而是火速前往广东。

以上是我们认为应该给阁下作出的答复。

（该信写于光绪二十五年八月二十七日，即西历1899年10月1日）

毕盛
1899年10月23日，北京

第29号

海军部长德拉奈森先生

致外交部长德尔卡塞先生函：

我很荣幸地将我于10月24日发给远东与西太平洋分舰队司令高礼睿准将的一份电文通过此信转发给您，该电文的措辞是在当天的部长会议上确定的。

德拉奈森
1899 年 10 月 25 日，巴黎

1899 年 10 月 25 日海军部长信函的附件

海军部长
　　致鸿基（Hong-Ay）① 远东分舰队司令函：

　　政府已决定给您增派部队。外交部长将尽力使您确定的边界得以批准。

德拉奈森
1899 年 10 月 24 日，巴黎

第 30 号

法国驻海口副领事卡恩先生
　　致外交部长德尔卡塞先生函：

　　苏将军已经通过一份正式文件接受了我们要求的边界。关于安铺铁路，他已电告北京。
　　在谈判结束后，他将负责安抚租借地周边的民众。

卡恩
1899 年 10 月 29 日，海口

---

① 鸿基，今越南下龙市。——中文编者注

第 31 号

法国驻北京公使毕盛先生

致外交部长德尔卡塞先生函：

卡恩先生通过电报告知我关于广州湾的最终协议，除了第 7 和第 8 款外，高礼睿准将和苏将军已就各点达成了正式协议。

当我去总理衙门要求完善这份协议时，此前对此未曾发表意见的总理衙门答复我说，中国政府不同意出让广州湾的两个岛屿。我明确拒绝就这一点进行任何谈判，并表示我方不会作任何让步。总理衙门的态度源于广州总督的新诡计：他继续制造混乱，并鼓励民众和推动中国政府与我们对抗。

毕盛

1899 年 11 月 3 日，北京

清朝总理衙门

第 32 号

法国驻北京公使毕盛先生
　　致外交部长德尔卡塞先生函：

卡恩先生给我发来了以下电报：
广州总督给苏将军发去了一份带有侮辱性措辞的电报，要求他撤销将硇洲岛和东海岛出让给法国的决定。

毕盛

1899 年 11 月 5 日，北京

第 33 号

海军部长德拉奈森先生
　　致外交部长德尔卡塞先生函：

我很荣幸地将远东与西太平洋分舰队司令高礼睿准将于 11 月 5 日发来的一份电报通过此信转发给您，该电报通报了广州湾划界工作的现状。

形势要求我们必须马上采取有力措施。

在这种情况下，我给殖民部长写了信，请他要求印度支那总督立即给高礼睿准将提供他所要求的两个营的海军陆战队及一个炮兵排。

德拉奈森

1899 年 11 月 6 日，巴黎

1899 年 11 月 6 日海军部长信函的附件

远东分舰队司令高礼睿准将

　　致海军部长德拉奈森先生函：

　　广州总督通知苏将军说，总理衙门不承认苏在那些岛屿问题上的决定。苏不想让步，谈判因此中断。

　　广州总督以非常激愤的民众将起来造反为由相威胁；我需要两个营的步兵和一个炮兵排。

　　与此同时，我请求印度支那总督立即给我提供一个营的步兵、一个炮兵排、一位上校和一名翻译。

　　我也要求交趾支那提供一艘炮舰。

高礼睿
1899 年 11 月 5 日，海防

第 34 号

外交部长德尔卡塞先生

　　致法国驻北京公使毕盛先生函：

　　印度支那总督被要求立即向广州湾派遣两个营。

　　请您向总理衙门声明，在广州湾租借地以我方士兵为目标的袭击行为以及拒绝批准苏将军已经同意的边界协议，对我们构成了不友好行为，这将迫使我们不得不加多占领军，我们还将保留索赔的权利，我们现在就要声明这一原则。

你还可以提醒他们注意那些悬而未决的问题,并暗示我方要价的多少将取决于这些问题能否迅速解决。

德尔卡塞

1899年11月8日,巴黎

第35号

法国驻北京公使毕盛先生

致外交部长德尔卡塞先生函:

作为对您指示我提出要求的答复,总理衙门告知我说,他们已经发电报给苏将军,让他本着和解的精神与高礼睿准将继续谈判,"并认为谈判可以迅速地顺利完成"。中国政府的一些部长也向我表达了同样的愿望。

毕盛

1899年11月10日,上海

第 36 号

外交部长德尔卡塞先生

  致法国驻北京公使毕盛先生函：

  我非常赞赏您的努力，也对此深表谢意。
  我们将坚持我方的态度，直到我们的要求得到完全满足。

德尔卡塞
1899 年 11 月 12 日，巴黎

第 37 号

法国驻北京公使毕盛先生

  致外交部长德尔卡塞先生函：

  "让－巴特号"（Jean-Bart）通知我说，我方的两名军官在门头被杀害。高礼睿准将扣留了海南道台作为人质。① 针对这一事件，在收到您的指示之前，我想我应该避免与总理衙门进行任何交涉，也避免与之进行任何对话。我主张应提出以下要求：

  1. 将广州总督革职；
  2. 将遂溪知县降级；
  3. 完全采纳我方的划界协议；

---

  ① 海南道台，实为雷琼道台。——中文编者注

4. 解决伸德辉（Chanès）① 神父被杀事件；
5. 将在谋杀案中犯罪的民兵斩首。

毕盛

1899 年 11 月 14 日，北京

伸德辉神父（中）

第 38 号

外交部长德尔卡塞先生

致法国驻北京公使毕盛先生函：

海军部同事将高礼睿准将的一封电报转发给了我，但该电报未能阐

---

① 伸德辉，又译伸忽略、沙耐思，法国入华传教士，在 1898 年 10 月 14 日惠州府博罗县柏塘教案中被烧死。——中文编者注

明谋杀案的情况，也没有指出凶手是谁。

因此，请您立即将我方两名军官被杀事件告知总理衙门，并要求总理衙门：

1. 严惩凶手及负有责任的官员，无论其级别有多高；
2. 完全接受高礼睿准将和苏将军签订的划界协议；
3. 对伸德辉被杀和柏塘（Pak-Tong）[①]教堂被纵火焚毁作出赔偿。

同时还要坚持我在 11 月 8 日电报中提出的索赔原则和权利。您还要补充说明，如不能满足我方的要求，我方将审视如何运用以及在何等情况下运用我方重新获得的行动自由权利。

德尔卡塞
1899 年 11 月 15 日，巴黎

第 39 号

法国驻北京公使毕盛先生

致外交部长德尔卡塞先生函：

以下是卡恩先生告知我凶杀案的电报：

"11 月 13 日，'笛卡尔号'上的两名军官在门头军营附近单独散步时，遭到遂溪知县手下民兵的攻击，并被砍去头颅。"

对此负有责任的官员是遂溪知县和广州总督，正是总督支持知县与我们的数次控诉相对抗，也是总督不断地鼓动民众与我们作对。卡恩先

[①] 即广东省博罗县柏塘镇。——中文编者注

生在一份电报里还补充说，这些人的态度仍然没有发生变化。

苏将军和高礼睿准将已在划界协议上签了字。

毕盛

1899 年 11 月 18 日，北京

第 40 号

法国驻北京公使毕盛先生

致外交部长德尔卡塞先生函：

我已经向总理衙门提出了您所确定的那些要求。

毕盛

1899 年 11 月 28 日，北京

第 41 号

外交部长德尔卡塞先生

致法国驻北京公使毕盛先生函：

您需要提出的工业特许经营权包括：

1. 一条从安铺到广州湾的铁路，以及在安铺的海运服务设施；

2. 特许经营雷州、廉州和高州的矿山。

德尔卡塞
1899 年 11 月 30 日，巴黎

第 42 号

法国驻北京公使毕盛先生

致外交部长德尔卡塞先生函：

根据阁下的指示，我已经通过口头和书面形式，向中国政府提出了工业特许经营的要求，以及两位军官被杀的赔偿金额。同时我认为，我们必须坚持要求将广州总督撤职和将遂溪知县降职。苏将军和高礼睿准将签订的协议上已经包括了安铺铁路。

至于何时释放海南道台，我认为应该等到我方要求得到完全满足后再宣布。

毕盛
1899 年 12 月 5 日，北京

第43号

外交部长德尔卡塞先生
　　致法国驻北京公使毕盛先生函：

　　您要坚持要求将遂溪知县降职和将广州总督撤职。
　　既然您觉得有必要，那么我们就继续扣留海南道台。

德尔卡塞
1899年12月8日，巴黎

第44号

法国驻北京公使毕盛先生
　　致外交部长德尔卡塞先生函：

　　我认为，我们在广州湾问题上的所有要求将很快会得到满足。广州总督已被革职。我们获得了雷州、廉州和高州的矿山经营权。当然，关于安铺铁路，其所涉国有土地和无主土地也将无偿出让给我们。其余事项我正在与他们谈判。

毕盛
1899年12月16日，北京

第 45 号

外交部长德尔卡塞先生

致法国驻北京公使毕盛先生函：

和您一样，我希望我们的要求能够迅速得到完全满足。我对您的努力深表谢意，同时我也保证向您提供所有支持。部长会议授权我向您宣布，在必要时，我们将派遣其他增援部队。

德尔卡塞

1899 年 12 月 17 日，巴黎

第 46 号

法国驻北京公使毕盛先生

致外交部长德尔卡塞先生函：

请您接受我最诚挚的谢意，您的电报使我深受感动。

根据《京报》（Gazette de Pékin）公布的一项政令，李鸿章已被任命为广州的代理总督。

他的前任已被紧急召回北京。

遂溪知县也已被降职。

中国政府已经原则上答应给"笛卡尔号"两名被杀尉官的家人提供赔偿。我坚持要求赔偿金额为 20 万法郎，并要求在巴黎付款。

毕盛

1899 年 12 月 20 日，北京

毕盛（摄于第一次世界大战期间）

第 47 号

外交部长德尔卡塞先生

　　致法国驻北京公使毕盛先生函：

　　请您坚持自己的主张，当然我也一定不会改变我的态度。我对已经获得的成果感到非常满意。

德尔卡塞
1899 年 12 月 21 日，巴黎

第 48 号

法兰西共和国驻北京公使毕盛先生
致外交部长德尔卡塞先生函：

我很荣幸地告知您，围绕我方军官被杀事件，我方的以下要求得到了满足：

广州总督被李鸿章取代。

遂溪知县被降职。

划界协议一旦送达北京，就将有奏章呈给皇帝，请求他批准该协议。

安铺铁路线上的国有土地和无主土地将无偿出让给我们。

高州、廉州和雷州的矿山经营权将出让给一家法中合营企业。

中国政府已经下令逮捕和处死那些在谋杀案中充当凶手的士兵。中方已将我方军官的尸体归还，还以中国政府的名义道了歉。两位遇害者的家人将获得5万两白银（相当于20万法郎）的赔偿。

雷州（Lei-Tcheou）教案也将得到解决。①

中国政府也在原则上正式同意对今年夏天发生的云南骚乱作出赔偿，赔偿金额将由方苏雅（François）② 先生和云南当地政府官员商议决定。

毕盛

1899 年 12 月 25 日，北京

---

① 这里的雷州（Lei-Tcheou）教案，情况不详，是否为惠州柏塘教案，有待进一步核实。——中文编者注

② 方苏雅（1857—1935），原名奥古斯特·弗朗索瓦（Auguste François），中文名为方苏雅，1899 年 12 月起任法国驻云南府（今昆明）名誉总领事兼法国驻云南铁路委员会代表。——中文编者注

第 49 号

海军部长德拉奈森先生

致外交部长德尔卡塞先生函：

我很荣幸地将远东分舰队司令高礼睿准将刚刚发给我的一份电报通过此信转发给您。

德拉奈森
1899 年 12 月 30 日，巴黎

1899 年 12 月 30 日海军部长信函的附件

远东分舰队司令高礼睿准将

致海军部长德拉奈森先生函：

我国驻北京公使通知我说事情已经得到解决，我因此释放了海南道台，并将扣留的炮舰归还。

高礼睿
1899 年 12 月 26 日，海头

方苏雅与苏元春

附录　对广东传教会进行赔偿的谈判

（关于伸德辉神父被杀一案）

第 70 号

法国驻北京公使毕盛先生
　　致外交部长德尔卡塞先生函：

　　我从弗拉耶尔（Flayelle）先生发来的电报中得知，伸德辉先生和几位天主教徒在柏塘教堂里被杀，教堂被焚毁。
　　我紧急要求总理衙门审理此案，审理时间定在明天。我将要求采取有力的措施。

毕盛
1898 年 10 月 18 日，北京

第 71 号

外交部长德尔卡塞先生

致法国驻北京公使毕盛先生函：

我刚会见了庆常，当时他对伸德辉先生及其同伴被谋杀案还不知情。我告诉他将由您来负责要求对罪犯进行警戒性惩罚。我还补充说，如果这种混乱持续蔓延到沿海地区，并威胁到我国公民及受我国保护民众的生命安全，我们将不得不亲自为他们提供安全保障。

德尔卡塞

1898 年 10 月 19 日，巴黎

第 72 号

法国驻广州领事馆负责人弗拉耶尔先生

致外交部长德尔卡塞先生函：

我怀着沉痛的心情向阁下宣告广州传教会伸德辉神父的死讯。他于 10 月 14 日在柏塘被杀害，一同遇害的还有几个当地的天主教徒。

弗赖西内神父（P. Frayssinet）的一份报告，清楚地表明了中国当局的口是心非和对教会的敌意。这次令人心痛事件的责任完全在中方，他们难辞其咎；而且他们已经好几次得到了法国领事馆和教会关于事件情况进展的正式通知。

当时我马上就向广州总督提出了强烈抗议，并通过电报通知了法国公使馆。10月17日，总督的秘书来向我表达了他本人以及总督府的歉意。我用严厉的措辞向他重申了我的抗议，并向他宣布说，法国绝不会让谋杀一个法国国民的凶手逃脱制裁。王（Ouang）先生企图与我商讨解决这件事的方法，但我明确拒绝与之讨论此事，并告诉他，我没有与之商讨解决如此严重事件的权利。我告诉他，法兰西共和国驻北京代表是唯一有资格讨论如何解决这次不幸事件的人，也只有他能够与法国政府一起，确定中国政府应该承担的责任。

目前，我请您要求对本案的所有罪犯进行严厉的惩罚；而总理衙门也将在晚些时候把有关决定告知于法国部长阁下。

弗拉耶尔
1898年10月20日，广州

第 73 号

外交部长德尔卡塞先生
　致法兰西共和国驻罗马教廷大使布贝尔（Poubelle）先生函：

法兰西共和国驻北京公使刚刚发来一份电报，向我通报了最近发生在柏塘的骚乱，传教士伸德辉和几个天主教徒在所属教区教堂的骚乱中被杀害。现将这份电报通过附件发给您。为从这起谋杀案中获得赔偿，毕盛先生和我谈了他打算采取的措施。

我这边也于昨天将这些信息通知了中国公使庆常。我的语气非常坚定，他不得不予以重视。

德尔卡塞
1898年10月20日，巴黎

第 74 号

外交部长德尔卡塞先生

致法国驻北京公使毕盛先生函：

请告诉我总理衙门对您在 10 月 18 日关于伸德辉被杀案电报中所提出的措施有何回应。

德尔卡塞
1898 年 11 月 16 日，巴黎

第 75 号

法国驻北京公使毕盛先生

致外交部长德尔卡塞先生函：

我去了好几次总理衙门，在我的干预之下，总理衙门促成了一道逮捕罪犯的圣旨。此外，总理衙门还免除了一位知县的职务，但我还未能促使总督的秘书被撤职。该秘书由于一直以来对我方持有敌对态度以及在此次谋杀案中负有责任，而被弗拉耶尔先生要求撤销职务。弗拉耶尔先生还未通知我那些罪犯是否已经被逮捕。

关于赔偿的问题，我还在等您的最后指示。我觉得我们可以将

1884 年的事件和目前的事件一起来解决，这样我们就可以要求大约 16 万两白银的赔偿。或许我们应该强烈坚持这一要求。

毕盛
1898 年 11 月 20 日，北京

第 76 号

外交部长德尔卡塞先生
　　致法国驻北京公使毕盛先生函：

　　您必须要求对罪犯进行严厉惩罚，同时还应要求对伸德辉的家人及教会进行赔偿。

德尔卡塞
1898 年 11 月 25 日，巴黎

第 77 号

外交部长德尔卡塞先生
　　致法兰西共和国驻罗马教廷大使布贝尔先生函：

　　在本月 3 日的信函中，我通知了您关于传教士伸德辉于 10 月 14 日在广东柏塘被杀害的事件。

根据我的指示,共和国驻北京公使马上就要求中国政府对此次谋杀事件作出赔偿。毕盛先生电报通知我说,柏塘所在县的知县已经被免职并投入监狱。我们的代表还说他将继续与总理衙门交涉,以便我们能够从我国海外公民被杀案件中争取其他的政治和司法赔偿。

如果您觉得有必要,请将这些信息告知教皇陛下的内侍兼红衣主教。

德尔卡塞
1898年12月7日,巴黎

第78号

法国驻广州领事馆负责人弗拉耶尔先生

致外交部长德尔卡塞先生函:

我觉得有必要对在广州举行的关于柏塘事件(伸德辉被杀案)的多次谈判向您作一个总结汇报。

自事件发生以来,根据共和国驻中国公使阁下的指示,鉴于总督的敌视态度,当柏塘的三位士绅来领事馆的时候,我中断了谈判,并将此事件提交给北京处理。这些士绅宣称他们是受知县的指派,并得到了其同胞的同意前来处理这个问题。

我告诉他们,总督已经拒绝批准和履行他们已经向邵斯(Augustin Chausse)① 主教作出的承诺,他们甚至企图利用这种形势撇清他们的责任。根据我的指示,该案文件已经移交给毕盛先生。

---

① 邵斯(Augustin Chausse),巴黎外方传教会(M. E. P.)入华传教士,1886—1900年任天主教广州总教区主教。——中文编者注

鉴于我的使命已经结束,在接下来的时间里,我已经无权重启谈判,更没有权力处理该案件。从此,法国公使阁下是唯一有权力处理此事的人,也只有他可以在今后将他认为中国人必须接受的条件告知中国人。鉴于中国人未能履行他们最初的承诺,等待他们的将是更为苛刻的条件。

这些中国人对我的声明感到非常惊讶,并恳求我给毕盛先生发一份电报。他们接受了我们提出的解决此事的所有条款,但第 6 条除外(即除了向教会支付 8 万皮阿斯特的赔偿,还要向伸德辉的家人支付 8 000 英镑的赔偿)。他们说这一条并未出现在由广州主教提出并得到他们同意的条件之中。

我很快就将这些建议通过电报发给了共和国驻北京公使阁下,他授权我接受这些条件。我也要求总督必须确保这些条款得到执行。

尽管总督对教会和欧洲人怀有敌意,但我还是希望他可以明白,解决这件已经拖得太久的事情对他是有好处的。

弗拉耶尔
1899 年 5 月 18 日,广州

第 79 号

法国驻北京公使毕盛先生
致外交部长德尔卡塞先生函:

我对广州总督的态度再次提出了强烈抗议。他对所有事情都设置障碍,并且阻止解决发生在他的辖区内的所有事件。他尤其阻碍伸德辉事件的解决。该事件本应该在我国海军离开时就得到解决。该事件的解决方案代表了柏塘居民的意愿,也获得了我方的同意。我向他声明我们将

坚持这一方案，不可能减少或修改里面的任何条款。

毕盛
1899 年 5 月 27 日，北京

第 80 号

外交部长德尔卡塞先生
　　致法国驻北京公使毕盛先生函：

　　为了坚定表明我方的态度，根据您的要求，我与中国驻法国公使就柏塘事件进行了商讨，并向他指出，我对未能看见中国政府圆满解决该事件表示不满，同时向他声明，我们不会同意对我方的要求作出任何删减或修改。

德尔卡塞
1899 年 6 月 2 日，巴黎

第 81 号

法国驻北京公使毕盛先生
　　致外交部长德尔卡塞先生函：

　　关于柏塘事件，我仍然遇到顽强的阻力。鉴于我们的要求与我们提

出的关于广州湾事件的要求有关，所以我们可以采取相同的惩罚措施。

毕盛

1899 年 7 月 19 日，北京

第 82 号

法国驻北京公使毕盛先生

致外交部长德尔卡塞先生函：

在广州湾事件得到解决的同时，伸德辉事件也通过赔偿 8 万元（dollar）一并得到了解决。①

毕盛

1899 年 12 月 25 日，北京

（译者：秦秋福，广西民族大学法语系教师）

---

① 关于该笔赔偿金的货币单位，在上文 78 号档案的法语原文里写作皮阿斯特（piastres），此处写作元（dollar），清末汉语文献里则写作银。实际应为银或银两。以上法语文献在涉及广州湾门头（平石）事件两名被杀法国军官的赔偿金时，使用的货币单位为银两（taël）和法郎（franc）。——中文编者注

"安菲特里特号"在广州湾
(1701.11.16—1702.5.10)

让·伊夫·克拉埃 著 陈琳 译

在广州湾政府的安排下，印度支那总督、海军中将德古先生，于11月21日在白雅特城参加了法国远东学院校友会建立的一座纪念碑的剪彩仪式，该纪念碑建立的目的是纪念"安菲特里特号"——第一艘因商业目的而在中国海岸停靠的法国军舰。

1697年，"安菲特里特号"在法国中西部的一个沿海城市拉罗谢尔（La Rochelle）开始服役。该船排水量为500吨，装配有30门大炮，拥有150名船员，是一艘很美丽的军舰。

简而言之，下面是一份关于该舰在中国海，尤其是广州湾航行的记录。在这艘护卫舰（Frégate）[①]停靠广州湾的6个月时间里，我们与当地人建立了友谊，这对于以后在中国设立法国商行是一个非常好的铺垫。

"安菲特里特号"曾被法国国王借给了"王家中国公司"的创始

[①] 法国海军内部无"驱逐舰"（Destoryer）的舰艇分类，所有水面作战舰艇皆被称为"护卫舰"（Frégate）。——中文编者注

人，该公司的母公司正是著名的"东印度公司"。我们感兴趣的其实是这艘军舰的第二次航行，即广东之行。在那个年代，航行的风险是很大的，由于受到技术设备的局限，水手们通常没有办法准确预测台风等海上灾难。

"安菲特里特号"的第一次远航是由霍克（Roque）先生指挥的。这次旅途并未遭遇太大的波折。唯一值得提及的意外事件发生在穿越西沙群岛的途中，但全体人员最终都毫发无损地离开了。为了纪念这起事件，他们还将该舰的名字赋予了一些岛屿。

第二次航行就完全不是那么一回事了。1701年3月7日，"安菲特里特号"离开莫尔比昂（Morbihan）① 的路易港。这次航行由弗罗热·德·拉希戈迪埃尔（M. Froger de la Rigaudière）船长——他曾是首航霍克船长的二副——指挥，霍里（Horry）和布维·德·拉杜什（Bouvet de la Touche）先生则是他的左右手。他还让德·波里约（de Beaulieu）教授和自己的侄子拉希戈迪埃尔（Chevalier de la Rigaudière）骑士也一起上了船。船医名叫路耶西（Louèche）；掌舵的叫迪雅尔丹（Desjardins），他对中国海域非常了解。唯一的军官是艾歇勒（Eschelles）先生，这也是他的首次远东之行。在进入中国海域之后，有9名传教士上船与他们会合，而其他乘客则都是以费热哈勒（Figérald）先生为首的"王家中国公司"的成员。船上装载的货物大部分都是给清朝皇帝康熙的贡品，为的是能够顺利地推行法国与中国的贸易计划，并简化海关的进出口程序。要知道，在当时，这些程序都是异常的烦琐和破费的。

在船行至西沙群岛北边以前，一直都没发生什么特别的事情，旅途也很愉快。传教士们那些感人肺腑的传奇般的书信，给我们留下了关于旅途状况的详细记录。在这些往来频繁的书信中，除了杂乱无章的冗余叙述和无法避免的刻板文风外，其余所描述的事情都是引人入胜的。作者描述的客观性是不容置疑的。在他们中，有很多人都是第一次走上福音传播之路，而且他们的很多观点都很新颖。他们大部分的信件都会寄

---

① 莫尔比昂（Morbihan），位于法国西北部布列塔尼的一个省份。——中文编者注

给教会的高层，尤其是谢斯（Chaise）神父，他是国王的告解师。同时，这些信件也详细地描绘了乘客们的虔诚，以及在危急关头全体船员们的协作，定期的弥撒、祈愿和在危急关头的祷告。总而言之，他们无时无刻不在提及上帝。

相反，那些寄往传教士们家里的信件，却主要描述的是途中所经历的各种奇闻逸事。这些信件其实都很有趣，但并不说明传教士们就丢掉了应有的基督教精神或者对传教事业的热爱。没有这种热爱，是无法成就其使命的。无论其初衷是什么，这些信件都显示出人文精神，也更能打动凡人的心。凭借"将深藏于灵魂深处的恐惧显示在脸上"，从而将自己最真诚、最内在的一面坦诚地展现给主，这才是对主最大的信任与忠诚。

在经过西沙群岛附近时，尊敬的汤尚贤（Tartre）① 神父在给父亲的信中叙述了他对"安菲特里特号"第一次穿越危险的暗礁情景的记忆，以及传教士许下的祈愿：如果能够成功脱险，他们就会在圣－方济各·沙勿略（Saint-François Xavier）② 的坟上为他建一座同名的小教堂。他的坟墓位于澳门西南方的上川岛（Sancian）。旅途中，我们的神父将有机会造访该岛，并参与感恩祭祀活动。最后他们愿望成真，安全脱险，于是小教堂也建立了起来。③ 汤尚贤神父还在信中说，西沙群岛（Le Paracel）属于安南国王管辖。④

此时，"安菲特里特号"已离开法国快5个月了。导航员说："欧

---

① 汤尚贤（1669—1724）神父，全名 Pierre Vincent de Tartre，法籍耶稣会士，曾作为康熙皇帝御用学者参加《大清全舆图》的测绘，于1724年去世，葬于北京，其墓碑位于西城区车公庄大街北京行政学院内滕公栅栏墓园。——中文编者注

② 圣－方济各·沙勿略（1506—1552），葡萄牙派至亚洲的天主教传教士，是第一位试图从广东进入中国的传教士，1552年殒命于江门上川岛，曾被西方天主教会誉为"最伟大的传教士"。——中文编者注

③ 现存上川岛圣－方济各天主教堂建于1869年，很多人认为这是当地最早建立的教堂，用以纪念1552年来中国传教的圣－方济各·沙勿略。但此处所涉1701年"安菲特里特号"也在此地建立教堂一事，还需要学术界作出进一步的研究与考证。汤尚贤神父认为，早在1700年以前，就已有葡萄牙神父在此建立了教堂。——中文编者注

④ 这种说法应是汤尚贤神父的误解。实际上早在唐宋时期，我国就已对西沙群岛行使主权。——中文编者注

洲的军舰能这么快到达中国，这是从来都没有过的！"西沙群岛本来就不易通过，再加上到了7月底这个台风季节，在其间穿行就更加危险。于是我们尽可能地绕过西沙群岛，绕得越远，我们就越觉得安全。即便如此，"安菲特里特号"在到达中国海岸之前还是经历了四次暴风雨的洗礼。

"要真正进入中国，还得付出一百倍的努力！"在描述第一次风暴时，汤尚贤神父风趣地说道。在大家进入航行倒计时之际，厄运开始了。第一次台风过后，"安菲特里特号"的桅杆被打断，前甲板上的设备也被刮走，而且艉楼也被吹掉了。最危险的时刻还是主桅杆被吹倒……"因为它处在四个水泵之间，而水泵的间距只有两英尺。"[1] 万幸的是，主桅杆只是轻轻地倒在了两个水泵杆的中间。

风暴过后，船只很快恢复了平静。船员将前桅帆的帆缆索具用替补的桅楼的横桁补好了，但这时"安菲特里特号"已经失去了原本的风光。航行过程中还遇到了一艘葡萄牙船只，但是那位葡萄牙船长拒绝向"安菲特里特号"提供救济援助。性格刚强的洪若翰（R. P. Fontaney）[2]神父对此很不满，然而汤尚贤神父却只是简单地说了一句："我们是多么的窘迫潦倒啊，以至于都能把葡萄牙人吓坏了！"

原本顺风4个小时就能到达澳门，可是突然间风停了，紧接着又是一场暴风雨，这次"安菲特里特号"便被风吹到了西南边。费热哈勒不断地给船长施压，导致船长德·拉希戈迪埃尔也开始担心起船上的货物，于是他便决定让洪若翰神父换上一艘中国式帆船，让他先带着礼物从广州运往北京。这位耶稣会会士着手把大量的货物搬运到船上，这些货物有些是带给自己教会的，也有相当一部分用来进献给中国的皇帝。但是第三次风暴又开始袭击这艘千疮百孔的船了。

---

[1] 引文据洪若翰（R. P. Fontaney）神父的信函。
[2] 洪若翰（1643—1710）神父，此处原文写作 R. P. Fontaney，国内一般写作 P. Joanes Fontaney，西方一般写作 P. Jean de Fontaney，布列塔尼人，法兰西科学院院士，兼领"王家数学家"荣衔，1687年首批到达中国的五名法籍耶稣会会士之一，最博学的传教士和开启中法文化交流新时代的关键人物之一，曾用奎宁为康熙皇帝治愈疟疾，著有《康熙大帝》等。——中文编者注

传教士在给他父亲的信中写道："我已经开始厌倦自己不停地向您描述我们所经历的风暴，如果没有特殊的事件发生，我是不会再提这些内容的。但这不是一部小说，小说可以吹得天花乱坠，可以为了取悦读者，构想出各种各样的冒险……这次的风暴，比前两次都来得猛烈，船差点就沉了，我们成功地体验到了所有能够在海上遭受的苦难。"

船长德·拉希戈迪埃尔想要退回到最近的一处避风港：那个有着圣-方济各·沙勿略坟墓的上川岛。但是他已经无法操作船只了：在那个暴风雨的夜晚，他损失了主锚、小艇、帆架和帆，连桅杆也一根接一根地被摧毁了，船已被损坏得无法操纵了。但神奇的是，黑暗中，这艘船竟在许多看不见的岛屿中随波穿行，并且在日出之前漂出了50古里！①

终于，"安菲特里特号"挺下来了，船员们在一个叫作放鸡山（Fanki-chan）②的小岛上花了半个月左右的时间，尝试修补了船只。在卜文气（Louis Porquet）③神父的陪同下，洪若翰神父乘上两艘帆桨船，带着一些送给皇帝的礼物，离开了"安菲特里特号"。而后"安菲特里特号"就遭受了第四次风暴。

洪若翰神父在到达广州之后又折了回来，但是他花了25天时间找"安菲特里特号"，因为船只又被暴风吹到了更西边的地方。随后"安菲特里特号"被拖行了60古里（约合264公里）。"苦工和小艇也极尽所能，远远地拖着'安菲特里特号'。"神父还告诉拉希戈迪埃尔船长，附近有一块很不错的锚地，在那里可以过冬和修补船只，而且那个地方是他自己经过探索才发现的，并且已经确认当地人都非常友善。

这个落脚地就是广州湾。海军档案馆里存储着那个海湾的地图，上面清晰明确地标明了广州湾的位置，表明船长弗罗热·德·拉希戈迪埃尔先生当时已经非常确定他所处的位置。这个停靠点就是那个被称作

---

① 约合220公里。——译者注
② 茂名放鸡岛，原名汾州山，后名放鸡山，位于电白区东南面8海里，属于电白区博贺镇管辖。——中文编者注
③ 卜文气（Louis Porquet，1671—1752），法籍耶稣会士，1701年到达中国后，先后任湖广、江西和江南传教士。——中文编者注

"花丘"（Le Morne du Bouquet）的海滩，那里至今还有一座寺庙①，标志着它的位置。

在经历了第四次风暴，并且被损坏得无法操作之后，"安菲特里特号"还能够到达这个避风港，并不是偶然的，这无疑得益于传教士们的建议和帮助。船长德·拉希戈迪埃尔一到广州湾便写信给洪若翰神父，他这样说："我的神父，是您拯救了我和船员们，使我们找到了一处安全的港湾，并且获得了修补船只所需要得到的帮助，如果将来您需要帮助，我和我的船员也将竭力相助……我们的船只在这里很安全……我们已经感受到您的虔诚的好处：附近的官员们都过来看我们，并且给我们送来了所有他们拥有的东西。为了使我们更方便地运输货物，他们把我们周围的小船都移开了。船员们也开始快乐起来：只需花1个苏②，就能买到一只大鸡，4个法郎就能买到一头牛，由此可想而知，其他食品的价格也是极低的。"

上岸之后，船员们很快就从疲惫和航海疾病中恢复了过来。在广州湾停留的那段日子是舒适的。人们很热情，生活也很简单。在船只修复期间，船员们还能以打猎捕鱼作为消遣。6个月的短居之后，修补好的"安菲特里特号"于5月10日起航，开往广州。

［本文献译自Jean—Yves Claeys, "L'Amphitrite à Kouang-tchéou-wan（16 novembre 1701—10 mai 1702）", *Indochine*（Hebdomadaire Illustré）, 28 novembre 1940, pp.1-4. 译者：陈琳，广东湛江人，旅法学者。本译稿经《湛江晚报》何杰先生初校］

---

① 原文为pagode，可译为宝塔或寺庙。——中文编者注
② 1法郎等于20苏。——中文编者注

法国护卫舰"安菲特里特号"兴衰史
——兼论"安菲特里特号"与广州湾之关系

乔尔·蒙塔古　肖丹　著　肖丹　译

一、引言：1698—1702 年间两次正式造访大清帝国的法国护卫舰"安菲特里特号"的历史重要性

有史料记载的第一艘直接到达大清港口的商船，是一艘法国海军租借给法国私营贸易机构的军舰（见图 1 和图 2，17 世纪晚期法国典型的护卫舰）。这艘军舰名叫"安菲特里特号"，是以希腊神话传说中海洋女神的名字命名的。它于 1697 年 3 月 6 日从法国濒临大西洋的拉罗谢尔（La Rochelle）港出发，驶往中国的广州，由法国贵族德·拉·霍克（de la Roque）骑士指挥航行。军舰满载着华丽而珍贵的、充满异国风情的中国舶来品，于 1700 年 1 月 26 日回到法国，这在当时的欧洲霎时引起时尚界的轰动。很快，这些珍品便在欧洲各地拍卖。6 个月后，在一位新船长——弗罗热·德·拉希戈迪埃尔（Froger de la Rigaudiere）的带领下，"安菲特里特号"再次起航向广州出发；在经历了重重磨难和延误后，于 1703 年 8 月 17 日回到法国，同样带回了满船的珍宝货物。在第二次航行当中，由于在中国的离岸遇上了一连串可怕的风暴，船的桅杆丢失了，几近瘫痪。他们耽误了近 6 个月时间。幸运的是，他们在广东的一个名叫"广府"海湾的小岛的沿岸避难。最后他们终于找到了合适的桅杆，很艰辛地把桅杆拖到搁浅在滩涂的船上，然后把桅杆接上去。虽然航程比原计划延迟了很多，但"安菲特里特号"最终得以完成任务。这个小海湾一直保存完好，且在地理位置上具有重要的战略地位。纯属偶然的是，在1898年被法国侵略后，此地变成了800多平方公里的法国在华租借地"广州湾"的一部分。在300多年后的今天，"广州湾"这块法国从中国得来的租借地，现归属于中国南海沿岸广东省湛江市的管辖范围。

尽管"安菲特里特号"的这两次艰难而又意义重大的航行早已被人们遗忘，但是，它一旦被提起，无论对于法国船主还是对于船员来讲，都将被视为法国海军和商业史上辉煌的一页。有着非凡的勇气和决心的"王家中国公司"，第一次展开了法国国王路易十四（见图3）与大清皇帝康熙（1662—1722年在位，见图4）的正式外交。"安菲特里特号"的两次远航，也为中法两国日渐增长的正式商务往来铺平了道路。有意思的是，"安菲特里特号"是以商业为目的向海军租来的商船，除了全体船员外，还有一群精通数学的天主教耶稣会士同行，他们打着为大清朝廷传授其迫切需要的数学和其他技能的旗号，微妙地向中国人传教。由于对中国较为了解，且中文流利，耶稣会士的领袖在"安菲特里特号"的两次航行中的主要任务，就是促进和管理法国与中国最初的外交关系。确实，这些耶稣会士在为法国发起与中国商务往来及建立外交关系方面所作的贡献是功不可没的。对于法国人的这两次中国远航，英国人曾经不无羡慕地写道："法国人打破亚洲壁垒的本事是一流的，这个壁垒已经让中国与外界隔绝了300年。"[1] 那么，我们究竟应该如何认识"安菲特里特号"的这两次中国之行呢？

---

[1] 弗朗索瓦·弗罗热著，萨克森·班尼斯译：《1698—1700年第一批到达中国的法国外交使团日志》，伦敦：T. C. 纽比出版社1859年版，第39页。

图1　17世纪晚期法国护卫舰

图2　17世纪晚期法国护卫舰

图3　法国国王路易十四

图4　康熙皇帝

二、促使"安菲特里特号"两次不同寻常的中国远航发生的因素是什么?

现在,中国学术界对于18—19世纪西方列强(包括美国)瓜分中国沿海地区的历史怀着浓厚的兴趣,[①] 而如今他们对曾经一度被遗忘的"安菲特里特号"之航,也变得非常有兴趣,因为它呈现了英国和法国后来争夺在华支配权的最初的激烈竞争状态。更重要的是,他们不知道,也许那时法国人就已为几个世纪后法国帝国主义在东南亚和中国的大历险埋下了早期的种子。出于这个原因(可能还有别的原因),我们很值得去把"安菲特里特号"不太为人所知的几次航行(尤其是在中国和后来的航行)的细节,加入到法国侵略中国的研究中来。

首先,在"安菲特里特号"服役的早期,以及在它下水之前,欧洲和法国发生了一连串非常奇怪而复杂的事件(在17世纪80年代),它们汇集到一起,促使"安菲特里特号"的两次中国之行不可避免地发生了。以下是四个主要的因素。

1. 法国国王路易十四对中国的极大兴趣

促使"安菲特里特号"两次中国远航发生的首要因素,是17世纪及其之前,[②] 法国乃至欧洲其他国家的贵族对中国产生了日益增长的痴迷,路易十四和他的朝廷也被中国思想和文化迷住了。也许这个看起来是件怪事:路易十四被称为是"法国最信奉基督教的国王",但他却又转向天主教耶稣会,让他们帮他满足自己的欲望,其时耶稣会已在东南亚和中国有所发展。不仅是因为路易十四想宣扬天主教(在他的晚年肆意挥霍也许对他来说比较重要),而且更重要的是,他很渴望和中国在经济和外交上有联系。为了巩固自己的统领地位,路易十四的得力海军部长库尔贝(Colbert)也认定法国在使中国向法国和西方开放这件事情上可以发挥重要的作用,同时在两国建交后他们可以向中国的上层士大

[①] 廖乐柏:《中国涉外地方:条约港时代的外国在中国(1840—1943)》,香港:香港大学出版社2015年版。

[②] H. 别列维奇·斯坦克维奇著:《路易十四时代法国的中国风情》,巴黎,1910年。

夫学习，并把西方的智慧和宗教传授给这个世界上最庞大、最世故，但又鲜为人知的国家。

2. 法国海军的私有化

路易十四统治法国达 72 年之久。在其统治期间，他希望能够增强海军的军力，保护法国的领海不受强盗和侵略者的侵扰，以及发展与全世界的贸易联系。于是路易十四便采取了大量的且效果显著的措施，以扩大海军的阵容，提高军力。其中一项就是下令在大西洋沿岸建立起全新的海军工厂。在 17 世纪，他们把海军工厂选址在罗什福尔（Rochefort），一个地处大西洋沿岸中央的小小渔村，它被周围的小岛包围着，好好地保护着。渔村被夏朗德河（Charent River）连接到一个满是森林的小岛，那里可以提供造船的木材。在他的巨大努力下，到 1690 年，法国王家海军便成了欧洲最大的舰队，拥有可在一线作战的军舰 110 艘，还有其他各种类型的军舰 690 艘，舰队总人数达到 100 000 人。确实，源自路易十四 1666 年的那股热情，在接下来的那个世纪里仍在延续着，法国海军大约造出了 1 300 艘船只在罗什福尔服役。[1] 很巧，其中有一艘护卫舰就是"安菲特里特号"，它的变迁兴衰就是本文的主题。

---

[1] 详情参见马莉亚·马丁·阿切拉著：《罗什福尔港与法国海军的建立：1661—1815》（第 2 卷），索邦：巴黎第四大学博士学位论文，1992 年。

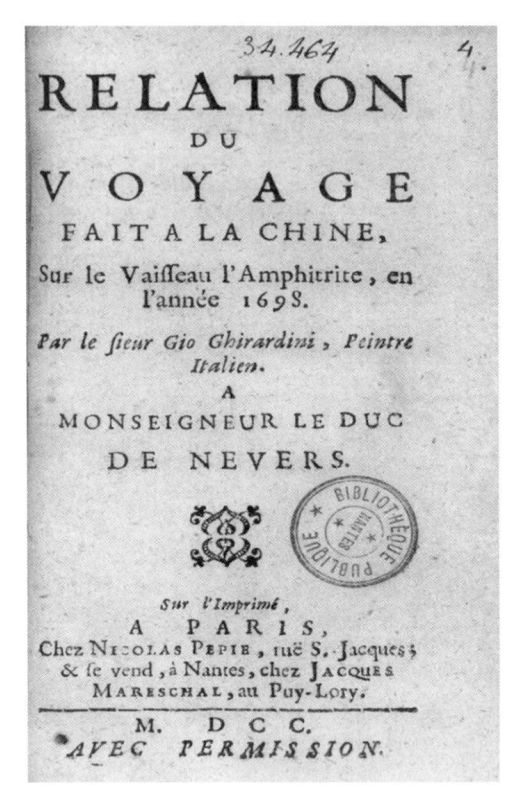

图5　《聂云龙：1698年"安菲特里特号"中国旅行记》封面

然而，路易十四和他的王家海军舰队出现了一个很严重的问题，这个问题在17世纪90年代变得非常突出。这个问题就是，尽管法国国王对于海事和海军充满豪情壮志，军舰和水手数量充足，但是法国政府却处于破产状态！17世纪90年代，法国财政处于累卵之危的状态，部分原因是法国的战事太过频繁，以及其他一些重要因素，但是，最主要的还是与路易十四在凡尔赛宫的过度挥霍有关，它加剧了法国财政状况的恶化。总而言之，在1692年后，法国的财政预算危机导致了阵容强大的法国王家海军的大量船只的闲置。① 这一困境几乎是历史学家完全忽略了的因素——他们一直想知道，为什么法国国王最初会发起与中国的

---

① 杰弗里·西姆科克斯：《1688—1697年法国海军力量的危机：从海战到贸易战》，海牙：马丁努斯·奈霍夫出版社1974年版。

外交往来，他是怎么发起的，其做法多少有点匪夷所思。到了17世纪90年代，路易十四不但没有财力再造更多的军舰，而且找不到资金来支持他的海军，配备那些已经建好和在建的军舰。在法国政府不需要耗尽预算来供养现有海军的情况下，在海军仍有威力震慑敌人的时候，寻求其他途径来维持法国海军既有的实力成了国王的燃眉之急。

他们最终获得的解决方案既新颖又精明，充满了戏剧性。这个解决方案与传统的大型海战不一样。这一新的战略叫做"贸易战"，即法国通过把王家海军的船租赁给私营机构来打仗或经商，以充分利用这些配备了武器的军舰，并通过一种商业占领来打败敌人，取得胜利。尽管"贸易战"（公私合伙）有很多不同的形式，但是基本形式只有两种：一种是把军舰外包给私营机构或单个承包商，一种是外包给一些拥有更方便操作的舰只（如护卫舰）的小型舰队，用以袭击敌人的商船。他们通常掳获商船，重新给商船命名，然后让这些被掳获的商船为法国海军服役。或者他们把轻型的、装备精良的军舰外包给私营企业家作商业用途，部分利润上缴法国王室。这样在这种海战中，不仅所有闲置的军舰在一种新的低成本的历险活动（通常是"海盗行为"）中被利用起来，而且私有化的商业投资对于建造大量的新军舰（包括一些装备不太精良的军舰，这种军舰一直被称作"护卫舰"）起了很大的助推作用，这是法国商业势力快速增长的一个副产品，尤其是在沿海地区。

3. 法中贸易和文化交流的潜力

另外一个促使法国对一直默默无闻的中国产生兴趣的因素是，在法国企业家看来，从中法两国的贸易扩展趋势来看，中国是一片有发展潜力的沃土。

在17世纪早期，荷兰人和英国人已经开始尝试获得与中国进行贸易的路线，因为葡萄牙人已经成功地在澳门开启了先河，尝到了甜头。但中国的统治者拒绝欧洲的船只定期访问中国大陆。慢慢地，中国和欧洲列强开始在大陆的几个不同的港口，围绕定期的贸易条款进行谈判。到了18世纪初，广州港呈现出最方便于中国和外国商人进行贸易的港口的潜力（见图6、图7的广州港图像）。广州对中国和欧洲国家的贸易重要性不容忽视,很快,该港就成为欧洲到达中国大陆的唯一一个主要通道。

"安菲特里特号"曾经两次到达广州。早在17世纪90年代,"安菲特里特号"的一名船员就描述了广州早期的景象:"广州,是广州府府城,它被东面、西面和北面的高山从三面包围着,南边有一条大河——珠江流过,珠江支流众多,顺着河道一直流入大海,从广州城到入海口有五六里格(league,长度单位,1里格约为3英里或3海里)。在我看来,广州方圆不超过3到4里格,包括大片的郊区,内陆还有一道城墙包围着。城墙上有四五个炮台或要塞之类的东西,这几个炮台都建在高坡和陡峭的山上,具有战略价值,沿河的山路似乎难以抵达。城墙有双层的墙基保护着,墙基高而厚的雉堞上配有大炮。在珠江中间还有两个要塞,和其他的炮台一样差。城里的街道又窄又长,铺砌得很差,一到下雨就会水浸街;大部分街道被'骑楼'的过道壁龛遮住,这样,炎炎的夏日可以遮阳;商人的店铺位于底层,大小基本一样,店铺堆满了可以在中国找到的各种货物。房子被粉刷成各种颜色,比较干净,就像巴黎皇家宫殿的拱廊,或者圣日耳曼区的商业街。城里有大量的佛塔,其中三座佛塔很宏伟;还有一些很漂亮的中国官邸;平民的房子比较简单,只有一层楼高。广州的人口极其密集,大部分居住在此的人都很高兴地说,广州和巴黎的人口密度一样大,但是我不同意。"①

我们必须说明,当时的大清朝廷比较支持外邦和广州的各种外洋贸易,只要遵守朝廷的规矩,稳定而可控就可以。他们设立了关税监督衙门,叫做"户部",负责在海关收税和管理中国的贸易秩序。由于广东人跟澳门的葡萄牙人做生意已经超过一个世纪,因此他们不需太费力气就可以处理好与新来大清的外国人的贸易关系。但是,即便大陆有一个明确开放的贸易港,当船行至广州,然后再回到欧洲,总的来讲还是比较危险的,这主要是因为天气变幻莫测,以及不可预测的浅滩,当然还有海盗,他们常常掠夺那些武器装备较差或者没有武器装备的商船,而

---

① 克劳狄乌斯·马德罗列:《法国的首次中国航行:1698—1719》,巴黎:沙拉梅勒1901年版,第73、77页。引文译自法语。

大清海关当局也不会追究他们的责任。

图 6　十八世纪初的广州港

图 7　十八世纪初的广州港

图 8　中国画家笔下的法国人像

4. 耶稣会在打破中国外交和贸易壁垒、建立法中贸易联系的过程中所起的关键作用

路易十四的海军部长库尔贝认为，需要派遣懂得各种特殊技能的传教士到世界另一头的中国去推广法国。这个计划在他死后才有了顺利的进展。1687 年，耶稣会的神父勒孔特（Le Comte）从暹罗（泰国，耶稣会的安置地）出发到达天朝（封建时期中国的旧称）。他在北平（北京）建立了一个观象台，并配备了浑天仪、赤道经纬仪、地平经仪。这些仪器都被安装在了作为中国象征物的龙身之上。确实，在把西方文化引进到东方这方面，耶稣会起到了独特的作用。正如一位学者所总结的，"他们学说流利的汉语，用文言文写作，而这些古文只有士大夫阶级才会使用。尽管他们肩负着把基督教传播到这个地大物博的帝国的使命，但是让中国人记住耶稣会士的，却主要是他们把欧洲的现代科学传播到这里，而不是他们带来的宗教福音。洋人意识到，科学是最能够吸引中国士大夫的方式。通过传播科学，洋人们希望中国人也会'爱屋及乌'，对伴随他们而来的西洋宗教产生兴趣。至少在一开始，科学是传教士们用以引导中国人信教的诱饵，耶稣会最重要的目的就是传教"①。耶稣会士在光学、地理、数学和天文学方面的研究赢得了当时的皇帝康熙的青睐，有个耶稣会神父白晋（Bouvet）更是由于不凡的成就而获得大清皇帝的特别赏识，后来他以朝廷"钦差大臣"（帝国代表）的中国头衔，回法国招募新的耶稣会科学家，把欧洲的知识带到中国。随后，被选中的6位耶稣会传教士很快成为大清科研机构（钦天监）的成员，其中有一位是意大利画师聂云龙（Giovani Ghirardini），此人因在法国纳韦尔教堂和位于巴黎的教会图书馆的装潢中展露才华而在教会赢得名声。他把自己的中国之旅写成了书，曾畅销一时。②

但是他们是怎么来到中国的呢？受远东地区贸易垄断公司委托的法国东印度公司——它的设立纯粹是为了营利——自一开始就拒绝运送耶稣会传教士到中国来，尽管那位"钦差大臣"会士已经答应过该公司，说事成之后他们可以留在中国做贸易。这是一个窘境，为了解决这个问题，他们建立了一个新的机构"王家中国公司"（Compagnie Royale de la Chine）。这个公司背后拥有富裕的赞助人，资产多达50万法郎。1698年1月4日，他们与法国东印度公司签订了一个协议，保证东印度公司拥有在中国的垄断贸易权，与中国进行直接贸易，③ 尽管这种垄断的贸易只限于这两次航行之内。

尽管法国国王想与中国建立外交关系，而且商业部门也当然地在乎贸易，以及海军军舰（可租）也可用于与中国做贸易，但仍然有一个重要的官方政治问题有待解决，以迈开第一步。那就是，如果船主不主动严格恪守外交礼节，大清皇帝是不会给外国商人提供中国的商品和服务的。这就意味着贸易发起国的元首（此处指法国国王）必须首先向

---

① 李辉：《耶稣会传教士与基督教和欧洲知识在中国的传播》，见埃默里学院历史系编：《亚洲跨国碰撞》（第4卷），出版时间未详，页码未详。

② 聂云龙在他的书《聂云龙：1698年"安菲特里特号"中国旅行记》（巴黎，1700年版）中详述了他乘坐"安菲特里特号"返回法国的经历，见图5。

③ 夏尔·德·拉隆西耶尔：《法国王家海军在中国南海的历史》（第3版），巴黎：普隆出版社1932年版。

康熙皇帝递送国书，而且这份国书必须来自法国国王本人。[①] 法国国王犹豫了，因为他的大臣们似乎完全不相信大清会坚持要一份不可思议的国书，[②] 而且他们怀疑这是白晋神父的诡计，因为他想为他的耶稣会士们到中国来争取一个免费通道，这对于耶稣会来说是一件更为有利的事情。但是耶稣会方面说，给中方的国书是必需的。他们确实没说谎，因为大清有律例规定，大清皇帝本人不会给某一国君送礼，也不会派遣使团去会见某一国君，否则他们的身份就会平等了，或者该国国君就会与他平级了。反之，大清皇帝会把别国亲王或国王送来的礼物视为他们对他的尊崇，或是作为藩国的下属向他的进贡。

"安菲特里特号"到中国的首航解决了这个问题（此航我们会在后文论及）。当耶稣会的神父们来到中国时，他们借口说是法国国王路易十四亲自御批派遣了"安菲特里特号"将耶稣会士们护送到中国的。简言之，这艘船不可以被大清皇帝视为一艘纯粹的商船（事实上它就是商船），而应该是一艘给大清皇帝运送贡品的船（事实上它也是贡船）。在"安菲特里特号"第二次中国之行中，颇有心计的耶稣会神父白晋，主张坚持首航的先驱们所声称的话，即他们也是法国国王派来的，尽管除了给大清皇帝带来贡品外，他们还挑选了大量的商品运回法国去卖。而且可以确定的是，所有受聘到中国的传教士，以及通过"安菲特里特号"的两次航行运送到中国的货物，都是以法国国王的名义送来或进贡的，尽管法国国王似乎对这一两头欺瞒的诡计毫不知情。在中国这边，白晋神父则坚称，他带到北京的礼物是"法国国王给大清皇帝的礼物"，其中在礼品单里打头炮的就是法国国王的大画像。其他礼物还有雕花的军刀、手枪、步枪，华丽的时钟，镶金的镜子和来自路易十四私人图书馆的书籍。

白晋的这一计谋的结果是，他成功地让大清皇帝感觉到，在"安菲

---

① 克劳狄乌斯·马德罗列：《法国的首次中国航行：1698—1719》，巴黎：沙拉梅勒1901年版，第68页。

② 保罗·伯希和：《法中关系的起源："安菲特里特号"首航中国》，巴黎《学者报》（月刊），1928年第12期，第450页。

特里特号"首航中国时,自己的要求得到了完全的满足,于是他给予了法国公司在广州买房的权利(以建立"工厂",达到实现贸易的目的),而且他也接受了贡品,尽管如果我们在仔细阅读首航的记载时会发现,皇帝曾经怀疑这是一个计谋,所以他给"安菲特里特号"返回法国的批准多少有点不公开地进行,而贡品也是通过官员上呈的。①

弗朗索瓦·弗罗热(Francois Froger),一位船长兼学者,很好地总结了"安菲特里特号"两次远航中国时阳奉阴违的计谋:"事实上,这种运作的升级是基于不断的误解之上的:儒尔丹(Jourdan,两次远航中国的主要出资人)武装这艘护卫舰的目的在于赚钱;路易十四则想'安菲特里特号'保持其单纯的商船性质;而白晋神父则为了自己传教的声望,把'安菲特里特号'当作一艘王家御船呈现给大家;但中国人却只把它看作一艘贡船,一艘来自附属国的船。这些不同的当事人之间的距离,一艘能够把众人的利益进行互补的船,加上白晋神父精明的外交手腕,使得这个项目得以实现。"② 总而言之,这是一次惊世的不忠行为,然而涉入的各方都在某种程度上得到了好处。

三、"安菲特里特号"的建造和早期服役情况

1. "安菲特里特号"的历史

有一点是非常清晰的,即"安菲特里特号"的船长、船组人员、船主代理人和那些耶稣会士们是不凡的,他们非常无畏且卓越,如果大家相信历史上真有这两次远航的话。他们坚韧不拔,历经重重磨难,忠诚而富有创新精神,当然,他们也非常精明能干。那么,这艘被征用来代表法国进行两次冒险远航的"安菲特里特号"自身又如何呢?这艘被商人挑中的船只,用海军用语来讲一直都是一艘护卫舰,这是一个完美的选择。在某种程度上,它是一艘小一点的,或一艘中等大小的战

---

① 弗朗索瓦·弗罗热著,萨克森·班尼斯译:《1698—1700年第一批到达中国的法国外交使团日志》,伦敦:T. C. 纽比出版社1859年版,第134页。
② 弗朗索瓦·弗罗热著,萨克森·班尼斯译:《1698—1700年第一批到达中国的法国外交使团日志》,伦敦:T. C. 纽比出版社1859年版,第1页。

舰，是商船和大型战舰的最好折中。事实上，它是一艘武器装备完好的商船。

我们这里所写的"安菲特里特号"，在其海军生涯之初是一艘四级军舰。该舰于1696年由造船大师皮耶·马松（Pierre Masson）建造于罗什福尔（Rochefort），排水量为510吨，长122英尺，宽32英尺，吃水13~15.6英尺，装备有42~44门舰炮（其中有12磅炮20~22门，8磅炮22门，4磅炮2门），后来又加装了30~40门。据估约有船员240名，外加炮手130~200名。[①]

人们或许觉得，在法国海事档案馆里不会有"安菲特里特号"的图片。巴黎国家海事博物馆军舰管理部门提出的意见是，在罗什福尔建造的"安菲特里特号"（即本文所论的与中国进行贸易的"安菲特里特号"）和另一艘不久之后在敦刻尔克（Dunkirk）建造的同名军舰非常相似。[②]在敦刻尔克建造的那艘船的素描（我们在本文中所用的图片），看起来与罗什福尔建造的、用于与中国贸易的"安菲特里特号"基本是一样的，但它却显示造于1700年。前文提到的军舰管理处的工作人员说（这里译自她的法语信函）："这两艘船有着相似的轮廓，但并非完全相同。"在敦刻尔克建造的"安菲特里特号"，总长度为116英尺，甲板炮台上配有12磅炮20门，上层甲板上还配有28门（见图9同名的"安菲特里特号"，及图10湛江时代广场的弧形柱廊及其顶部的"安菲特里特号"浮雕）。

---

① 让·布德里奥、于贝尔·贝尔蒂著，大卫·H.罗伯茨英译：《法国护卫舰的历史：1650—1850》，英国，东萨塞克斯：让·布德里奥出版社1993年版，第398页。

② 该意见来自玛丽·海伦·泰纳的来信。玛丽是巴黎国家海事博物馆档案服务处管理员，2013年12月5日，她为我们提供了两艘"安菲特里特号"的详细信息。

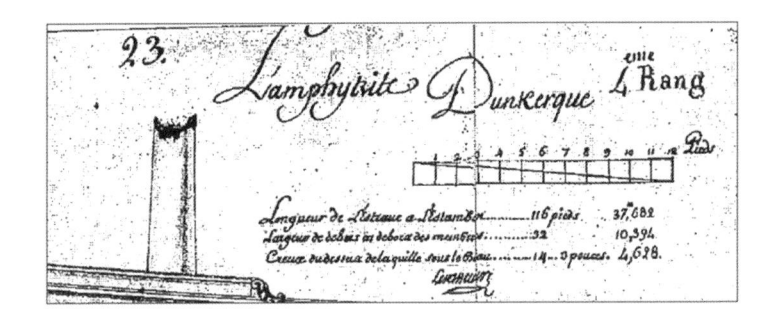

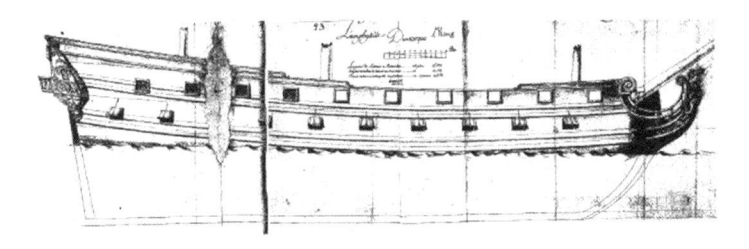

图9 同名舰"安菲特里特号"设计图

图10 湛江时代广场的弧形柱廊及其顶部的"安菲特里特号"浮雕

2. "安菲特里特号"上的官员和船员

在第二次远航中国时,"安菲特里特号"上最有意思的官员是船长弗罗热·德·拉希戈迪埃尔,他在第一次远航中国时是该船大副。显然,他是一个拥有各种本事而又坚韧不拔的人,而且,他似乎是那位在第一次航行结束后负责绘制从广州到东京(越南)之间中国海岸详细地图的人。但据我们所知,他并没有绘制后来成为租借地的广州湾的详细地图,尽管法国权威人士马德罗列(Madrolle)声称弗罗热曾绘制该图,而且声明能找到副本。

有关"安菲特里特号"上的官员的大致情况可能是这样的(尽管这里所举证的实际上只是当时服役的海军军官,而不是与私人机构有合同签约的海军官员):"和其他船员一样,指挥路易十四船只的军官们也是吃苦耐劳、坚韧不拔的,他们时常很傲慢,也不理会权威……海军队伍里没有高级别的贵族……因为大部分的贵族更喜欢在陆军服役,从传统上讲,陆军比海军在三军中更有名望。"[1] 在这个特殊的例子里,我们可以推测,船长,或者更准确地来讲,那些在两次航行中指挥"安菲特里特号"的海军官员,事实上是被借调到私营机构的,因此也许在作为个体面见大清官员的时候,他们可能会穿上光鲜的海军模样的军服(见图11的法国海军军官制服,"安菲特里特号"首航中国的大副很可能就穿这样的军服)。

---

[1] 杰弗里·西姆科克斯:《1688—1697年法国海军力量的危机:从海战到贸易战》,海牙:马丁努斯·奈霍夫出版社1974年版,第23-25页。

图11　16世纪末至17世纪初法国海军军官制服

至于一般的水手，比如说"安菲特里特号"上的水手，生活就极其地艰苦了。在"安菲特里特号"上服役而死亡的船员是无名的。根据笔者从两次航行的史料看到的大概数据，两次航行至少死了12人，有些死于意外，有些死于疾病。在停靠港被遗弃的也有这么多人。在第二次远航的过程中发生了一场未遂的暴动，导致一个官员被杀。雷尼尔（Regnier）博士在谈到这些法国军舰的卫生和健康状况时（据推测，这些军舰的条件比一般的私营商船还要好些）讽刺地写道："卫生条件不尽如人意，定量分给水手的淡水意味着他们既不能洗身子也不能洗衣服。他们睡在统舱里狭窄的角落，那里排满了粪桶，不时地发出恶臭。食物和饮用水保存条件差，没有存放食物的空间，以至于经常导致海上缺粮。横渡大西洋的时间非常漫长，整个船队行进得比乌龟还慢。没有停靠港来补充物资，船员缺乏新鲜的水果蔬菜，导致患有多种维生素缺乏症，最严重的还是坏血病。更糟的是，他们不像西班牙的士兵那样，配发了保暖的羊毛衣服，法国船员的亚麻衣服很难干燥，而且磨损得很快。船长的报告里提到，在远航结束的时候，他们的船员因衣服变成了破布而在凛冽的寒风中瑟瑟发抖。靠岸的时候，这些水手们的免疫力已经非常差，易于染上地方疾病和寄生虫病。"①

总而言之，撇开各种危险、延误、海盗袭击、船主和船上官员之前的矛盾，以及和中国人之间的误会，还有船上官员和耶稣会士的摩擦不说，"安菲特里特号"到中国的两次远航是非常成功的。值得一提的是，法国和英国之间的早期竞争，这两个国家都希望成为第一个首先开始和中国大陆进行贸易的国家。以下是英法两国敌对的一例：1699年，当法国人在中国大陆的时候，一些从英国船上下来的英格兰人，由于还没有得到在中国做生意的许可而被迫到岸上去搭营帐，这时"法国人派了几艘船过去，船上差不多有80人，毫不留情地把他们打了一顿……法国船长站在船尾的瞭望台上，让他的人再打多几下……如果他们敢反抗的话，就把他们这几条狗给杀了"②。有关第二次远航时从中国装载昂贵货物运往法国的构想，我们会在下一节论及。按照原定的计划，耶稣会士搭乘顺风船到中国是免费的，很大程度上说，正是在他们的努力下，中国和法国的外交关系才得以建立。首航成功之后，资助这次航行的公司在1713年以前又资助了11艘船到中国。但不幸的是，由于欧洲内部的宗教冲突，耶稣会士们不得不撤回，导致中国的官员们愈发怀疑他们的动机。同时，随着时间的推移，英国人最终过来控制了"中国的贸易"，而不是法国人。部分原因在于，当时的英国人极其嗜好茶叶，而在那时，茶叶是来自于中国的。

3. 1702年"安菲特里特号"从中国运回法国的货物

1701—1703年，"安菲特里特号"第二次远航带回法国的货物令人叹为观止。除了铜器、生丝、茶叶和药物外，还有93箱瓷器、45扇屏风、22箱漆柜、12箱灯笼、4箱扇子、7箱刺绣，以及床、香料和长袍，满满一箱的瓷器样品或展品，还有漆盒、衣物和便袍。"安菲特里特号"还运回了第一次航行时暂存在广州的一些物品：30箱瓷器、35

---

① 克里斯琴·雷尼尔：《18世纪的海上疾病和健康：前罗什福尔海军医学院与法国海军卫勤处的建立》，https：//www.medicographia.com/2013/04/a-touch-of-france-sickness-and-health-on-the-high-seas-in-the-18th-century/。

② E. H. 普里查德：《十八世纪中国贸易控制权之争》，见《太平洋历史评论》（加利福尼亚大学出版社），1934年第3卷第3期，第283页。

箱漆柜、1 箱南京漆包铜、2 箱来自总督的礼物（2 副弓箭，附带配有 2 个装满弓箭的箭囊）、1 个配有中国式马具的马鞍、2 把镀金的铜剑、4 件古瓷。而耶稣会士也借此机会顺便运走了 19 箱瓷器、8~9 箱生丝和丝绸回法国。①

四、两个重要契机：20 世纪法国重提"安菲特里特号"的第二次中国之行，以证明其对广州湾租借地的支配权

"安菲特里特号"在 1697—1702 年间的两次开拓性远航被人们从遥远而模糊的过去重新向世界提起，仅仅只有两次。准确地讲，先是向欧洲提起，再是向日本提起，以便让人们记得和钦佩法国当年的荣耀和成就，其实这并不让人感到意外。在这两种情况中，重提"安菲特里特号"早期到达中国的两次远航，其实是 20 世纪法帝国在印度支那和中国计划中的重要一环。

第一种情况（虽然不是那么重要）发生在法国占领和租借广州湾初期（大肆杀戮后再租借），该地毗邻 200 多年前"安菲特里特号"避难的港湾。那是在 1898 年，法国人提起"安菲特里特号"的第二次航行以及在中国南海搁浅之事，目的是为之作无声的辩解，以证明是他们首先发现并从中国租借了这个后来为世人所知的广州湾租借地（法国占领广州湾的动机是想在那里建立军港，以及获得邻近法属印度支那的囤煤之所；法国妒忌英国在租借香港后取得的成功；继义和团起义之后，列强争相在中国沿海地区夺取港口，是因为这些港口有发展贸易的潜力）。②

这是当时伟大的学者和探险家马德罗列对这一殖民主义行为的深思，他阐明了旧时法国与中国的联系，指出法国把这种联系当作了侵占中国的借口。他在出版于 19 世纪末 20 世纪初的著作中特别指出，"安

---

① H. 别列维奇·斯坦克维奇：《路易十四时代法国的中国风情》，巴黎，1910 年，第 67 页。

② 克劳狄乌斯·马德罗列、雷坤涛：《中华帝国：海南与附近的大陆沿海地带》，巴黎：沙拉梅勒 1900 年版，第 33 页。

菲特里特号"的第二次远航为法国在200年后占领这个不幸丢失了桅杆的"安菲特里特号"停靠过的地方铺平了道路。马德罗列写道："船上的船员绘制了地图，也令那一带沿海地区都知道了法国这个国家，这样大清皇帝的子孙后代就会觉得，广州湾这块地方是属于法国的。"马德罗列感觉到，法国人实际上已经非法地设立了一些无意义的道德标准，声称那块领地是他们的，因为他们早在200多年前就已经绘制了那里的地图。这份令人存疑的地图，据说是由广州湾船上的官员（主要是弗罗热）绘制的，很明显它已经丢失了，或者更加委婉地说，找不到了，但也有可能它根本就不存在。实际上，在记录"安菲特里特号"两次航行的大量历史资料里，没有什么可以令人确信，船长和他的商业同事们在那时——即当船只在离他们的目的地（广州）那么遥远的地方搁浅的时候，在那个特定的时间和特定的区域，能够有任何的兴趣在中国的领土上为法国声称对这个地方的所有权。船主的代表和船长只想赶路去广州，把传说中法国国王路易十四送给大清皇帝的礼物送达，然后把中国的货物运回法国去卖，除此以外再没别的更重要的事情了。简言之，马德罗列认为，当船只在驶往广州的途中搁浅在海滩上时，弗罗热·德·拉希戈迪埃尔船长就能够富有远见地预测到差不多200年后法帝国会出现在那片土地上，这是一个谬论，一个很明显的修正主义历史观的例子。

第二种情况要重要得多。在1940年11月21日，"安菲特里特号"两次远航中国的旧事再一次被提起。当时法国人在广州湾的首府白雅特城策划了一个大胆的阴谋（见图12，"安菲特里特号"纪念碑，拍摄于1940年日本人访问广州湾时）。正是在这一特殊场合，被法国维希政府的贝当（Petain）元帅任命为印度支那新总督的海军中将德古（Decoux，驻河内）飞往白雅特城，会见日本高级代表团。在面向大海的港口，法国总督主持了"安菲特里特号"纪念碑——为纪念法国国王路易十四的护卫舰"安菲特里特号"而设——的隆重的揭幕仪式。纪念碑上有两块铜匾，一块上面刻有那艘已被全然忘却的护卫舰的图像，另一块则刻有参加了第二次中国远航的资深船员的名单，牌匾上用法语写着:"王家中国公司'安菲特里特号'是法国派往中国的第一艘商船,于1701年11月16日至1702年5月在此滞留,以等待它的新桅杆。"

图12 "安菲特里特号"纪念碑图片(拍摄于1940年日本人访问广州湾时)

当时法国这样做的目的,是为了防止中国土地上的日本侵略者接管他们的广州湾租借地,或者拖延其接管的时间。他们通过重新唤起大家的记忆,强调法国在中国这块租借地(广州湾)上已有很长的历史,并且在1940年,法国人将它视为印度支那的一部分,尽管广州湾在中国大陆,离法属印度支那距离遥远。租借地与法属印度支那(经日本人允许被继续置于维希政府管理之下)的唯一联系就是在历史上,出于纯粹的管理的目的,广州湾的公使和财政预算均是由东京政府来指派和批准的,而东京也是法属印度支那以痛苦收场的领土之一。

赫赫有名的让-伊夫·克拉埃(Jean-Yves Claeys)代表总督朗读了一篇感人肺腑的演说词,篇幅有点长,强调"我们法国的船'安菲特里特号'无疑是第一艘来到这片远海的法国商船"。他提到从那时起，法国的船只便定期地把来自所有"文明"的商品运到中国来。他说，正是因为这个理由，那块匾额才变得非常有用，以便让人们回忆起法国人在这块1898年时成为法国租借地的友好和进行官方贸易往来的地区所作出的最初努力。

正如法国学者马托（Matot）所指出的，纪念碑的揭幕仪式只是一个借口。① 马托的观点有一个很好的支持理由，就是法国围绕纪念碑的这一举动是想微妙地阐明，法国人仍然拥有对广州湾的控制权，他们企图阻止日本人占领广州湾，因为从历史渊源来讲，法国多少是有权力来保护他们的领地的。还有不可点明的是，法国希望保护这个地方的非常重要的、在中国盈利极其丰厚的鸦片贸易，从理论上来讲，法国在其中有绝对的控制权。有意思的是，当法国人害怕日本人会像控制中国其他地方一样控制广州湾时，日本人自己却没有什么真正控制广州湾或法属印度支那任何一部分的欲望。事实上，"二战"期间日本人在亚洲已经过度扩张，正在尽量避免接管像印度支那这种大片的、需要每日管理的法国殖民地，包括广州湾。这些目标太复杂。确实，日本外相松冈洋右通知驻日本的维希大使，"日本政府非常尊重法国在远东的权力和利益，尤其是印度支那的领土完整和法国在整个印度支那联邦地区的主权"②。

不管这两个政府各自打的是什么算盘，日军还是于1943年2月入侵了广州湾，尽管他们已经知会维希政府说，他们需要加强在广州湾海域的防御。自那时起，广州湾的军事控制权实际上已经落到了日军手里，而法国民政管理当局的权力却减弱到只是一个幌子。当时似乎已经很明显，日本对于世界的这一部分的控制极大地受到了威胁，于是在1945年3月，他们向印度支那全境的法军展开了袭击，随后也拿下了法国在白雅特城的这个小小要塞——法国人被缴了械，扣押起来。

《印度支那》插图周刊上有篇文章，记载了"安菲特里特号"第二

---

① 波特兰·马托：《白雅特城：法兰西帝国鸦片销售时代的记忆》，巴黎：弗朗索瓦·鲍林出版社2013年版，第195页。
② F. 罗格瓦尔：《战争的余烬：法兰西殖民帝国的灭亡及美国对越南的干预》，纽约：兰登书屋2012年版，第30页。

次远航中国的大量细节（包括在"安菲特里特号"纪念碑揭幕式上的演讲）。① 前面提到，在第二次远航中国时，船只在中国的一个小海湾停留了6个月，该文指出，这个小海湾后来变成了广州湾（也就是现在的湛江）的一部分。

以下是译自法文的演讲概要：

"安菲特里特号"在1701—1703年的第二次远航，比第一次要艰辛得多。他们航行了5个月时间靠近了中国的海岸，然而到达陆地却又多花了4个月。

撇开一切不说，快到达时，在离澳门约有4个小时航程的地方，这艘船首先到达了一个风平浪静的地方，然后一股猛烈的台风迅速把它刮到了西南边。无疑，在公司代理人费热哈勒（Figerald）的催促下，弗罗热·德·拉希戈迪埃尔船长开始担心船上运载的货物。他决定让洪若翰神父（Fontaney）首先乘坐中国的帆船，借道广州把礼物运往北京。这位耶稣会神父为了自己的教会，也带了一大批礼物上船，要献给大清的皇帝。但是第三次风暴把本来已经损坏的船只破坏得更严重了。弗罗热·德·拉希戈迪埃尔船长想回到原来那个避风的地方，即位于上川岛（台山）旁边的那个避风港，但是他们已经无法回到那里。船只经过多次破坏，已经变得千疮百孔。

船只终于坚持下来，摇摇晃晃地在放鸡山（即放鸡岛，位于茂名电白县）南面的港湾停泊了15天，试图想办法走出这个困境。在卜文气（Porquet）神父的陪同下，洪若翰神父使用两艘桨帆船，带上送给皇帝的礼物，离开了"安菲特里特号"。而后"安菲特里特号"又经历了一次恶劣的天气，遭遇到了"第四次风暴"。

洪若翰神父一路扬帆向广州进发，到达后又折回来，花了25天时间寻找"安菲特里特号"。由于偏航，这艘船已经被刮到西边去了。他从6里格（18英里）以外的地方带来了新的桅杆，用两艘桨帆船和划

---

① 让—伊夫·克拉埃：《安菲特里特号在广州湾（1701.11.16—1702.5.10）》，见《印度支那》插图周刊，1940年11月28日，第1—4页。

艇沿海岸一路拖过来。试着想象这一路的痛苦，该需要付出多少精力？！同时，弗罗热·德·拉希戈迪埃尔船长也打听到了附近哪里有好地方可以停靠，以便过冬和休息调整。他亲自去勘察那个锚地，测量航道，并确保那里的大清官员是友善的。

这个锚地就是广州湾。广州湾的地图已被保存在海事档案馆，该图由弗罗热·德·拉希戈迪埃尔绘制和签名，相当清晰和准确，关于他们的位置没有任何错漏。

他们就停靠在一处名叫"花丘"（Le Morne du Bouquet）的海岸，那里的大王庙至今还在，标志着当年停靠的地点。①

因此，既不是偶然，也不是完全迷失，在遭受了四次风暴后，"安菲特里特号"到达了那个避风港，这地方是在传教士的帮助下找到的。在弗罗热·德·拉希戈迪埃尔到达广州湾之后，他给洪若翰神父写信，他写道："尊敬的神父，现在，我和我所有的船员都欠你一条命，因为你给我们带来了桅杆，指引我们来到一个好的停靠港……我们的船现在安全了……我们已经感受到我们的热情所带来的结果：附近的官员们来看我们了，他们尽其所能给我们提供帮助。他们移开我们的船，以便于我们运输必需的物资。我们所有的船员都沉浸在欢乐之中；我们用1个苏（旧制法国货币单位，1法郎等于20个苏）就可以买到一只大鸡，4个法郎就可以买到一头牛，还有各种生活用品。"

所有船员很快就克服了疲劳和因长期航行引起的各种疾病，得到了舒缓，他们在岛上的日子过得很愉快，当地人民很友好，生活很容易。

在无数次修补船只的艰难过程中，打猎和捕鱼成为他们健康的娱乐形式。6个月后，"安菲特里特号"已准备好再次上路。1702年5月10日，他们起锚向广州进发。

我们的"安菲特里特号"无疑是第一艘从法国远航到中国的商船。

---

① 在1906年马赛殖民地大展举办之时，他们出版了一本题为"广州湾租借地（中国）"的历史概况类书籍，书中这样说："'安菲特里特号'上的军官们绘制了海岸地图，并起草了文件上报到海军部，但这些文件躺在海军部，被遗忘了长达两个世纪之久。直到1895年至1896年间，在中日甲午战争结束后不久，当所有外国舰队都忙于研究中国沿海之时，由阿尔及尔号巡洋舰和狮子号、精灵号炮艇组成的法国舰队才重新对广州湾进行了勘察。"

自此以后，我们的船逐渐走开了一条定期往来太平洋的安全航线，从文明世界带来所有的商品。如今，当新的世界秩序扰乱了原有的价值观，没人知道未来会否带来稳定和秩序，这就有必要在中国租借给法国的这片土地上实现我们最初行动的记忆，记住我们与中国的第一次友好的商业合作和政治联系。

白雅特城的这座"安菲特里特号"纪念碑，就像一座航标在对一个难以确定方向的领航员说："我在这里。"碑上刻有"安菲特里特号"图像，图像镶嵌以青铜漩涡装饰，它的两边各有一个名单，上面刻有那些战胜风暴等各种困难以维护我们统治权的法国人的名字。这碑比纪念更好，它是一个象征，象征着一种积极而勇敢的力量。恶浪可以压倒暗礁，逆风可以拔起船锚，但这股力量却不能、也永远不会被打败。

五、"安菲特里特号"的终结

1. "安菲特里特号"回归法国王家海军服役

在完成了两次约定的中国之旅后，"安菲特里特号"于 1704 年回到它的老家——法国海军做短期服役，恢复了军舰身份。后来它加入了由杜居·土路因（Duquay Trouin，1673—1736）指挥的一支小舰队，俘获了英国船只"HMS 法尔茅斯号"（HMS Falmouth）、"索尔兹伯里号"（Salisbury）和"泽西号"（Jersey）。杜居·土路因是一个极其有趣而又成功的法国海盗船船长和海军军官。他一次次地打败英国海军，俘虏他们的商人，他在路易十四发起的法荷之战中立下赫赫战功，得到名望和额外的提拔，备受船员们尊敬。据报道，在 1709 年之前的那段时间，他一共俘虏了 300 个商人和 20 艘军舰或私掠船。他最成功的胜利是在 1711 年，在西班牙王位继位战争中，他在 11 天里轰炸并攻陷了里约热内卢，强逼这个城市支付了大量的赔偿金，极大地讨好了财政受困的路易十四。①那一年，他被路易十四授予爵位，并于 1728 年擢升为海军中将。他留下了回忆录，但是在回忆录里，他丝毫没有提到"安菲特里特

---

① 参见 http：//www.netmarine.net/bat/fregates/duguay/celebre4.htm，《杜居·土路因对里约热内卢的洗劫》一文。在这一特例里，存在另一种公私合伙的变体，其中国家（路易十四）提供军舰和海军部队，私营公司提供 70 万里弗的资金，至于利润则实行均分共享。

号"和该舰俘虏英国船只的事情。就是说,这个由船长、船员和杜居·土路因合作执行任务的具体活动没有被记录。但是应该注意到,根据法国海军博物馆(2015年3月6日写给本文作者的信),"'HMS法尔茅斯号'(拥有58门舰炮)在地中海被法国的私掠船俘虏;'索尔兹伯里号'(拥有24门舰炮)被法国的船只俘虏;'灵敏号'(Adroit)和'泽西号'(拥有48门舰炮)在多米尼加外海被杜居·土路因的舰队俘虏,而'安菲特里特号'是舰队中的一员"。杜居·土路因的回忆录[①],简要地提到了"英国军舰法尔茅斯号"。杜居·土路因临终前身无分文,被迫在病床上写信给国王,求国王照顾好他的家人。

图13 杜居·土路因画像

1704年下半年,在杜居·土路因指挥下完成战舰的服役期后,"安菲特里特号"被罗什福尔的王家海军承包给王家几内亚公司,做了运奴船。

---

① 杜居·土路因:《杜居·土路因回忆录》,阿姆斯特丹:皮埃尔·莫尔蒂埃出版社1730年版,第38页。

2. "安菲特里特号"在奴隶贸易中的角色

有一篇极佳的文章,标题是"奴隶贸易纪念馆:法国如何面对其野蛮的过去"[①]。该文围绕法国军舰如何从法国港口出发从事奴隶贸易的相关活动展开案例研究,所用案例是南特港(Nantes)。文章讲述这些贩奴船在购买奴隶时,并非使用"廉价的小饰品"(cheap trinkets)以交换的形式来购买奴隶。其中关于一艘运奴船的案例分析提到,"一艘从南特出发的三桅帆船的原始的装载清单和文件显示,有80%的货物是纺织品,剩余的是手枪、剑、珍珠和镜子。载重货的船要花两个月才能到达非洲的目的地。当时在比绍港(Bissau,几内亚)和莫桑比克(Mozambique,非洲东南部国家)之间,大概设了400个贸易点来提供奴隶。在这里,白人贸易者和非洲的国王和酋长代表谈判,利用他们的货物来做交换,购买奴隶,整个过程有时可以持续6个月之久"。

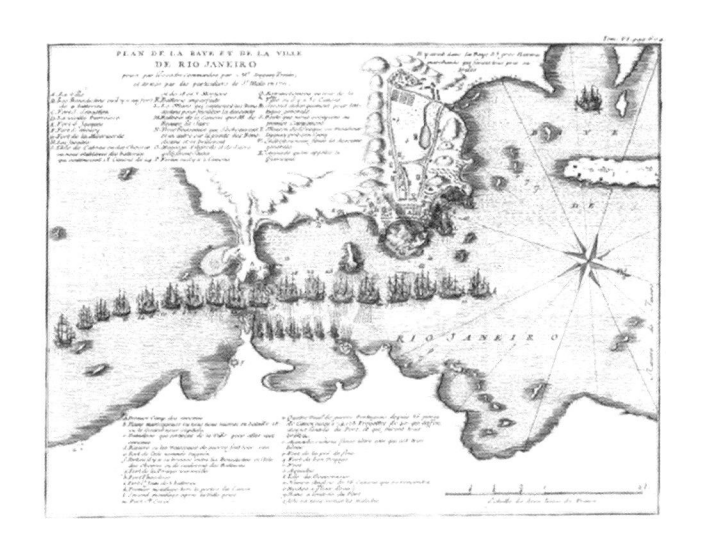

图14 杜居·土路因劫掠后的里约热内卢地图

购买之后,这些船只被加以改装,以便于运载活人。在南特历史博

---

① 斯特凡·西蒙斯:《奴隶贸易纪念馆:法国如何面对其野蛮的过去》,http://spiegel. dc/international/europe/nantes – opens. memorial – to slave trade a 829447。

物馆，有一份 18 世纪的平面图，该图展示了在一艘名叫"拉·玛丽·索拉菲克号"（La Marie Seraphique）的船上令人毛骨悚然的景象：供应的物资有的贮藏在船底的桶里，刚好及膝，还有的堆放在上层的甲板上；在甲板的中间层，奴隶们被塞入非常狭窄的空间；男女奴隶的船厢被从中间隔开，他们在巴黎时就被戴上了铁镣和手铐。根据船型的不同，每趟大概有 300 名或者更多的奴隶被以这种非人的方式运送到南美、加勒比海或其他地方；约有 2/3 是男奴，1/3 是女奴。13% ~ 19% 的奴隶在海运过程中死亡，有病死的，有自杀的，或是因为反抗而被镇压致死的。

六、"安菲特里特号"的遗憾收场

有关"安菲特里特号"最后几年的详细情况，基本与法国的一位著名的权威人士马克斯·格鲁（Max Guerout）所说相符，它的引人关注的故事就在下面这些文字里：

1704 年 10 月末，两艘由法国王家海军外包给阿先托（Assiento）公司的船，从法国的路易港（Port‐Louis）出发了。"梅登布利克号"（Medemblick）是一艘 510 吨的荷兰船，由查尔斯·杜菲（Charles du Fay）指挥，而另一艘则是"安菲特里特号"，由让·杜卡利斯（Jean du Cazlis）指挥。

"安菲特里特号"在几内亚沿岸购买奴隶期间，还虏获了一艘荷兰的运奴船。无疑，那就是阿姆斯特丹的"瑞秋号"（Rachel）。"梅登布利克号"比"安菲特里特号"更快地穿过大西洋，在 1705 年 5 月 4 日到达阿根廷首都布宜诺斯艾利斯，一周后，197 个奴隶上岸。而"安菲特里特号"花了 77 天才穿过大西洋，由于在船上待得太久，那些奴隶患上了坏血病和高烧。船上能罗列出来的各种疾病是有启发性的：天花、癣、肺结核、腮腺炎、水肿、坏血病，我们能看出船上的卫生条件有多恶劣。但是除了疾病以外，里约热内卢的管理程序也对这场灾难产生了影响。首先，"安菲特里特号"在布宜诺斯艾利斯被西班牙官方抓住，在船长的抗议下，船只得以归还，但是那些从非洲运来的奴隶，在船到岸大约5天后才得以上岸，那是在1705年8月1日。从非洲港口上船的563个奴隶中，有275个在被放出时已死亡。在卖出的奴隶当中，有138个被西班牙国王的两名官员买下，无疑，那两个人自一开始就在拖延船只靠岸的时间。然而，撇开这些肮脏的情节不谈，"安菲特里特号"的航行对船主来讲无疑还是有利可图的，他们从俘虏荷兰人的船以及奴隶买卖中获利。①

"安菲特里特号"还在1709年和1712年11月份，两次驶往布宜诺斯艾利斯，这两次都是在法国的拉罗谢尔港为这种可耻的剥削航程装备军火。第三次航行是最后的一次：1713年7月，在离开布宜诺斯艾利斯时，船只遭遇大火并最终沉没。一年后有人试图打捞，但最终还是失败了。曾经辉煌一时的"安菲特里特号"的最后一次航行，也是最肮脏的一次历险，就这样落下了帷幕。

就像马克斯·格鲁（Max Guerout）所说的，"法国王家海军在奴隶走私中所扮演的角色是最令人惊讶的。在这里面，你应该能看到当时的一个常见的惯例——官商勾结。确实，我们记得曾经对那些越过底线的官员作过多次提醒，但是我们看到，这种做法其实是来自于上层。天主教国王（历史上西班牙国王的称号）在这种操作中所得到的利润达到了25%，这也说明了在当朝政府和教会的高层中，为什么会极少有人提及有关黑人贩卖的道德问题"②。

他还写道："并非没有讽刺意味的是，在一个多世纪后，从1814年到1848年，有人看到法国王家海军在岸上镇压奴隶贸易，那时奴隶贸易已经成为非法的。然而本文的真正目的是为了透露被用以进行大量贸

---

① 马克斯·格鲁：《西班牙王位继承战争期间法国在布宜诺斯艾利斯的人口贩卖行为》，《南海航线》，2001年第9期，第31-34页。另外在法国海事博物馆之友协会编的《法国战舰名录》里也有一个简要而完整的总结，参见该书第28页，巴黎，1967年。
② 马克斯·格鲁：《西班牙王位继承战争期间法国在布宜诺斯艾利斯的人口贩卖行为》，《南海航线》，2001年第9期。笔者于2015年1月6日和10日相继收到了关于"安菲特里特号"的两封来信。

易运输的一个鲜为人知的途径。如果我们以为我们的令人惊讶的能力已经达到，那么我们现在就找到了一些最令人难以想象的航行。"

七、结论

当人们看到本文所叙写的"安菲特里特号"简史时，会发现其中存在两个有意味的因素。第一，存在于"安菲特里特号"最初两次中国远航中的两头欺骗行为。其中有很多善意的谎言，正是这些谎言促使这两次早期的航行合法地发生了，否则路易十四是不可能敲开中国的大门的。此外，法国的历史学家如马德罗列，还留给我们一个谜没能解开，即法国人声称在第二次航行时绘制了一幅广州湾地图，并通过这种做法，以某种方式早早地在这个后来成为法国租借地的地方插下了他们的国旗。尽管我们在法国档案里非常努力、非常认真地寻找这张地图，但仍然找不到。第二，更为重要的一点是，我们可以看到这艘船的风光起航和惨淡收场，两者相比有天壤之别。在早期的几年里，由于"王家中国公司"和路易十四的非凡想象力，"安菲特里特号"成为促使中国向法国敞开大门以及法国向中国敞开大门（尽管我们没有讨论这一点）的工具。这是一个具有历史意义的里程碑，其重要性不容忽视。然而从某种程度上来说，由于这艘船是由私营机构来运营的，因此，从一种激动人心的商业冒险，到另一种涉足剥削、人性堕落和船主罔顾道德从事奴隶买卖的冒险，足以证明这艘船已经蜕变为那个时代的罪犯。

鸣谢：

本文的完成，归功于许多人的合作与建议，我们不能一一致谢。在此，我们要特别挑选出以下几个对我们的研究给予特别大力支持的人来表达谢意。首先要感谢佐治亚州亚特兰大埃默里大学提供跨大西洋奴隶贸易数据资料的大卫·艾提斯（David Eltis），他让我们找到了有关"安菲特里特号"后期服役情况的重要记录。巴黎国家海事博物馆档案服务处管理员玛丽·海伦·泰纳的材料非常重要，因为她提供了两艘同样叫做"安菲特里特号"的法国军舰的详细信息，另外还提供了其他法国帆船的有价值信息和引证线索。感谢米歇尔·皮塔尔（Michel Petard）对 1697—1702 年间法国海军军官制服的建议。法国南特多布里博物馆提供了关于"丝绸与大炮"的插图。该馆的医务部权威人士克里斯琴·雷尼尔（Christian Regnier）提供了在奴隶贸易早期各种影响水手及其他人疾病的有关资料，非常有价值。围绕其他有用的信息，他还提供了一个非常好的图表，由索尔·特哈达（Sol Tejada）根据阿根廷档案里有关在布宜诺斯艾利斯运送黑奴上岸的资料编撰而成。帕特里克·康纳（Patrick Conner）帮助我们找到了在广州飘着白色法国国旗的法国工厂的图片，这是在法国大革命之前使用的法国国旗。感谢法国王家海军博物馆香农·爱德华兹（Shannon Edwards）提供的有关"安菲特里特号"在杜居·土路因指挥下的小舰队服役的资料。马克斯·格鲁提供了"安菲特里特号"在拉丁美洲惨淡下场的珍贵信息，他的两封资料信记录了"安菲特里特号"后期服役情况的罕见信息。我和肖丹要感谢湛江市博物馆的钟莹馆长和广州湾研究会会长林国伟先生及研究会的成员们。还要感谢帮了我们大忙的韦尔斯利免费图书馆的馆际互借部门，是他们给我们提供了本文所需要的重要参考文献或文史资料。

另外，是玛丽-海伦·阿尔诺给我们提供了高质量的法文资料译文，还要谢谢洛琳·麦斯威尔（Lorraine Maxwell），她一如既往地帮助我们进行文字的输入和编辑工作，也感谢杰森·陈基达（Jason Tranchida）在文章设计方面给出的建议。最后要感谢吉姆·米哲斯基（Jim Mizerski），他是历史图片的权威人士，经常与我们合作编写。

［本文作者简介：乔尔·蒙塔古（Joel Montague），1932 年生，美国学者，前全球组织"发展伙伴"（Partners for Development）主席，近年来主要研究殖民地史。肖丹，广东湛江人，湛江财贸学校英语助理讲师，从事广州湾、中西文化比较、中英翻译研究。］